高等院校“十三五”规划教材

会计学原理习题与实训

主　编　李瑛玫　李　潭

副主编　翟　津　代庆会

哈爾濱工業大學出版社

内 容 简 介

本书是《会计学原理》(哈尔滨工业大学出版社,2016 年 11 月出版)的配套辅导性教材。本书旨在帮助学生巩固教材的基础理论知识,培养学生会计基本实践技能和综合分析能力。全书包括三部分内容:知识要点与同步练习、会计实训、同步练习及教材习题参考答案。其中第一部分包括各章的重点与难点,相关法规和案例等知识扩展,选择题、判断题和账务处理等同步训练;第二部分为单项实训和综合实训;第三部分提供了本书同步练习及《会计学原理》各章习题的参考答案。

本书可作为会计、财务管理、工商管理、金融等相关专业本科生的教材,也可作为在职经管人员、财会人员的培训和练习的辅导用书。

图书在版编目(CIP)数据

会计学原理习题与实训/李瑛玫,李潭主编. —哈尔滨:哈尔滨工业大学出版社,2017.5(2018.6 重印)

ISBN 978-7-5603-6601-2

Ⅰ.①会… Ⅱ.①李… ②李… Ⅲ.①会计学 Ⅳ.①F230

中国版本图书馆 CIP 数据核字(2017)第 088956 号

责任编辑 丁桂焱

封面设计 刘长友

出版发行 哈尔滨工业大学出版社

社　　址 哈尔滨市南岗区复华四道街 10 号　邮编 150006

传　　真 0451-86414749

网　　址 http://hitpress.hit.edu.cn

印　　刷 黑龙江艺德印刷有限责任公司

开　　本 787mm×1092mm　1/16　印张 17.75　字数 397 千字

版　　次 2017 年 5 月第 1 版　2018 年 6 月第 2 次印刷

书　　号 ISBN 978-7-5603-6601-2

定　　价 39.00 元

前　言

本书是《会计学原理》(哈尔滨工业大学出版社,2016年11月出版)的配套辅导性教材。

本书主要由知识要点与同步练习、会计实训和同步练习及教材习题参考答案三部分构成。第一部分知识要点与同步练习,按照教材内容的章节顺序,提炼了各章的重点与难点和其他主要知识点,并结合《会计法》《会计基础工作规范》《企业会计准则》《营业税改增值税试点实施办法》及《会计档案管理办法》等最新法规和规范,进行了相关知识的扩充,同时配以精心挑选的会计案例与理论实践紧密结合的案例评析,使会计基础知识更加生动并贴近实际;每一章都配以大量的同步练习,帮助学生理解和巩固会计基础理论,提升学习效果。第二部分会计实训,从基本规范和建账开始,按照会计账务处理的过程,设计了记账凭证的填制、日记账和分类账的登记、根据汇总记账凭证和科目汇总表登记总账、会计报表的编制及综合实训等会计模拟实训练习。这部分内容主要为提升学生的会计实践操作能力设计,使会计理论与实务充分结合,突出了会计学重点培养实用性人才的目标,使学生不出校园,就能体验会计的职业角色。第三部分同步练习及教材习题参考答案,为自主学习和练习提供核对和参考。本书为学生分析和动手操作能力的提升起到辅助作用,为学生进入会计职业角色奠定基础。

会计学是实践性很强的学科,学习会计学不能停留于教材理论的理解,本书内容增强了学生的实践能力和创新能力,可作为会计、财务管理、工商管理、金融等相关专业本科生的教材,也可作为在职经管人员、财会人员的培训和练习的辅导用书。

本书由哈尔滨工程大学李瑛玫、李潭担任主编,翟津、代庆会担任副主编。本书各章的编写分工如下:第一至四章由李潭编写;第五至七章由李瑛玫和翟津编写;第八至十章由李瑛玫和代庆会编写;第十一至十三章及第三部分由翟津和代庆会编写。全书由李瑛玫设计、总纂、审稿和定稿。

本书由哈尔滨工程大学资助,由哈尔滨工业大学出版社出版,在此表示衷心的感谢。在本书编写的过程中参考了会计学界优秀同仁的作品,并参考了部分网络上佚名作者的成果,在此也一并表示感谢。

由于编者水平有限,时间仓促,加之会计及税收等相关法规的不断更新,书中难免存在疏漏和不足,敬请读者批评指正。

编　者

2017年3月

前　言

本书是《会计学原理》(哈尔滨工业大学出版社,2016年11月出版)的配套辅导教材。本书主要由知识要点与同步练习、会计实训和同步练习及教材习题参考答案三部分构成。第一部分知识要点与同步练习,按照教材内容的章节顺序,提炼了各章的重点与难点和其他主要知识点,并结合《会计法》《会计基础工作规范》《企业会计准则》《营业税改征增值税试点实施办法》及《会计档案管理办法》等最新法规和规范,进行了相关知识的研究,同时配以精心挑选的会计案例与理论实践紧密结合的案例评析,使会计基础知识更加生动并贴近实际;每一章都配以大量的同步练习,帮助学生理解和巩固会计基础理论,提升学习效果。第二部分会计实训,从基本规范和建账开始,按照会计账务处理的流程,设计了记账凭证的填制、日记账和分类账的登记,根据汇总记账凭证和科目汇总表登记总账,会计报表的编制以及综合实训等会计模拟实训练习。这部分内容主要为提升学生的会计实践操作能力设计,使会计理论与实务充分结合,突出了会计学重点培养实用性人才的目标,使学生不出校园,就能体验会计的职业角色。第三部分同步练习及教材习题参考答案,为学生学习和练习提供核对和参考。本书为学生分析和动手操作能力的提升起到辅助作用,为学生进入会计职业角色奠定基础。

会计学是实践性很强的学科,学习会计学不能停留于教材理论的理解。本书内容增强了学生的实践能力和创新能力,可作为会计、财务管理、工商管理、金融等相关专业本科生的教材,也可作为在职经管人员、财会人员的培训和练习的辅导用书。

本书由哈尔滨工程大学李淑玫、李谭担任主编,董萍、代庆会担任副主编。本书各章的编写分工如下:第一至四章由李谭编写;第五至七章由李淑玫和董萍编写;第八至十章由李淑玫和代庆会编写;第十一至十二章及第三部分由董萍和代庆会编写。全书由李淑玫设计、总纂、审稿和定稿。

本书由哈尔滨工程大学资助,由哈尔滨工业大学出版社出版,在此表示衷心的感谢。在本书编写的过程中参考了会计学界优秀同仁的作品,并参考了部分网络上优秀作者的成果,在此也一并表示感谢。

由于编者水平有限,时间仓促,加之会计及税收等相关法规的不断更新,书中难免存在疏漏和不足,敬请读者批评指正。

编　者

2017年3月

目　录

第一部分　知识要点与同步练习

第二部分　会计实训

第三部分　同步练习及教材习题参考答案

目　录

第一部分　知识要点与同步练习

第二部分　会计实训

第三部分　同步练习及教材习题参考答案

第一部分
知识要点与同步练习

第一章 绪 论

一、重点与难点

本章概述了会计学的一些基本问题，是以后各章学习的基础。通过本章的学习，应了解会计的产生与发展，理解会计的含义与特点，掌握会计的职能、对象、主要核算方法，理解会计的基本假设和会计信息的质量要求。本章的重点问题是会计要素、会计核算方法、会计基本假设和会计信息的质量要求。本章的难点问题是会计要素及会计基本假设。

本章知识要点如下：

(1)现代会计是以货币为主要计量单位，以提高经济效益为主要目标，运用专门的方法对企业、机关、事业单位和其他组织的经济活动进行全面、综合、连续、系统的核算和监督，并随着社会经济的发展，逐步开展预测、决策、控制和分析的一种经济管理活动，是经济管理的重要组成部分。

(2)会计的最终目标是提高经济效益，会计的具体目标是向会计信息使用者提供与企业财务状况、经营成果和现金流量等有关的会计信息，反映企业管理层受托责任的履行情况，有助于会计信息使用者做出经济决策。

(3)现代会计的基本职能为反映(核算)和监督(控制)。

(4)会计对象是企业再生产过程中的资金及资金运动。根据会计对象的特点，可将其分为资产、负债、所有者权益、收入、费用和利润六大要素。其中资产、负债和所有者权益反映了企业一定时点上资金分布的财务状况，通常被称为静态会计要素；而收入、费用和利润则反映了企业在一定时期内资金运动的经营成果，通常被称为动态会计要素。

(5)会计核算方法由设置会计科目与账户、复式记账、填制和审核会计凭证、登记账簿、成本计算、财产清查和编制会计报表等具体方法构成。

(6)会计核算的基本前提是会计人员对会计核算所处的变化不定的环境做出的合理判断。包括会计主体、持续经营、会计分期、货币计量。

(7)会计信息质量要求是对企业所提供的会计信息质量的基本要求，是会计信息对其使用者决策有用所应具备的基本特征。我国企业会计准则关于会计信息的质量要求共有八个方面，即可靠性、相关性、可理解性、可比性、实质重于形式、重要性、谨慎性和及时性等。

二、知识拓展

（一）相关规定

企业会计准则——基本准则

（2006年2月15日财政部令第33号公布，自2007年1月1日起施行。2014年7月23日根据《财政部关于修改〈企业会计准则——基本准则〉的决定》修改）

第一章 总 则

第一条 为了规范企业会计确认、计量和报告行为，保证会计信息质量，根据《中华人民共和国会计法》和其他有关法律、行政法规，制定本准则。

第二条 本准则适用于在中华人民共和国境内设立的企业（包括公司，下同）。

第三条 企业会计准则包括基本准则和具体准则，具体准则的制定应当遵循本准则。

第四条 企业应当编制财务会计报告（又称财务报告，下同）。财务会计报告的目标是向财务会计报告使用者提供与企业财务状况、经营成果和现金流量等有关的会计信息，反映企业管理层受托责任履行情况，有助于财务会计报告使用者做出经济决策。

财务会计报告使用者包括投资者、债权人、政府及其有关部门和社会公众等。

第五条 企业应当对其本身发生的交易或者事项进行会计确认、计量和报告。

第六条 企业会计确认、计量和报告应当以持续经营为前提。

第七条 企业应当划分会计期间，分期结算账目和编制财务会计报告。

会计期间分为年度和中期。中期是指短于一个完整的会计年度的报告期间。

第八条 企业会计应当以货币计量。

第九条 企业应当以权责发生制为基础进行会计确认、计量和报告。

第十条 企业应当按照交易或者事项的经济特征确定会计要素。会计要素包括资产、负债、所有者权益、收入、费用和利润。

第十一条 企业应当采用借贷记账法记账。

第二章 会计信息质量要求

第十二条 企业应当以实际发生的交易或者事项为依据进行会计确认、计量和报告，如实反映符合确认和计量要求的各项会计要素及其他相关信息，保证会计信息真实可靠、内容完整。

第十三条 企业提供的会计信息应当与财务会计报告使用者的经济决策需要相关，有助于财务会计报告使用者对企业过去、现在或者未来的情况做出评价或者预测。

第十四条 企业提供的会计信息应当清晰明了，便于财务会计报告使用者理解和使用。

第十五条 企业提供的会计信息应当具有可比性。

同一企业不同时期发生的相同或者相似的交易或者事项，应当采用一致的会计政策,不得随意变更。确需变更的,应当在附注中说明。

不同企业发生的相同或者相似的交易或者事项,应当采用规定的会计政策,确保会计信息口径一致、相互可比。

第十六条 企业应当按照交易或者事项的经济实质进行会计确认、计量和报告,不应仅以交易或者事项的法律形式为依据。

第十七条 企业提供的会计信息应当反映与企业财务状况、经营成果和现金流量等有关的所有重要交易或者事项。

第十八条 企业对交易或者事项进行会计确认、计量和报告应当保持应有的谨慎,不应高估资产或者收益、低估负债或者费用。

第十九条 企业对于已经发生的交易或者事项,应当及时进行会计确认、计量和报告,不得提前或者延后。

第三章 资 产

第二十条 资产是指企业过去的交易或者事项形成的、由企业拥有或者控制的、预期会给企业带来经济利益的资源。

前款所指的企业过去的交易或者事项包括购买、生产、建造行为或其他交易或者事项。预期在未来发生的交易或者事项不形成资产。

由企业拥有或者控制,是指企业享有某项资源的所有权,或者虽然不享有某项资源的所有权,但该资源能被企业所控制。

预期会给企业带来经济利益,是指直接或者间接导致现金和现金等价物流入企业的潜力。

第二十一条 符合本准则第二十条规定的资产定义的资源,在同时满足以下条件时,确认为资产:

(一)与该资源有关的经济利益很可能流入企业;

(二)该资源的成本或者价值能够可靠地计量。

第二十二条 符合资产定义和资产确认条件的项目,应当列入资产负债表;符合资产定义、但不符合资产确认条件的项目,不应当列入资产负债表。

第四章 负 债

第二十三条 负债是指企业过去的交易或者事项形成的、预期会导致经济利益流出企业的现时义务。

现时义务是指企业在现行条件下已承担的义务。未来发生的交易或者事项形成的义务,不属于现时义务,不应当确认为负债。

第二十四条 符合本准则第二十三条规定的负债定义的义务,在同时满足以下条件时,确认为负债:

(一)与该义务有关的经济利益很可能流出企业;

(二)未来流出的经济利益的金额能够可靠地计量。

第二十五条 符合负债定义和负债确认条件的项目,应当列入资产负债表;符合负债定义、但不符合负债确认条件的项目,不应当列入资产负债表。

第五章 所有者权益

第二十六条 所有者权益是指企业资产扣除负债后由所有者享有的剩余权益。

公司的所有者权益又称为股东权益。

第二十七条 所有者权益的来源包括所有者投入的资本、直接计入所有者权益的利得和损失、留存收益等。

直接计入所有者权益的利得和损失,是指不应计入当期损益、会导致所有者权益发生增减变动的、与所有者投入资本或者向所有者分配利润无关的利得或者损失。

利得是指由企业非日常活动所形成的、会导致所有者权益增加的、与所有者投入资本无关的经济利益的流入。

损失是指由企业非日常活动所发生的、会导致所有者权益减少的、与向所有者分配利润无关的经济利益的流出。

第二十八条 所有者权益金额取决于资产和负债的计量。

第二十九条 所有者权益项目应当列入资产负债表。

第六章 收 入

第三十条 收入是指企业在日常活动中形成的、会导致所有者权益增加的、与所有者投入资本无关的经济利益的总流入。

第三十一条 收入只有在经济利益很可能流入从而导致企业资产增加或者负债减少、且经济利益的流入额能够可靠计量时才能予以确认。

第三十二条 符合收入定义和收入确认条件的项目,应当列入利润表。

第七章 费 用

第三十三条 费用是指企业在日常活动中发生的、会导致所有者权益减少的、与向所有者分配利润无关的经济利益的总流出。

第三十四条 费用只有在经济利益很可能流出从而导致企业资产减少或者负债增加、且经济利益的流出额能够可靠计量时才能予以确认。

第三十五条 企业为生产产品、提供劳务等发生的可归属于产品成本、劳务成本等的费用,应当在确认产品销售收入、劳务收入等时,将已销售产品、已提供劳务的成本等计入当期损益。

企业发生的支出不产生经济利益的,或者即使能够产生经济利益但不符合或者不再符合资产确认条件的,应当在发生时确认为费用,计入当期损益。

企业发生的交易或者事项导致其承担了一项负债而又不确认为一项资产的,应当在发生时确认为费用,计入当期损益。

第三十六条 符合费用定义和费用确认条件的项目,应当列入利润表。

第八章 利 润

第三十七条 利润是指企业在一定会计期间的经营成果。利润包括收入减去费用后的净额、直接计入当期利润的利得和损失等。

第三十八条 直接计入当期利润的利得和损失,是指应当计入当期损益、会导致所有者权益发生增减变动的、与所有者投入资本或者向所有者分配利润无关的利得或者损失。

第三十九条 利润金额取决于收入和费用、直接计入当期利润的利得和损失金额的计量。

第四十条 利润项目应当列入利润表。

第九章 会计计量

第四十一条 企业在将符合确认条件的会计要素登记入账并列报于会计报表及其附注(又称财务报表,下同)时,应当按照规定的会计计量属性进行计量,确定其金额。

第四十二条 会计计量属性主要包括:

(一)历史成本。在历史成本计量下,资产按照购置时支付的现金或者现金等价物的金额,或者按照购置资产时所付出的对价的公允价值计量。负债按照因承担现时义务而实际收到的款项或者资产的金额,或者承担现时义务的合同金额,或者按照日常活动中为偿还负债预期需要支付的现金或者现金等价物的金额计量。

(二)重置成本。在重置成本计量下,资产按照现在购买相同或者相似资产所需支付的现金或者现金等价物的金额计量。负债按照现在偿付该项债务所需支付的现金或者现金等价物的金额计量。

(三)可变现净值。在可变现净值计量下,资产按照其正常对外销售所能收到现金或者现金等价物的金额扣减该资产至完工时估计将要发生的成本、估计的销售费用以及相关税费后的金额计量。

(四)现值。在现值计量下,资产按照预计从其持续使用和最终处置中所产生的未来净现金流入量的折现金额计量。负债按照预计期限内需要偿还的未来净现金流出量的折现金额计量。

(五)公允价值。在公允价值计量下,资产和负债按照市场参与者在计量日发生的有序交易中,出售资产所能收到或者转移负债所需支付的价格计量。

第四十三条 企业在对会计要素进行计量时,一般应当采用历史成本,采用重置成本、可变现净值、现值、公允价值计量的,应当保证所确定的会计要素金额能够取得并可靠计量。

第十章 财务会计报告

第四十四条 财务会计报告是指企业对外提供的反映企业某一特定日期的财务状况和某一会计期间的经营成果、现金流量等会计信息的文件。

财务会计报告包括会计报表及其附注和其他应当在财务会计报告中披露的相关信息和资料。会计报表至少应当包括资产负债表、利润表、现金流量表等报表。

小企业编制的会计报表可以不包括现金流量表。

第四十五条 资产负债表是指反映企业在某一特定日期的财务状况的会计报表。

第四十六条 利润表是指反映企业在一定会计期间的经营成果的会计报表。

第四十七条 现金流量表是指反映企业在一定会计期间的现金和现金等价物流入和流出的会计报表。

第四十八条 附注是指对在会计报表中列示项目所作的进一步说明,以及对未能在这些报表中列示项目的说明等。

第十一章 附 则

第四十九条 本准则由财政部负责解释。

第五十条 本准则自2007年1月1日起施行。

(二)案例:从自家的商店里拿东西需要记账吗

【案情】

张先生开了一个小商店,经营油盐酱醋等小商品。张先生日常生活中需要的啤酒、油盐酱醋等商品就直接从自己的商店里拿,也从来不记账,因为他觉得都是自己家的东西,反正没有与他人发生经济往来。但是,税务局的检查人员在检查中提出他有偷税嫌疑,张先生觉得很委屈。你认为税务局检查人员的说法有道理吗?

【评析】

税务局检查人员的说法有道理。一方面,从会计记账的角度讲,张先生的小商店属于独立的会计主体,张先生从商店里直接拿东西,对商店这个会计主体来说,应该视同销售,为了准确核算商店的经营成果,需要将张先生拿东西的活动按照销售活动计入商店的有关账目中;另一方面,从税务的角度看,作为个体工商户的张先生,按照我国税法的规定应对经营所得缴纳个人所得税,个人所得税的计税基础是经营收入,张先生如果将自己的商品随意领用,根据税法相关规定,这些业主自用的商品应该视同销售,在计算缴纳所得税时应当计入计税基础,张先生没有记账,因此无法正确地确定计税基础,所以有偷税的嫌疑。

资料来源:本案例根据百度文库“初级会计学案例”整理。

(三)案例:会计核算方法可以随意变更吗

【案情】

东海钢铁厂采用实际成本法进行原材料的核算。多年来该厂一直采用“后进先出法”计算确定发出矿石的实际成本,2002年铁矿石价格上涨严重,该企业为了提高利润,擅自变更了发出原材料实际成本的计算方法,将“后进先出法”变更为“先进先出法”。经测算,截至2002年末,与按“后进先出法”计算的结果相比,领用铁矿石的实际成本相差280 000元,即少计了当年的成本280 000元,多计了利润280 000元。该厂在年终财务报告中,对该变更事项及有关结果未予以披露。这种做法违反了会计核算的什么原则?应当如何处理?

【评析】

这种做法违反了会计核算的可比性原则。按照可比性原则,同一企业不同时期发生的相同或者相似的交易或者事项,应当采用一致的会计政策,不得随意变更。确需变更的,应当在附注中说明。该企业如果要更改存货的计价方法,首先应通过税务部门批准,然后根据会计准则的相关规定,在报表附注中予以披露。

资料来源:豆丁网。

三、同步练习

(一)单项选择题

1. 会计的产生是由于(　　)。
A. 生产管理的需要　　B. 技术进步的需要
C. 社会分工的需要　　D. 生产关系变更的需要

2. 在我国出现“会计”一词是在(　　)。
A. 西周　　B. 西汉
C. 南北朝　　D. 唐朝

3. 四柱清册产生于(　　)。
A. 汉朝　　B. 宋朝
C. 明朝　　D. 清朝

4. 在宋朝时期,我国会计采用的是(　　)。
A. 复式记账法　　B. 单式记账法
C. 四柱结算法　　D. 增减记账法

5. 西方会计史中,第一部比较系统介绍了簿记的书的作者是(　　)。
A. 意大利人　　B. 美国人
C. 英国人　　D. 法国人

6. 会计的具体目标可概括为(　　)。
A. 进行价值管理　　B. 提高经济效益
C. 指导经济活动　　D. 向决策者提供有用的会计信息

7. 会计的基本职能是(　　)。
A. 预测和决策　　B. 核算与监督
C. 管理生产经营活动　　D. 分析和考核

8. 会计最基本的职能是(　　)。
A. 会计核算　　B. 会计监督
C. 会计决策　　D. 会计考核

9. 会计的职能(　　)。
A. 随生产关系的变更而发展
B. 是永恒不变的
C. 随经济的发展和会计内容、作用的不断扩大而发展
D. 只有在社会主义制度下才会发展变化

10. 会计所使用的主要计量尺度是(　　)。
A. 实物量度　　B. 劳动量度
C. 货币量度　　D. 以上都不对

11. 会计的一般对象可以概括为(　　)。

A. 经济活动　　B. 再生产过程中的资金运动
C. 生产活动　　D. 管理活动

12. 下列业务不属于会计核算范围的事项是(　　)。
A. 用银行存款购买材料　　B. 生产产品领用材料
C. 企业自制材料入库　　D. 与外企签订购料合同

13. 制造业企业的供应过程的资金运动主要是(　　)。
A. 货币资金转化为储备资金　　B. 货币资金转化为产品资金
C. 生产资金转化为产品资金　　D. 产品资金转化为货币资金

14. 制造业企业的销售过程的资金运动主要是(　　)。
A. 货币资金转化为储备资金　　B. 货币资金转化为产品资金
C. 生产资金转化为产品资金　　D. 产品资金转化为货币资金

15. 会计要素是对(　　)的基本分类,是会计核算内容的具体化。
A. 会计科目　　B. 会计对象
C. 会计账户　　D. 经济业务

16. 外商对企业的投资属于企业的(　　)。
A. 资产　　B. 负债
C. 所有者权益　　D. 收入

17. 下列各项不属于收入范畴的是(　　)。
A. 他人使用企业无形资产而获得的使用费　　B. 提供劳务所获得的收入
C. 企业处理固定资产的净收益　　D. 销售商品取得的收入

18. 所有者权益是企业投资人对企业净资产的要求权,这种要求权取决于(　　)。
A. 企业资产总额的多少　　B. 企业负债总额的多少
C. 企业实现利润的多少　　D. 企业资产总额和负债总额的多少

19. 下列属于所有者权益特点的是(　　)。
A. 所有者权益具有一定的偿还期限
B. 所有者权益比负债承担的风险小
C. 所有者权益代表企业的所有者可参与企业税后利润的分配
D. 所有者权益不能参与企业的经营管理

20. 所有者权益的含义是指企业投资人对企业(　　)。
A. 资产的所有权　　B. 实收资本的所有权
C. 净资产的所有权　　D. 未分配利润的所有权

21. 收入会计要素包括(　　)。
A. 主营业务收入　　B. 营业外收入
C. 投资收益　　D. 投入资本

22. 以下不属于所有者权益的是(　　)。
A. 实收资本　　B. 预收账款
C. 盈余公积　　D. 未分配利润

23. 下列各项费用不属于产品生产成本的是(　　)。

A. 直接材料　　B. 管理费用

C. 直接工资　　D. 制造费用

24. 企业的长期股权投资属于会计要素中的(　　)。

A. 资产　　B. 负债

C. 所有者权益　　D. 费用

25. 某汽车制造厂生产的汽车对该厂来讲属于(　　)。

A. 流动资产　　B. 长期资产

C. 固定资产　　D. 商誉

26. 预收账款属于会计要素中的(　　)。

A. 资产　　B. 负债

C. 所有者权益　　D. 收入

27. 下列项目中,不属于流动资产的是(　　)。

A. 银行存款　　B. 现金

C. 机器设备　　D. 销货未收款

28. 下列项目中,属于固定资产的是(　　)。

A. 房屋建筑物　　B. 存货

C. 赊销货款　　D. 专利权

29. 下列项目中,不属于流动负债的是(　　)。

A. 应付债券　　B. 应付职工薪酬

C. 应交税费　　D. 短期借款

30. 下列项目中,属于所有者权益的是(　　)。

A. 国家投入资本　　B. 债权

C. 长期股权投资　　D. 长期借款

31. 下列项目中,属于收入要素的是(　　)。

A. 出售厂房取得的收入　　B. 出售产品取得的收入

C. 违约金收入　　D. 罚款收入

32. 下列项目中,属于费用要素的是(　　)。

A. 罚没支出　　B. 投资收益

C. 企业管理人员的工资支出　　D. 出售固定资产的净损失

33. 预付账款属于会计要素中的(　　)。

A. 资产　　B. 负债

C. 费用　　D. 所有者权益

34. 在我国,制定会计准则和会计制度的机构是(　　)。

A. 国家税务总局　　B. 财政部

C. 主管部门　　D. 企业自身

35. 会计主体假设明确了会计核算的(　　)。

A. 内容范围　　B. 时间范围
C. 空间范围　　D. 环境范围

36. 持续经营假设明确了会计核算的(　　)。
A. 内容范围　　B. 时间范围
C. 空间范围　　D. 环境范围

37. 会计核算的基础权责发生制依据的会计假设是(　　)。
A. 会计主体　　B. 持续经营
C. 会计分期　　D. 货币计量

38. 会计主体是指(　　)。
A. 企业的投资者　　B. 管理当局
C. 会计所服务的特定单位　　D. 企业的债权人

39. 会计主体是(　　)。
A. 对其进行核算的一个特定单位　　B. 一个企业
C. 企业法人　　D. 法人主体

40. 建立货币计量假设的基础是(　　)。
A. 币值变动　　B. 人民币
C. 币值不变　　D. 计账本位币

41. 假设企业的经营活动将无限期地延续下去,在可以预见的将来不会因停业破产而进行清算的前提条件称为(　　)。
A. 会计主体　　B. 会计分期
C. 持续经营　　D. 货币计量

42. 建立持续经营假设的目的是(　　)。
A. 为了保证企业生产经营活动的正常进行
B. 解决财产估价和有关费用归属问题
C. 它是货币计量与实物计量的需要
D. 能够分段核算企业的经营成果

43. 要求一个企业不同时期的同一经济业务能相互可比的要求是(　　)。
A. 可比性　　B. 相关性
C. 可理解性　　D. 可靠性

44. (　　)信息质量要求是指同类型企业对相同的经济业务采用相同的会计处理程序和方法,以提供口径相同的会计指标。
A. 可靠性　　B. 相关性
C. 可比性　　D. 可理解性

45. 会计核算时,将融资租赁的固定资产作为自有的固定资产来进行管理和核算,体现了会计核算的(　　)要求。
A. 重要性　　B. 实质重于形式
C. 可靠性　　D. 谨慎性

46. 固定资产折旧采用加速折旧法,体现了( )的信息质量要求。

A. 谨慎性 B. 重要性

C. 及时性 D. 真实性

47. 在会计核算中,必须充分估计风险和损失,对预计发生的损失,可以计算入账,但对可能发生的收益、收入则不能计算入账,体现了会计核算的( )要求。

A. 可比性 B. 谨慎性

C. 权责发生制 D. 可靠性

48. 会计信息应当以实际发生的经济业务为依据,如实地反映财务状况和经营成果,体现了会计核算的( )要求。

A. 权责发生制 B. 相关性

C. 可靠性 D. 一致性

(二)多项选择题

1. 下列属于会计核算的特点的是( )。

A. 以货币计量为主要计量方法

B. 具有连续性、系统性、完整性

C. 仅记录已经发生的经济业务

D. 除货币计量之外,有时也采用其他计量指标

2. 会计监督除有事后监督外,还有( )。

A. 事前监督 B. 全面监督

C. 事中监督 D. 全过程监督

3. 下列属于会计方法的是( )。

A. 会计分析 B. 会计检查

C. 复式记账 D. 会计核算

4. 下列属于会计核算方法的是( )。

A. 填制和审核会计凭证 B. 财产清查

C. 编制会计报表 D. 成本计算

5. 会计从数量上反映各单位的经济活动,其可以采用的量度是( )。

A. 货币量度 B. 实物量度

C. 劳动量度 D. 质量量度

6. 会计信息使用者有( )。

A. 企业投资者 B. 企业债权人

C. 企业管理当局 D. 与企业有利益关系的团体和个人

7. 下列业务不属于会计核算范围的事项是( )。

A. 用银行存款购买材料 B. 编制财务计划

C. 企业自制材料入库 D. 与外企签订购料合同

8. 制造业企业的资金运用通常由( )三个过程构成。

A. 资金进入企业过程 B. 供应过程
C. 销售过程 D. 生产过程

9. 下列会计要素中,反映企业经营成果的动态表现的有( )。
A. 资产 B. 负债
C. 收入 D. 费用

10. 下列会计要素中,反映企业财务状况的静态表现的有( )。
A. 资产 B. 负债
C. 收入 D. 费用

11. 反映企业财务状况的会计要素有( )。
A. 资产 B. 所有者权益
C. 费用 D. 负债

12. 反映企业经营成果的会计要素有( )。
A. 资产 B. 收入
C. 费用 D. 利润

13. 下列关于资产的特征说法正确的有( )。
A. 必须为企业拥有或控制 B. 必须能用货币计量其价值
C. 必须具有能为企业带来经济利益的潜力 D. 必须是有形的财产物资

14. 下列属于所有者权益的有( )。
A. 投入资本 B. 资本公积金
C. 盈余公积金 D. 未分配利润

15. 下列是会计要素的有( )。
A. 固定资产 B. 流动负债
C. 所有者权益 D. 收入

16. 下列属于资产的有( )。
A. 累计折旧 B. 融资租入固定资产
C. 人力资源 D. 长期股权投资

17. 下列属于期间费用的有( )。
A. 销售费用 B. 制造费用
C. 财务费用 D. 管理费用

18. 费用的发生可能会导致( )。
A. 资产的减少 B. 资产的增加
C. 负债的减少 D. 负债的增加

19. 企业在组织会计核算时,应作为会计核算基本前提的是( )。
A. 会计主体 B. 持续经营
C. 货币计量 D. 会计原则

20. 下列属于会计信息质量的要求的是( )。
A. 重要性 B. 可理解性

C. 可靠性　　D. 谨慎性

21. 下列对可比性要求说法正确的是(　　)。

A. 可比性仅指同一企业不同时期的纵向可比

B. 可比性要求解决的是不同企业的横向可比问题

C. 可比性要求解决的是同一企业的纵向可比问题

D. 可比性不排斥实际工作中的会计处理方法的变更,但需要加以说明

22. 会计主体应具备的条件是(　　)。

A. 必须是法人单位　　B. 实行独立核算

C. 可以是不进行独立核算的　　D. 可以是法人单位,也可以不是

23. 下列可以是一个会计主体的是(　　)。

A. 个体经营者经营的商店　　B. 某公司下属的独立核算的后勤部门

C. 医院　　D. 全国残疾人联合会

24. 根据权责发生制,应计入本期的收入和费用有(　　)。

A. 本期实现的收益已收款　　B. 本期的费用已付款

C. 本期实现的收益未收款　　D. 下期的费用已付款

25. 按照权责发生制的要求,应作为本期收入的项目是(　　)。

A. 收到国家投资 100 000 元,存入银行

B. 销售商品一批计 100 000 元,货款尚未收到

C. 收到外单位还来的上月欠款 550 元,存入银行

D. 预收某单位的订货款 50 000 元,存入银行,商品现已发出

(三)判断题

1. 会计的基本职能是监督。(　　)

2. 会计的主要特点之一,就是只以货币为计量单位。(　　)

3. 会计监督有事前监督、事中监督、事后监督。(　　)

4. 会计是旨在提高经济效益的一种管理活动,是经济管理的重要组成部分。(　　)

5. 会计的对象是社会再生产过程中的资金运动。(　　)

6. 会计的最终目标是通过价值管理,为提高企业经济效益服务。(　　)

7. 会计的目标是既要提供决策有用的会计信息,同时还应提供受托责任的信息。(　　)

8. 应收账款、预收账款、其他应收款均为资产。(　　)

9. 负债是企业过去的交易或事项所引起的潜在义务。(　　)

10. 所有者权益是指所有者在企业资产中享有的经济利益,其大小由资产与负债两个要素的大小共同决定。(　　)

11. 资产必须是企业所拥有的,所有权不属于企业,均不作为企业资产。(　　)

12. 对资产负债表中所确认的资产企业均拥有所有权。(　　)

13. 资产按流动性分为无形资产和有形资产。(　　)

14. 负债是债权人对企业全部资产的求偿权，所以资产 = 负债。（ ）

15. 企业取得收入，便意味着会形成正利润。（ ）

16. 收入往往表现为货币资金流入，但并非所有货币资金的流入都是收入。（ ）

17. 出售固定资产取得的收益应当作为“收入”要素核算。（ ）

18. 会计主体可以是法人，也可以是非法人；可以是一个企业，也可以是企业中的内部单位；可以是单一企业，也可以是企业集团。（ ）

19. 可比性原则要求企业会计处理方法前后各期应当一致，不得随意变更。（ ）

20. 处于同一行业的企业对同类经济业务应使用相同的会计处理方法。（ ）

21. 会计分期不同，对各期利润总额不会产生影响。（ ）

22. 我国所有企业的会计核算都必须以人民币作为记账本位币。（ ）

23. 凡是会计主体都必须是法人，而且都应该独立核算。（ ）

24. 会计核算应当区分自身的经济活动与其他单位的经济活动。（ ）

25. 法律主体一定是会计主体，会计主体也一定是法律主体。（ ）

26. 所有的法律主体都是会计主体，但会计主体不一定都具有法人资格。（ ）

27. 谨慎原则是指在会计核算中应尽量低估企业的资产和可能发生的损失、费用。（ ）

28. 会计核算以货币计量为主，同时可以适当地运用其他计量单位。（ ）

29. 企业按规定提取坏账准备，体现了会计核算的客观性要求。（ ）

30. 会计核算必须以实际发生的经济业务的合法凭证为依据，以满足可靠性原则的要求。（ ）

（四）账务处理

1. 目的：熟悉会计要素的内容

资料：某公司 2011 年 3 月末有关会计要素如下。

（1）存放在银行里的存款 12 000 元；

（2）投资者投入资本 700 000 元；

（3）向银行借入两年期的借款 60 000 元；

（4）出纳处存放的现金 150 元；

（5）向银行借入半年期的借款 50 000 元；

（6）仓库里存放的原材料 51 900 元；

（7）应付外单位货款 8 000 元；

（8）机器设备价值 250 000 元；

（9）房屋及建筑物价值 42 000 元；

（10）仓库里存放的库存商品 19 400 元；

（11）应收外单位货款 10 000 元；

（12）以前年度尚未分配的利润 75 000 元；

（13）正在加工中的产品 7 550 元；

(14)对外长期投资500 000元。

要求:判断上列资料中各项目所属会计要素的类别(资产、负债、所有者权益),并将各项目金额填入表1.1。

表1.1 会计要素练习表

项目 / 序号	金额		
	资产	负债	所有者权益
(1)			
(2)			
(3)			
(4)			
(5)			
(6)			
(7)			
(8)			
(9)			
(10)			
(11)			
(12)			
(13)			
(14)			

2. 目的:练习权责发生制与收付实现制的运用

资料:东方公司2012年4月发生了下列经济业务。

(1)4月5日,收到瑞达公司订货的预付款10 000元,本公司根据合同将在6月向其供货;

(2)4月10日,销售给苏华公司货物,价值30 000元,收到苏华公司的货款15 000元,其余的款项暂欠;

(3)4月15日,现金支付第二季度的房租3 000元;

(4)4月18日,销售产品5 000元,货款存入银行;

(5)4月20日,销售产品10 000元,货款尚未收到;

(6)4月22日,收到上月应收的销售货款8 000元;

(7)4月30日,本月应付水电费400元,下月初支付;

(8)4月30日,本月应负担的借款利息500元,将在本季度末支付。

根据以上资料,分别用权责发生制和收付实现制计算东方公司4月的收入和费用,并填入表1.2。

表 1.2 权责发生制与收付实现制练习表

业务号	权责发生制		收付实现制	
	收入	费用	收入	费用
(1)				
(2)				
(3)				
(4)				
(5)				
(6)				
(7)				
(8)				
合计				
利润				

第二章 会计科目、会计账户与复式记账

一、重点与难点

本章阐明了设置会计科目的原则、设置会计账户和复式记账的理论依据及借贷记账法的基本内容。通过本章的学习，应理解会计恒等式的基本原理，掌握会计科目和账户的概念与关系，了解会计科目和账户设置的原则，理解账户的基本结构和分类，掌握借贷记账法的基本原理并能据此为简单业务编制会计分录。本章的重点是会计恒等式及借贷记账法的基本原理，难点是借贷记账法的记账规则及简单使用。

本章知识要点如下：

(1)基本会计等式为：资产 = 负债 + 所有者权益，收入 - 费用 = 利润。不论哪一种类型经济业务的发生都不会破坏资产与权益的平衡关系。资产与权益的平衡关系可以表现为以下九种情况：资产要素的一增一减；负债要素的一增一减；所有者权益要素的一增一减；资产、负债要素同时增加；资产、负债要素同时减少；资产、所有者权益要素同时增加；资产、所有者权益要素同时减少；负债要素增加，所有者权益要素减少；负债要素减少，所有者权益要素增加。

(2)会计科目是对会计要素的具体内容进行分类核算的标志或项目。会计科目按其反映的经济内容可以分为五类：资产类、负债类、所有者权益类、成本类、损益类；按其体现会计信息的详细程度可以分为两类：总分类科目、明细分类科目。

(3)账户是对会计要素的增减变动及其结果进行分类记录、反映的工具。会计账户和会计科目的联系是：账户是根据会计科目设置的，会计科目就是账户的名称，两者所反映的经济内容是一致的。两者的区别是：会计科目仅是分类核算的项目，而账户既有名称又有具体结构；会计科目是进行分类核算的依据，而账户则是记录经济业务的载体。

(4)一个完整的账户结构应包括：账户名称、会计事项发生的日期、摘要、凭证号数、金额。账户四个数额之间的关系为：账户期末余额 = 账户期初余额 + 本期增加发生额 - 本期减少发生额。

(5)借贷记账法以“借”“贷”作为记账符号，以会计恒等式为理论基础，以“有借必有贷，借贷必相等”为记账规则。在借贷记账法下，账户的基本结构是：左方为借方，右方为贷方。资产、成本、费用类账户增加记在借方，减少记在贷方；负债、所有者权益、收入类账户增加记在贷方，减少记在借方。

(6)会计分录简称分录，是标明某项经济业务的应借应贷账户及其金额的记录。会计分录又分为简单会计分录和复合会计分录。

(7)试算平衡是根据会计等式的平衡原理，按照记账规则的要求，检查账户记录的正

确性的一种方法。试算平衡包括发生额试算平衡和余额试算平衡两项内容。

二、知识拓展

(一)相关规定

《企业会计准则——应用指南》附录:会计科目和主要账务处理(节选)

一、会计科目

会计科目和主要账务处理依据企业会计准则中确认和计量的规定制定,涵盖了各类企业的交易或者事项。企业在不违反会计准则中确认、计量和报告规定的前提下,可以根据本单位的实际情况自行增设、分拆、合并会计科目。企业不存在的交易或者事项,可不设置相关会计科目。

对于明细科目,企业可以比照本附录中的规定自行设置。会计科目编号供企业填制会计凭证、登记会计账簿、查阅会计账目、采用会计软件系统参考,企业可结合实际情况自行确定会计科目编号。

……

二、主要账务处理

资产类

1001 库存现金

本科目核算企业的库存现金。企业有内部周转使用备用金的,可以单独设置“备用金”科目。

1002 银行存款

本科目核算企业存入银行或其他金融机构的各种款项。银行汇票存款、银行本票存款、信用卡存款、信用证保证金存款、存出投资款、外埠存款等,在“其他货币资金”科目核算。

1012 其他货币资金

本科目核算企业的银行汇票存款、银行本票存款、信用卡存款、信用证保证金存款、存出投资款、外埠存款等其他货币资金。本科目可按银行汇票或本票、信用证的收款单位,外埠存款的开户银行,分别“银行汇票”“银行本票”“信用卡”“信用证保证金”“存出投资款”“外埠存款”等进行明细核算。

1101 交易性金融资产

本科目核算企业为交易目的所持有的债券投资、股票投资、基金投资等交易性金融资产的公允价值。企业持有的直接指定为以公允价值计量且其变动计入当期损益的金融资产,也在本科目核算。本科目可按交易性金融资产的类别和品种,分别“成本”“公允价值变动”等进行明细核算。

1121 应收票据

本科目核算企业因销售商品、提供劳务等而收到的商业汇票,包括银行承兑汇票和商业承兑汇票。本科目可按开出、承兑商业汇票的单位进行明细核算。

1122 应收账款

本科目核算企业因销售商品、提供劳务等经营活动应收取的款项。因销售商品、提供劳务等,采用递延方式收取合同或协议价款、实质上具有融资性质的,在“长期应收款”科目核算。本科目可按债务人进行明细核算。

1123 预付账款

本科目核算企业按照合同规定预付的款项。预付款项情况不多的,也可以不设置本科目,将预付的款项直接计入“应付账款”科目。企业进行在建工程预付的工程价款,也在本科目核算。本科目可按供货单位进行明细核算。

1131 应收股利

本科目核算企业应收取的现金股利和应收取其他单位分配的利润。本科目可按被投资单位进行明细核算。

1132 应收利息

本科目核算企业交易性金融资产、持有至到期投资、可供出售金融资产、发放贷款、存放中央银行款项、拆出资金、买入返售金融资产等应收取的利息。企业购入的一次还本付息的持有至到期投资持有期间取得的利息,在“持有至到期投资”科目核算。本科目可按借款人或被投资单位进行明细核算。

1221 其他应收款

本科目核算企业除存出保证金、买入返售金融资产、应收票据、应收账款、预付账款、应收股利、应收利息、应收代位追偿款、应收分保账款、应收分保合同准备金、长期应收款等以外的其他各种应收及暂付款项。本科目可按对方单位(或个人)进行明细核算。

1231 坏账准备

本科目核算企业应收款项的坏账准备。本科目可按应收款项的类别进行明细核算。

1401 材料采购

本科目核算企业采用计划成本进行材料日常核算而购入材料的采购成本。采用实际成本进行材料日常核算的,购入材料的采购成本,在“在途物资”科目核算。委托外单位加工材料、商品的加工成本,在“委托加工物资”科目核算。购入的工程用材料,在“工程物资”科目核算。本科目可按供应单位和材料品种进行明细核算。

1402 在途物资

本科目核算企业采用实际成本(或进价)进行材料、商品等物资的日常核算、货款已付尚未验收入库的在途物资的采购成本。本科目可按供应单位和物资品种进行明细核算。

1403 原材料

本科目核算企业库存的各种材料,包括原料及主要材料、辅助材料、外购半成品(外购件)、修理用备件(备品备件)、包装材料、燃料等的计划成本或实际成本。收到来料加工装配业务的原料、零件等,应当设置备查簿进行登记。本科目可按材料的保管地点(仓库)、材料的类别、品种和规格等进行明细核算。

1404 材料成本差异

本科目核算企业采用计划成本进行日常核算的材料计划成本与实际成本的差额。

企业也可以在“原材料”“周转材料”等科目设置“成本差异”明细科目。本科目可以分别“原材料”“周转材料”等,按照类别或品种进行明细核算。

1405 库存商品

本科目核算企业库存的各种商品的实际成本(或进价)或计划成本(或售价),包括库存产成品、外购商品、存放在门市部准备出售的商品、发出展览的商品以及寄存在外的商品等。接受来料加工制造的代制品和为外单位加工修理的代修品,在制造和修理完成验收入库后,视同企业的产成品,也通过本科目核算。本科目可按库存商品的种类、品种和规格等进行明细核算。

1408 委托加工物资

本科目核算企业委托外单位加工的各种材料、商品等物资的实际成本。本科目可按加工合同、受托加工单位以及加工物资的品种等进行明细核算。

1411 周转材料

本科目核算企业周转材料的计划成本或实际成本,包括包装物、低值易耗品,以及企业(建造承包商)的钢模板、木模板、脚手架等。企业的包装物、低值易耗品,也可以单独设置“包装物”“低值易耗品”科目。本科目可按周转材料的种类,分别“在库”“在用”和“摊销”进行明细核算。

1471 存货跌价准备

本科目核算企业存货的跌价准备。本科目可按存货项目或类别进行明细核算。

1511 长期股权投资

本科目核算企业持有的采用成本法和权益法核算的长期股权投资。本科目可按被投资单位进行明细核算。长期股权投资采用权益法核算的,还应当分别“成本”“损益调整”“其他权益变动”进行明细核算。

1512 长期股权投资减值准备

本科目核算企业长期股权投资的减值准备。本科目可按被投资单位进行明细核算。

1531 长期应收款

本科目核算企业的长期应收款项,包括融资租赁产生的应收款项、采用递延方式具有融资性质的销售商品和提供劳务等产生的应收款项等。实质上构成对被投资单位净投资的长期权益,也通过本科目核算。本科目可按债务人进行明细核算。

1601 固定资产

本科目核算企业持有的固定资产原价。建造承包商的临时设施,以及企业购置计算机硬件所附带的、未单独计价的软件,也通过本科目核算。本科目可按固定资产类别和项目进行明细核算。融资租入的固定资产,可在本科目设置“融资租入固定资产”明细科目。

1602 累计折旧

本科目核算企业固定资产的累计折旧。本科目可按固定资产的类别或项目进行明细核算。

1603 固定资产减值准备

本科目核算企业固定资产的减值准备。

1604 在建工程

本科目核算企业基建、更新改造等在建工程发生的支出。在建工程发生减值的，可以单独设置“在建工程减值准备”科目，比照“固定资产减值准备”科目进行处理。本科目可按“建筑工程”“安装工程”“在安装设备”“待摊支出”以及单项工程等进行明细核算。

1605 工程物资

本科目核算企业为在建工程准备的各种物资的成本，包括工程用材料、尚未安装的设备以及为生产准备的工器具等。本科目可按“专用材料”“专用设备”“工器具”等进行明细核算。工程物资发生减值的，可以单独设置“工程物资减值准备”科目，比照“固定资产减值准备”科目进行处理。

1606 固定资产清理

本科目核算企业因出售、报废、毁损、对外投资、非货币性资产交换、债务重组等原因转出的固定资产价值以及在清理过程中发生的费用等。本科目可按被清理的固定资产项目进行明细核算。

1701 无形资产

本科目核算企业持有的无形资产成本，包括专利权、非专利技术、商标权、著作权、土地使用权等。本科目可按无形资产项目进行明细核算。

1702 累计摊销

本科目核算企业对使用寿命有限的无形资产计提的累计摊销。本科目可按无形资产项目进行明细核算。

1703 无形资产减值准备

本科目核算企业无形资产的减值准备。本科目可按无形资产项目进行明细核算。

1711 商誉

本科目核算企业合并中形成的商誉价值。商誉发生减值的，可以单独设置“商誉减值准备”科目，比照“无形资产减值准备”科目进行处理。

1801 长期待摊费用

本科目核算企业已经发生但应由本期和以后各期负担的分摊期限在 1 年以上的各项费用，如以经营租赁方式租入的固定资产发生的改良支出等。本科目可按费用项目进行明细核算。

1901 待处理财产损溢

本科目核算企业在清查财产过程中查明的各种财产盘盈、盘亏和毁损的价值。物资在运输途中发生的非正常短缺与损耗，也通过本科目核算。企业如有盘盈固定资产的，应作为前期差错计入“以前年度损益调整”科目。本科目可按盘盈、盘亏的资产种类和项目进行明细核算。

负债类

2001 短期借款

本科目核算企业向银行或其他金融机构等借入的期限在 1 年以下(含 1 年)的各种借款。企业向银行或其他金融机构等借入的期限在 1 年以上的各种借款，在“长期借款”

科目核算。本科目应当按照借款种类和贷款人进行明细核算。

2101 交易性金融负债

本科目核算企业承担的交易性金融负债的公允价值。企业持有的直接指定为以公允价值计量且其变动计入当期损益的金融负债,也在本科目核算。衍生金融负债在“衍生工具”科目核算。本科目可按交易性金融负债类别,分别对“本金”“公允价值变动”等进行明细核算。

2201 应付票据

本科目核算企业购买材料、商品和接受劳务供应等开出、承兑的商业汇票,包括银行承兑汇票和商业承兑汇票。本科目可按债权人进行明细核算。

2202 应付账款

本科目核算企业因购买材料、商品和接受劳务供应等经营活动应支付的款项。本科目应当按照不同的债权人进行明细核算。

2203 预收账款

本科目核算企业按照合同规定向购货单位预收的款项。预收账款情况不多的,也可将预收的款项直接计入“应收账款”科目。本科目应按购货单位进行明细核算。

2211 应付职工薪酬

本科目核算企业根据有关规定应付给职工的各种薪酬。外商投资企业按规定从净利润中提取的职工奖励及福利基金,也在本科目核算。本科目应当按照“工资”“职工福利”“社会保险费”“住房公积金”“工会经费”“职工教育经费”“解除职工劳动关系补偿”等应付职工薪酬项目进行明细核算。

2221 应交税费

本科目核算企业按照税法规定计算应交纳的各种税费,包括增值税、消费税、营业税、所得税、资源税、土地增值税、城市维护建设税、房产税、土地使用税、车船使用税、教育费附加、矿产资源补偿费等。企业代扣代交的个人所得税,也通过本科目核算。企业不需要预计应交数所交纳的税金,如印花税、耕地占用税等,不在本科目核算。本科目应当按照应交税费的税种进行明细核算。应交增值税还应分别“进项税额”“销项税额”“出口退税”“进项税额转出”“已交税金”等设置专栏进行明细核算。

2231 应付利息

本科目核算企业按照合同约定应支付的利息,包括吸收存款、分期付息到期还本的长期借款、企业债券等应支付的利息。本科目可按存款人或债权人进行明细核算。

2232 应付股利

本科目核算企业分配的现金股利或利润。本科目可按投资者进行明细核算。

2241 其他应付款

本科目核算企业除应付票据、应付账款、预收账款、应付职工薪酬、应付股利、应付利息、应交税费、长期应付款等经营活动以外的其他各项应付、暂收的款项。本科目应当按照其他应付款的项目和对方单位(或个人)进行明细核算。

2501 长期借款

本科目核算企业向银行或其他金融机构借入的期限在1年以上(不含1年)的各项

借款。本科目可按贷款单位和贷款种类，分别对“本金”“利息调整”等进行明细核算。

2502　应付债券

本科目核算企业为筹集（长期）资金而发行债券的本金和利息。企业发行的可转换公司债券，应将负债和权益成份进行分拆，分拆后形成的负债成份在本科目核算。本科目可按“面值”“利息调整”“应计利息”等进行明细核算。

2701　长期应付款

本科目核算企业除长期借款和应付债券以外的其他各种长期应付款项，包括应付融资租入固定资产的租赁费、以分期付款方式购入固定资产等发生的应付款项等。本科目可按长期应付款的种类和债权人进行明细核算。

所有者权益类

4001　实收资本

本科目核算企业接受投资者投入企业的实收资本。股份有限公司应将本科目改为“4001　股本”。企业收到投资者超过其在注册资本或股本中所占份额的部分，作为资本溢价或股本溢价，在“资本公积”科目核算。本科目应当按照投资者进行明细核算。企业（中外合作经营）在合作期间归还投资者的投资，应在本科目设置“已归还投资”明细科目进行核算。

4002　资本公积

本科目核算企业收到投资者出资超出其在注册资本或股本中所占的份额以及直接计入所有者权益的利得和损失等。本科目应当分别“资本溢价”或“股本溢价”“其他资本公积”进行明细核算。

4101　盈余公积

本科目核算企业从净利润中提取的盈余公积。本科目应当分别“法定盈余公积”“任意盈余公积”进行明细核算。企业（外商投资）还应分别“储备基金”“企业发展基金”进行明细核算。企业（中外合作经营）在合作期间归还投资者的投资，应在本科目设置“利润归还投资”明细科目进行核算。

4103　本年利润

本科目核算企业当年实现的净利润（或发生的净亏损）。

4104　利润分配

本科目核算企业利润的分配（或亏损的弥补）和历年分配（或弥补）后的积存余额。本科目应当分别“提取法定盈余公积”“提取任意盈余公积”“应付现金股利或利润”“转作股本的股利”“盈余公积补亏”和“未分配利润”等进行明细核算。企业（外商投资）还应分别“提取储备基金”“提取企业发展基金”“提取职工奖励及福利基金”进行明细核算。企业（中外合作经营）在合作期间归还投资者的投资，应在本科目设置“利润归还投资”明细科目进行核算。

成本类

5001　生产成本

本科目核算企业进行工业性生产发生的各项生产成本，包括生产各种产品（产成品、自制半成品等）、自制材料、自制工具、自制设备等。企业（农业）进行农业生产发生的各项生产成本,可将本科目改为“5001 农业生产成本”科目,并分别种植业、畜牧养殖业、林业和水产业确定成本核算对象(消耗性生物资产、生产性生物资产、公益性生物资产和农产品)和成本项目,进行费用的归集和分配。企业(房地产开发)可将本科目改为“5001 开发成本”科目。本科目可按基本生产成本和辅助生产成本进行明细核算。

5101 制造费用

本科目核算企业生产车间(部门)为生产产品和提供劳务而发生的各项间接费用。本科目可按不同的生产车间、部门和费用项目进行明细核算。

损益类科目

6001 主营业务收入

本科目核算企业根据收入准则确认的销售商品、提供劳务等主营业务的收入。本科目应当按照主营业务的种类进行明细核算。

6051 其他业务收入

本科目核算企业根据收入准则确认的除主营业务以外的其他经营活动实现的收入,包括出租固定资产、出租无形资产、出租包装物和商品、销售材料等实现的收入。企业(租赁)出租固定资产取得的租赁收入,在“租赁收入”科目核算,不在本科目核算。采用成本模式计量的投资性房地产取得的租金收入,也通过本科目核算。本科目应当按照其他业务收入种类进行明细核算。

6111 投资收益

本科目核算企业根据长期股权投资准则确认的投资收益或投资损失。企业根据投资性房地产准则确认的采用公允价值模式计量的投资性房地产的租金收入和处置损益,也通过本科目核算。企业处置交易性金融资产、交易性金融负债、可供出售金融资产实现的损益,也在本科目核算。企业的持有至到期投资和买入返售金融资产在持有期间取得的投资收益和处置损益,也在本科目核算。证券公司自营证券所取得的买卖价差收入,也在本科目核算。本科目应当按照投资项目进行明细核算。

6301 营业外收入

本科目核算企业发生的与其经营活动无直接关系的各项净收入,主要包括处置非流动资产利得、非货币性资产交换利得、债务重组利得、罚没利得、政府补助利得、确实无法支付而按规定程序经批准后转作营业外收入的应付款项等。本科目应当按照营业外收入项目进行明细核算。

6401 主营业务成本

本科目核算企业根据收入准则确认销售商品、提供劳务等主营业务收入时应结转的成本。本科目应当按照主营业务的种类进行明细核算。

6402 其他业务支出

本科目核算企业除主营业务活动以外的其他经营活动所发生的支出,包括销售材料的成本、出租固定资产的累计折旧、出租无形资产的累计摊销、出租包装物的成本或摊销额、采用成本模式计量的投资房地产的累计折旧或累计摊销等。企业附主营业务活动以外的其他经营活动发生的相关税费,在“税金及附加”科目核算,不在本科目核算。本科目应当按照其他业务支出的种类进行明细核算。

6403　税金及附加①

本科目核算企业经营活动发生的消费税、城市维护建设税、资源税、教育费附加及房产税、土地使用税、车船使用税、印花税等相关税费。

6601　销售费用

本科目核算企业销售商品和材料、提供劳务的过程中发生的各种费用,包括保险费、包装费、展览费和广告费、商品维修费、预计产品质量保证损失、运输费、装卸费等以及为销售本企业商品而专设的销售机构(含销售网点、售后服务网点等)的职工薪酬、业务费、折旧费等经营费用。本科目应当按照费用项目进行明细核算。

6602　管理费用

本科目核算企业为组织和管理企业生产经营所发生的管理费用,包括企业的董事会和行政管理部门在企业的经营管理中发生的或者应由企业统一负担的公司经费(包括行政管理部门职工薪酬、修理费、物料消耗、低值易耗品摊销、办公费和差旅费等)、工会经费、董事会费(包括董事会成员津贴、会议费和差旅费等)、聘请中介机构费、咨询费(含顾问费)、诉讼费、业务招待费、技术转让费、矿产资源补偿费、研究费用、排污费等。企业与固定资产有关的后续支出,包括固定资产发生的日常修理费、大修理费用、更新改造支出、房屋的装修费用等,没有满足固定资产准则规定的固定资产确认条件的,也在本科目核算。本科目应当按照费用项目进行明细核算。

6603　财务费用

本科目核算企业为筹集生产经营所需资金等而发生的筹资费用,包括利息支出(减利息收入)、汇兑差额以及相关的手续费、企业发生的现金折扣或收到的现金折扣等。为购建或生产满足资本化条件的资产发生的应予资本化借款费用,在“在建工程”“制造费用”等科目核算,不在本科目核算。本科目应当按照费用项目进行明细核算。

6711　营业外支出

本科目核算企业发生的与其经营活动无直接关系的各项净支出,包括处置非流动资产损失、非货币性资产交换损失、债务重组损失、罚款支出、捐赠支出、非常损失等。本科目应当按照支出项目进行明细核算。

6801　所得税

本科目核算企业根据所得税准则确认的应从当期利润总额中扣除的所得税费用。本科目应当按照“当期所得税费用”“递延所得税费用”进行明细核算。

6901　以前年度损益调整

本科目核算企业本年度发生的调整以前年度损益的事项以及本年度发现的重要前期差错更正涉及调整以前年度损益的事项。企业在资产负债表日至财务报告批准报出日之间发生的需要调整报告年度损益的事项,也可以通过本科目核算。

---

① 本科目在全面试行营业税改征增值税(以下简称营改增)之前为“营业税金及附加”。按照财政部2017年1月26日发布的《增值税会计处理规定》(简称《规定》)的要求,“营业税金及附加”科目在《规定》发布之日起调整为“税金及附加”。

增值税会计处理规定(财会〔2016〕22 号)——“营业税金及附加”最新调整为“税金及附加”科目

依据财会〔2016〕22 号文规定,全面试行“营业税改征增值税”后,“营业税金及附加”科目名称调整为“税金及附加”科目,该科目核算企业经营活动发生的消费税、城市维护建设税、资源税、教育费附加及房产税、土地使用税、车船使用税、印花税等相关税费;利润表中的“营业税金及附加”项目调整为“税金及附加”项目。

需要提醒的是,之前是在“管理费用”科目中列支的“四小税”(房产税、土地使用税、车船税、印花税),本次也同步调整到“税金及附加”科目。

全面试行营改增后,“税金及附加”科目比调整前的“营业税金及附加”科目核算范围有所增加。不再有税金计入费用进行核算。

1. 印花税的分录

由原来的:

借:管理费用

　贷:银行存款

改为:

借:税金及附加

　贷:银行存款

2. 房产税、车船税、土地使用税的分录

由原来的:

借:管理费用

　贷:应交税费——应交房产税

　　应交税费——应交车船税

　　应交税费——应交城镇土地使用税

改为:

借:税金及附加

　贷:应交税费——应交房产税

　　应交税费——应交车船税

　　应交税费——应交城镇土地使用税

(二)案例:试算平衡表已经平衡会计记录就无误吗

【案情】

小刘从某财经大学会计系毕业后刚刚被聘任为柳林公司的会计人员。今天是他来公司上班的第一天。会计科里的那些同事们忙得不可开交,一问才知道,大家正在忙于月末结账。“我能做些什么?”会计科长看他那急于投入工作的表情,也想检验一下他的工作能力,就问:“试算平衡表的编制方法在学校学过吧?”“学过。”小刘很肯定地回答。

“那好吧,趁大家忙别的事情的时候,你先编一下我们公司这个月的试算平衡表。”科长帮他找到了本公司所有的总账账簿,让他在早已为他准备好的办公桌上开始工作。不到一小时,一张“总分类账户发生额试算平衡表”就完整地编制出来了。看到表格上那些相互平衡的三组数字,小刘激动的心情无以言表,兴冲冲地向科长交差。

“啊,昨天车间领材料的单据还没记到账上去呢,这也是这个月的业务啊!”会计员李梅说道。还没等小刘缓过神来,会计员小张手里又拿着一些会计凭证凑过来,对科长说:“这笔我核对过了,应当计入‘原材料’和‘生产成本’的是10 000元,而不是9 000元,已经入账的那部分数字还得改一下。”“试算平衡表不是已经平衡了吗?怎么还有错误呢?”小刘不解地问。

【评析】

为什么小刘所编试算平衡表已经平衡却还会出现记账错误?这是因为有些错误通过试算平衡不能发现,比如具有对应关系的账户,借方和贷方同时多记、少记或者漏记了相同的金额,应借应贷项目写错、借贷方向弄反或者错用了账户,或者一笔业务多记,另一笔业务少记,金额正好相互抵消等,这些错误都无法通过试算平衡发现。

资料来源:豆丁网。

(三)案例:何谓平行登记

【案情】

包先生在一家上市公司做会计主管,发现该公司的“原材料”账户和“应收账款”平常不登记总分类账,只是登记明细分类账,往往是等一段时间才补登总分类账;而“固定资产”账户平时不登记明细分类账,只是登记总分类账。他提出这种做法不符合总分类账与明细分类账之间的平行登记原则,但是财会部门经理认为这样做没有违反平行登记。你认为谁的看法对?

【评析】

财会部门经理的观点是对的。为了使总分类账与其所属的明细分类账之间能起到统驭与补充的作用,便于账户核对,并确保核算资料的正确、完整,必须采用平行登记的方法,在总账和所属的明细分类账中进行记录。所谓平行登记是指同一笔经济业务在总分类账中进行总括登记,在明细账中进行详细登记,要求登记的原始依据相同,登记的期间一致,登记的方向相同,总账金额和所属明细账的金额合计相等。这里所指的期间相同是指在同一会计期间,而并非必须在同一时刻,因为明细账一般根据记账凭证及其所附的原始凭证于平时登记,而总分类账因会计核算组织程序不同,可能在平时登记,也可能定期登记,但登记总分类账和明细分类账必须在同一会计期间内完成。

资料来源:本案例根据百度文库“初级会计学案例”整理。

三、同步练习

(一)单项选择题

1. 企业所拥有的资产从财产权利归属来看,一部分属于投资者,另一部分属于(　　)。

A. 债权人　　B. 企业职工

C. 债务人　　D. 企业法人

2. 一个企业的资产总额与权益总额(　　)。

A. 必然相等　　B. 有时相等

C. 不会相等　　D. 只有在期末时相等

3. 一个企业的资产总额与所有者权益总额(　　)。

A. 必然相等　　B. 有时相等

C. 不会相等　　D. 只有在期末时相等

4. 编制资产负债表依据的基本公式是(　　)。

A. 收入 - 费用 = 利润

B. 资产 = 负债 + 所有者权益

C. 利润总额 = 营业净利润 + 投资收益 + 营业外收支净额

D. 净利润 = 利润总额 - 所得税

5. 会计等式实质表达的是(　　)。

A. 经济业务与会计事项　　B. 经济活动与经济业务

C. 经济业务与管理活动　　D. 财务状况与经营成果

6. 下列会计等式中不正确的是(　　)。

A. 资产 = 负债 + 所有者权益　　B. 负债 = 资产 - 所有者权益

C. 资产 - 负债 = 所有者权益　　D. 资产 + 负债 = 所有者权益

7. 所有者权益是权益投资人对权益净资产的所有权,在数量上等于(　　)。

A. 全部资产减去流动负债　　B. 企业的新增利润

C. 全部资产减去全部负债　　D. 全部资产加上全部负债

8. 一项资产增加,一项负债增加的经济业务发生后,都会使资产与权益原来的总额(　　)。

A. 发生同增的变动　　B. 发生同减的变动

C. 不会变动　　D. 发生不等额的变动

9. 一项资产增加,不可能引起(　　)。

A. 另一项资产减少　　B. 一项负债增加

C. 一项所有者权益增加　　D. 一项负债减少

10. 某公司某会计期间期初资产总额为 200 000 元,当期期末负债总额比期初减少 20 000元,期末所有者权益比期初增加 60 000 元,则该企业期末资产总额为(　　)元。

A. 180 000　　B. 200 000

C. 240 000　　D. 260 000

11. 某企业资产总额为 100 万元,负债为 20 万元,在以银行存款 30 万元购进材料,并以银行存款 10 万元偿还借款后,资产总额为(　　)。

A. 60 万元　　B. 90 万元

C. 50 万元　　D. 40 万元

12. 某企业期初资产总额为 200 万元,本期发生两项业务:其一,向银行借款 30 000 元购入一台设备;其二,以现金 20 000 元购入一批原材料,则该企业期末权益为(　　)万元。

A. 200　　B. 205

C. 203　　D. 202

13. 某企业月初资产总额为 300 万元，本月发生下列经济业务：(1) 赊购材料 10 万元；(2) 用银行存款偿还短期借款 20 万元；(3) 收到购货单位偿还的欠款 15 万元，存入银行。本月资产总额为(　　)万元。

A. 310　　B. 290

C. 295　　D. 305

14. 某企业 5 月末负债总额为 100 万元，6 月收回应收账款 5 万元，收到购货单位预付的货款 8 万元，6 月末计算出应缴产品销售税金 0.5 万元。月末负债总额为(　　)万元。

A. 108.5　　B. 103.5

C. 113.5　　D. 106.5

15. 某企业本期期初资产总额为 35 万元，本期期末负债总额比期初减少 5 万元，所有者权益比期初增加 10 万元，则该企业期末资产总额是(　　)万元。

A. 35　　B. 50

C. 10　　D. 40

16. 会计科目是对(　　)的具体内容进行分类核算的项目。

A. 经济业务　　B. 会计主体

C. 会计对象　　D. 会计要素

17. 会计账户是根据(　　)分别设置的。

A. 会计对象　　B. 会计要素

C. 会计科目　　D. 经济业务

18. 会计科目与账户的本质区别在于(　　)。

A. 反映的经济内容不同　　B. 记录资产和权益的内容不同

C. 记录资产和权益的方法不同　　D. 会计账户有结构，而会计科目无结构

19. 负债类账户的余额反映(　　)情况。

A. 资产的结存　　B. 负债的结存情况

C. 负债的增减变动　　D. 负债的形成和偿付

20. 资产账户的借方登记(　　)。

A. 资产的增加　　B. 资产的减少

C. 费用的转销　　D. 收入的减少

21. 负债账户的借方登记(　　)。

A. 收入的增加　　B. 负债的增加

C. 费用的增加　　D. 负债的减少

22. 资产类账户的期末余额应在(　　)。

A. 账户的借方　　B. 账户的贷方

C. 有时在借方，有时在贷方　　D. 以上答案都对

23. (　　)不属于损益类的会计科目。

A. 管理费用　　B. 生产成本
C. 主营业务成本　　D. 其他业务支出
24. 下列会计科目中,属于损益类的是(　)。
A. 长期待摊费用　　B. 待处理财产损溢
C. 制造费用　　D. 以前年度损益调整
25. 在下列项目中,与管理费用属于同一类科目的是(　　)。
A. 无形资产　　B. 本年利润
C. 应交税费　　D. 投资收益
26. 预收购货单位的购货定金时,应看作(　)。
A. 资产加以确认　　B. 负债加以确认
C. 收入加以确认　　D. 所有者权益加以确认
27. 下列经济活动中,引起资产和负债同时减少的是(　　)。
A. 以银行存款偿付前欠货款　　B. 购买材料货款尚未支付
C. 收回应收账款　　D. 接受其他单位捐赠新设备
28. 下列经济活动中,引起负债之间彼此增减的是(　　)。
A. 收到应收账款,存入银行　　B. 向银行借入款项直接偿还应付账款
C. 用银行存款偿还长期负债　　D. 用现金支付职工工资
29. 下列经济业务的发生不会使会计等式两边总额发生变化的有(　　)。
A. 用银行存款支付购料款　　B. 从银行提取现金
C. 向银行取得借款存入银行　　D. 收到预收账款存入银行
30. 下列经济业务中会引起资产和负债同时增加的是(　　)。
A. 以银行存款购买材料　　B. 收到投资存入银行
C. 取得短期借款存入银行　　D. 以银行存款偿还前欠货款
31. 企业应付票据到期,因无款支付而转为应付账款,此项业务属于(　　)的变化业务。
A. 资产项目间此增彼减　　B. 资产项目和负债项目同时增加
C. 负债项目间此增彼减　　D. 资产项目和负债项目同时减少
32. 下列经济业务中,会引起资产和所有者权益同时增加的是(　　)。
A. 从银行提取现金　　B. 收到投资款存入银行
C. 银行存款购买固定资产　　D. 购买材料货款未付
33. 从银行提取库存现金将使(　　)。
A. 资产内部此增彼减　　B. 权益内部此增彼减
C. 资产与权益同增　　D. 资产与权益同减
34. 收到国家投入的一台机器设备将使(　　)。
A. 资产内部此增彼减　　B. 权益内部此增彼减
C. 资产与权益同增　　D. 资产与权益同减
35. 下列经济业务使会计等式两边同减的是(　　)。
A. 生产产品领用材料　　B. 自银行借入长期借款

C. 外购一批原材料，货款暂欠　　D. 归还出租包装物的押金

36. 企业从银行取得借款直接偿还应付购货款，属于(　　)类型变化业务。

A. 资产项目之间此增彼减　　B. 权益项目之间此增彼减

C. 资产项目和权益项目同增　　D. 资产项目和权益项目同减

37. 复式记账法对每项经济业务都以相等的金额在(　　)账户中进行登记。

A. 一个　　B. 两个或两个以上

C. 两个　　D. 有关

38. 复式记账的理论基础是(　　)。

A. 静态会计平衡式　　B. 动态会计平衡式

C. 企业会计准则　　D. 具体会计准则

39. 借贷记账法下，账户哪一方记增加，哪一方记减少，是根据(　　)。

A. 采用什么核算方法决定的

B. 采用什么记账形式决定的

C. 增加数记借方，减少数记贷方的规则所决定的

D. 账户所反映的经济内容决定的

40. 采用借贷记账法，账户的基本结构是指(　　)。

A. 账户的具体格式　　B. 账户应记的经济内容

C. 账户应分为借方或贷方　　D. 账户的增加方或减少方

41. 在借贷记账法下，所有者权益账户的期末余额等于(　　)。

A. 期初贷方余额 + 本期贷方发生额 - 本期借方发生额

B. 期初借方余额 + 本期贷方发生额 - 本期借方发生额

C. 期初借方余额 + 本期借方发生额 - 本期贷方发生额

D. 期初贷方余额 + 本期借方发生额 - 本期贷方发生额

42. 借贷记账法发生额试算平衡法试算平衡的依据是(　　)。

A. 会计等式　　B. 资金变化业务类型

C. 借贷记账规则　　D. 平行登记

43. 借贷记账法余额试算平衡法试算平衡的依据是(　　)。

A. 会计恒等式　　B. 资金变化业务类型

C. 借贷记账规则　　D. 平行登记

44. 复合会计分录是指(　　)。

A. 一借一贷的分录　　B. 一贷一借的分录

C. 一借多贷的分录　　D. 按复式记账要求编制的分录

45. 对于双重性质账户的期末余额，下列说法中正确的是(　　)。

A. 一定有借方余额　　B. 一定有贷方余额

C. 一定没有余额　　D. 可能为借方余额，也可能为贷方余额

46. 在借贷记账法下，为保持账户之间清晰的对应关系，不宜编制(　　)的会计分录。

A. 一借一贷　　B. 多借一贷

C. 一借多贷　　　　　　　　　　　　　　　　D. 多借多贷

47. 在编制“总分类账户发生额及余额试算平衡表”中，若出现三对平衡数字，则(　　)。

A. 全部总账账户记录一定正确

B. 全部总账账户记录也不能认为肯定无错

C. 全部明细分类账户记录一定正确

D. 全部明细分类账户记录也不能认为肯定无错

48. 借贷记账法的余额试算平衡公式是(　　)。

A. 每个账户借方发生额 = 每个账户贷方发生额

B. 全部账户本期借方发生额合计 = 全部账户本期贷方发生额合计

C. 全部账户期末借方余额合计 = 全部账户期末贷方余额合计

D. 每个账户期末借方余额 = 每个账户期末贷方余额

49. 对会计要素具体内容进行总括分类、提供总括信息的会计科目称为(　　)。

A. 总分类科目　　　　　　　　　　　　　　B. 明细分类科目

C. 二级科目　　　　　　　　　　　　　　　D. 备查科目

50. 关于会计科目，下列说法中不正确的是(　　)。

A. 会计科目是对会计要素具体内容所进行的进一步分类

B. 会计科目按其所提供信息的详细程度及其统驭关系不同，分为总分类科目和明细分类科目

C. 会计科目只需根据企业的具体情况自行设定

D. 会计科目的设置应遵循国家统一的会计制度的规定

(二) 多项选择题

1. 下列关于会计要素之间关系的说法正确的是(　　)。

A. 费用的发生，会引起资产的减少，或引起负债的增加

B. 收入的取得，会引起资产的减少，或引起负债的增加

C. 收入的取得，会引起资产的增加，或引起负债的减少

D. 所有者权益的增加可能引起资产的增加，或引起费用的增加

2. 一项所有者权益减少的同时，引起的另一方面变化可能是(　　)。

A. 一项资产减少　　　　　　　　　　　　　B. 一项负债减少

C. 一项负债增加　　　　　　　　　　　　　D. 另一项所有者权益增加

3. 一项负债增加了，可能引起的经济业务是(　　)。

A. 一项资产增加　　　　　　　　　　　　　B. 一项资产减少

C. 一项负债增加　　　　　　　　　　　　　D. 一项负债减少

4. (　　)属于正确的会计等式。

A. 资产 = 权益

B. 资产 = 负债 + 所有者权益

C. 收入 - 费用 = 利润

D. 资产 = 负债 + 所有者权益 + (收入 - 费用)

5. 下列属于会计等式的是(　　)。

A. 本期借方发生额合计 = 本期贷方发生额合计

B. 本期借方余额合计 = 本期贷方余额合计

C. 资产 = 负债十所有者权益

D. 收入 - 费用 = 利润

6. 会计基本等式是(　　)的理论基础。

A. 设置会计科目　　B. 复式记账

C. 成本计算　　D. 编制会计报表

7. (　　)属引起会计等式左右两边会计要素变动的经济业务。

A. 收到某单位前欠货款 20 000 元存入银行

B. 以银行存款偿还银行借款

C. 收到某单位投资机器一台,价值 800 000 元

D. 以银行存款偿还前欠货款 100 000 元

8. (　　)属于只引起会计等式左边会计要素变动的经济业务。

A. 购买材料 800 元,货款暂欠

B. 从银行提取现金 500 元

C. 购买机器一台,以存款支付 100 000 元价款

D. 接受国家投资 2 000 000 元

9. 下列项目中,能同时引起资产和权益发生增减变化的项目有(　　)。

A. 投资者投入资本　　B. 用盈余公积弥补亏损

C. 用资本公积转增资本　　D. 自银行借入款项

10. 下列经济业务发生,使资产项目之间此增彼减的有(　　)。

A. 生产产品领用材料　　B. 以现金支付应付工资

C. 以银行存款支付购买固定资产款　　D. 以银行存款偿还前欠购料款

11. 下列经济业务中,会引起会计等式左右两边同时发生增减变动的有(　　)。

A. 收到应收销货款存入银行　　B. 购进材料尚未付款

C. 用银行存款偿还长期借款　　D. 接受投资人追加投资

12. 下列各项经济业务中,会使得企业资产总额和权益总额同时增加的有(　　)。

A. 向银行借入半年期的借款,已转入本企业银行存款账户

B. 赊购设备一台,设备已经交付使用

C. 收到某投资者投资转入的一批材料,材料已验收入库

D. 用资本公积转增实收资本

13. (　　)属于流动资产的内容。

A. 存放在银行的存款　　B. 存放在仓库的材料

C. 厂房和机器　　D. 企业的办公楼

14. 下列项目中属于企业流动负债的有(　　)。

A. 应收账款　　B. 应付账款

C. 预收账款　D. 预付账款

15. 下列项目中,属于流动资产的是(　　)。

A. 银行存款　B. 应收账款

C. 预收账款　D. 应付职工薪酬

16. 下列项目属于所有者权益的是(　　)。

A. 企业的商标权　B. 盈余公积

C. 未分配利润　D. 应付利润

17. 下列项目中,属于期间费用的是(　　)。

A. 生产产品领用材料费　B. 厂部管理人员的工资

C. 理财筹资中的手续费　D. 销售产品的广告费

18. (　　)不是企业所使用的会计科目。

A. 机器设备　B. 库存现金

C. 产品　D. 银行借款

19. 企业计算某账户本期期末余额,要依据以下(　　)项目内容才能计算出来。

A. 本期期初余额　B. 本期借方发生额

C. 本期增加发生额　D. 本期减少发生额

20. (　　)的说法是正确的。

A. 本期的期末余额即为下期的期初余额

B. 如果账户在左方记录增加额,则在右方记录减少额

C. 账户的余额一般与记录增加额在同一方

D. 会计科目仅仅是对会计要素进行具体分类的项目名称

21. 在会计工作中,账户的格式设计一般包括以下内容(　　)。

A. 账户的名称　B. 增加和减少的金额及余额

C. 摘要和日期　D. 凭证号数

22. 在借贷记账法下,期末结账后,一般有余额的账户有(　　)。

A. 资产类账户　B. 所有者权益类账户

C. 负债类账户　D. 费用类账户

23. 对于费用类账户来讲(　　)。

A. 其增加额计入账户的借方　B. 其减少额计入账户的贷方

C. 期末一般没有余额　D. 如有期末余额,必定为借方余额

24. 借贷记账法下账户借方登记(　　)。

A. 资产增加　B. 费用减少

C. 负债减少　D. 所有者权益减少

25. 在借贷记账法下,(　　)。

A. "借"和"贷"作为记账符号

B. "借"和"贷"等于"增"和"减"

C. 在账户结构上,"借"和"贷"表示两个对立的部位

D. 在金额的增减变化上,"借"和"贷"可表示"增加"或"减少"

26. 会计分录必须具备的要素包括(　　)。

A. 记账方向　　B. 记账手段

C. 记账科目　　D. 记账金额

27. 在实际工作中,尽量不编多借多贷会计分录的理由有(　　)。

A. 账户对应关系不清楚　　B. 可能出现过账错误

C. 不便于了解经济业务内容　　D. 登记总账工作量大

28. 复合会计分录是(　　)。

A. 由若干个简单会计分录组成的　　B. 涉及两个以上账户的会计分录

C. 由两个对应账户组成　　D. 按复式记账原理编制的会计分录

29. 以下有关明细分类科目的表述中,正确的有(　　)。

A. 明细分类科目也称一级会计科目

B. 明细分类科目是对会计要素具体内容进行总括分类的科目

C. 明细分类科目是对总分类科目进行进一步分类的科目

D. 明细分类科目是能提供更加详细更加具体会计信息的科目

30. 通过试算平衡不能发现的错误有(　　)。

A. 借贷方向完全相反　　B. 重记经济业务

C. 漏记贷方账户　　D. 借贷金额不相等

(三)判断题

1. "资产 = 权益"这一会计等式在任何时点上都是平衡的。(　　)

2. "收入 - 费用 = 利润"反映了企业静态的财务状况。(　　)

3. "资产 = 负债 + 所有者权益"这个平衡公式是企业资金运动的动态表现。(　　)

4. 不论发生什么样的经济业务,会计等式两边会计要素总额的平衡关系都不会破坏。(　　)

5. 制造费用属于期间费用,应计入当期损益。(　　)

6. 生产成本及主营业务成本都属于成本类科目。(　　)

7. 明细会计科目可以根据企业内部管理的需要自行设定。(　　)

8. 会计科目不能记录经济业务的增减变化及结果。(　　)

9. 为了满足管理的需要,企业会计账户的设置越细越好。(　　)

10. 会计科目与账户都是对会计对象具体内容的科学分类,两者口径一致,性质相同,具有相同的格式和结构。(　　)

11. 账户的简单格式分为左右两方,其中,左方表示增加,右方表示减少。(　　)

12. 借、贷不仅作为记账符号,其本身的含义也应考虑,"借"只能表示债权的增加,"贷"只能表示债务的增加。(　　)

13. 对于不同性质的账户,借贷的含义有所不同。(　　)

14. 借贷记账法下账户的基本结构是:每一个账户的左边均为借方,右边均为贷方。(　　)

15. 账户发生额试算平衡是根据借贷记账法的记账规则来确定的。(　　)

16. 借贷方向相反可以通过试算平衡查找出来。 ( )

17. 账户余额试算平衡是根据“资产 = 负债 + 所有者权益”确定的。 ( )

18. 如果试算平衡结果,发现借贷是平衡的,则可以肯定记账没有错误。 ( )

19. 不管是一贷多借、一借多贷,还是多借多贷,借贷方的金额肯定是相等的。 ( )

20. 由于总分类账户既能提供总括核算指标,又能提供详细核算指标,因此是十分重要的账户。 ( )

(四)账务处理

1. 目的:掌握资金变化类型

资料:某企业发生如下经济业务。

(1)用银行存款购买材料;

(2)用银行存款支付前欠 A 单位货款;

(3)从盈余公积金中提取职工奖励和福利费;

(4)向银行借入长期借款,存入银行;

(5)收到所有者投入的设备;

(6)从国外进口设备,款未付;

(7)用银行存款归还长期借款;

(8)企业以固定资产向外单位投资;

(9)用应付票据归还前欠 B 单位货款;

(10)经批准,代所有者乙以资本金偿还其应付其他单位欠款;

(11)企业所有者甲代企业归还银行借款,并将其转为投入资本;

(12)将盈余公积金转作资本。

要求:分析上列各项经济业务的类型,填入表 2.1。

表 2.1 企业经济业务类型练习表

类型	经济业务序号
1. 一项资产增加,另一项资产减少	
2. 一项负债增加,另一项负债减少	
3. 一项所有者权益增加,另一项所有者权益减少	
4. 一项资产增加,一项负债增加	
5. 一项资产增加,一项所有者权益增加	
6. 一项资产减少,一项负债减少	
7. 一项资产减少,一项所有者权益减少	
8. 一项负债减少,一项所有者权益增加	
9. 一项负债增加,一项所有者权益减少	

2. 目的：掌握会计科目按经济内容分类

资料：某企业发生下列各项经济业务。

(1)存放在出纳处的现金 500 元；

(2)存款在银行里的资金 144 500 元；

(3)向银行借入 3 个月期限的临时借款 600 000 元；

(4)仓库中存放的材料 380 000 元；

(5)仓库中存放的已完工产品 60 000 元；

(6)正在加工中的在产品 75 000 元；

(7)向银行借入 1 年以上期限的借款 1 450 000 元；

(8)房屋及建筑物 2 400 000 元；

(9)所有者投入的资本 2 000 000 元；

(10)机器设备 750 000 元；

(11)应收外单位的货款 140 000 元；

(12)应付外单位的材料款 120 000 元；

(13)以前年度积累的未分配利润 280 000 元；

(14)对外长期投资 500 000 元。

要求：

(1)判断以上各项经济业务的科目名称及所属要素，填入表 2.2；

(2)试算资产总额是否等于负债及所有者权益总额。

表 2.2　会计科目练习表

序号	会计科目	资产	负债	所有者权益
1				
2				
3				
4				
5				
…				
合计				

3. 目的：掌握账户的结构及账户金额的计算方法。

资料：长江公司 2016 年 12 月 31 日有关账户的资料如表 2.3 所示。

表 2.3 账户期初、期末及本期发生额计算练习表

账户名称	期初余额		本期发生额		期末余额	
	借方	贷方	借方	贷方	借方	贷方
长期股权投资	400 000		220 000	10 000	( )	
银行存款	60 000		( )	80 000	90 000	
应付账款		80 000	70 000	60 000		( )
短期借款		45 000	( )	10 000		30 000
应收账款	( )		30 000	50 000	20 000	
实收资本		350 000	—	( )		620 000
其他应收款		25 000	25 000	—		( )

要求：根据账户期初余额、本期发生额和期末余额的计算方法，填列表 2.3 中括号内的内容。

4. 目的：练习借贷记账法的应用及试算平衡表的编制

资料：江海公司 2016 年 10 月初有关账户余额如表 2.4 所示。

表 2.4 江海公司账户余额表 单位：元

资产	金额	负债及所有者权益	金额
现金	15 000	短期借款	195 000
银行存款	45 000	应付账款	142 500
原材料	90 000	应交税费	9 000
应收账款	47 700	长期借款	186 000
库存商品	60 000	实收资本	304 200
生产成本	22 500	资本公积	140 000
长期投资	180 000	盈余公积	70 000
固定资产	600 000		
合计	1 046 700	合计	1 046 700

该公司 10 月发生下列经济业务。

(1) 购进机器设备一台，价款 10 000 元，以银行存款支付；

(2) 从银行提取现金 1 000 元；

(3) 投资者投入企业原材料一批，协议作价 20 000 元；

(4) 生产车间向仓库领用一批价值 40 000 元的材料，投入生产；

(5) 以银行存款 22 500 元，偿还应付供货单位货款；

(6) 从银行借入长期借款 150 000 元，存入银行；

(7) 以银行存款上缴上月税费 9 000 元；

(8) 收到捐赠人捐赠现金 5 000 元；

(9) 收到购货单位前欠货款 18 000 元，其中 16 000 元存入银行，其余部分收到现金；

(10) 以银行存款 48 000 元，归还银行短期借款 20 000 元和应付购货单位账款28 000

元。

要求：

(1)根据以上资料编制会计分录，并计入有关账户；

(2)编制发生额及余额试算平衡表。

5. 目的：练习总分类账户与明细分类账户的平行登记

资料：

(1)星海公司2016年8月31日有关总分类账户和明细分类账户余额如下。

总分类账户：

“原材料”账户借方余额400 000元。

“应付账款”账户贷方余额100 000元。

明细分类账户：

“原材料——甲材料”账户1 600千克，单价150元，借方余额240 000元。

“原材料——乙材料”账户400千克，单价100元，借方余额40 000元。

“原材料——丙材料”账户1 000千克，单价120元，借方余额120 000元。

“应付账款——A公司”账户贷方余额60 000元。

“应付账款——B公司”账户贷方余额40 000元。

(2)该公司2016年9月发生部分经济业务如下(不考虑增值税)。

①以银行存款偿还A公司前欠货款30 000元。

②购进甲材料200千克，单价150元，价款30 000元，以银行存款支付，材料入库。

③生产车间向仓库领用材料一批，其中甲材料400千克，单价150元；乙材料200千克，单价100元；丙材料500千克，单价120元，共计领用材料金额140 000元。

④以银行存款偿还B公司前欠货款20 000元。

⑤向A公司购入乙材料200千克，单价100元，材料入库，货款20 000元暂欠。

⑥向B公司购入丙材料300千克，单价120元，材料入库，货款36 000元暂欠。

要求：

(1)根据上述资料(2)的内容，编制会计分录；

(2)开设“原材料”“应付账款”总分类账和明细分类账，登记期初余额，并平行登记总分类账和明细分类账，结出各账户本期发生额和期末余额；

(3)编制“原材料”“应付账款”总分类账和明细分类账本期发生额及余额明细表。

第三章　制造企业的生产经营业务核算

一、重点与难点

本章以制造企业的主要经济业务为例，进一步阐明会计账户与借贷记账法的应用。通过学习，了解制造企业的主要经济业务流程及特点，熟悉筹资、供应、生产及销售过程、财务成果形成及分配等业务的主要核算内容；掌握制造企业经营过程核算的主要账户，并能运用这些账户对生产经营过程进行正确的账务处理。本章的重点是制造企业筹资、供应、生产及销售过程、财务成果形成及分配等主要经济业务的账户设置和会计核算。本章的难点是制造企业生产过程、财务成果形成过程业务的账户设置和会计核算。

本章知识要点如下：

(1)制造企业在经营过程中发生的主要经济业务内容为：资金筹集业务、供应过程业务、生产过程业务、销售过程业务、财务成果形成与分配业务。其中，供应、生产和销售三个过程构成了制造企业的主要经济业务。会计核算运用借贷记账法，记载整个资金的循环过程。

(2)制造企业筹集的资金包括向投资者筹集的资金和向银行及其他金融机构等债权人借入的资金。投资者可以以货币资金、实物资产、无形资产等出资。该业务主要涉及实收资本、资本公积等账户。企业向银行或者其他金融机构等借入的、偿还期限在 1 年以下的各种借款为短期借款，偿还期在 1 年以上的为长期借款。该业务主要涉及“短期借款”“长期借款”“财务费用”“应付利息”等账户。

(3)购入的原材料，其实际采购成本主要包括：购买价款、采购过程中发生的运杂费、材料在运输途中发生的合理损耗、材料入库之前发生的整理挑选费用，以及按规定应计入材料采购成本中的各项税金等。除买价之外的采购费用，如果能够分清是某种材料直接负担的，可直接计入该种材料的采购成本，否则就应在购入的各种材料之间进行分配。购入原材料的成本，在实际成本法下，计入“在途物资”账户。

(4)固定资产是企业为生产商品、提供劳务、出租或经营管理而持有的、使用寿命超过一个会计年度的有形资产。应当按照实际成本确定初始成本，固定资产取得时的实际成本是指企业构建固定资产达到预定可使用状态前所发生的一切合理的、必要的支出。企业可以通过自行建造、外购、接受捐赠等不同途径取得固定资产，不同的渠道形成的固定资产，其价值构成的具体内容可能不同。主要涉及“在建工程”“固定资产”等会计账户。

(5)生产过程核算的主要内容是生产费用的发生、归集和分配，以及产品成本的形成。生产费用包括直接费用和间接费用。直接费用指企业生产产品过程中实际消耗的直接材料和直接人工,通常计入生产成本账户。间接费用指企业为生产产品和提供劳务而发生的各项间接支出,通常计入制造费用账户,并在期末经分配转入生产成本账户的借方。期末进行完工产品生产成本的计算与结转。主要涉及“生产成本”“制造费用”“库存商品”“应付职工薪酬”“累计折旧”等账户。

(6)销售过程核算的主要内容包括:确认销售收入的实现;与购货方办理价款的结算;结转销售成本;支付各种销售费用;计算交纳销售税金等。主要涉及“主营业务收入”“其他业务收入”“主营业务成本”“其他业务成本”“税金及附加”“销售费用”“应交税费”等账户。

(7)财务成果业务的核算包括财务成果的形成和分配业务的核算。

根据利润的形成过程,利润有营业利润、利润总额和净利润这三个层次的概念。主要涉及“本年利润”“财务费用”“管理费用”“营业外收入”“营业外支出”“所得税费用”等账户。

利润分配的顺序依次是:弥补以前年度亏损、提取法定盈余公积、提取任意盈余公积、向投资者分配利润或股利、保留一定量的未分配利润。主要涉及“利润分配”“盈余公积”“应付股利”等账户。

二、知识拓展

(一)相关规定

营业税改征增值税试点实施办法(节选)

第二章　征税范围

第九条　应税行为的具体范围,按照本办法所附的《销售服务、无形资产、不动产注释》执行。

第十条　销售服务、无形资产或者不动产,是指有偿提供服务、有偿转让无形资产或者不动产,但属于下列非经营活动的情形除外:

(一)行政单位收取的同时满足以下条件的政府性基金或者行政事业性收费。

1. 由国务院或者财政部批准设立的政府性基金,由国务院或者省级人民政府及其财政、价格主管部门批准设立的行政事业性收费;

2. 收取时开具省级以上(含省级)财政部门监(印)制的财政票据;

3. 所收款项全额上缴财政。

(二)单位或者个体工商户聘用的员工为本单位或者雇主提供取得工资的服务。

(三)单位或者个体工商户为聘用的员工提供服务。

(四)财政部和国家税务总局规定的其他情形。

第十一条　有偿,是指取得货币、货物或者其他经济利益。

第十二条　在境内销售服务、无形资产或者不动产,是指:

(一)服务(租赁不动产除外)或者无形资产(自然资源使用权除外)的销售方或者购买方在境内;

(二)所销售或者租赁的不动产在境内;

(三)所销售自然资源使用权的自然资源在境内;

(四)财政部和国家税务总局规定的其他情形。

第十三条 下列情形不属于在境内销售服务或者无形资产:

(一)境外单位或者个人向境内单位或者个人销售完全在境外发生的服务。

(二)境外单位或者个人向境内单位或者个人销售完全在境外使用的无形资产。

(三)境外单位或者个人向境内单位或者个人出租完全在境外使用的有形动产。

(四)财政部和国家税务总局规定的其他情形。

第十四条 下列情形视同销售服务、无形资产或者不动产:

(一)单位或者个体工商户向其他单位或者个人无偿提供服务,但用于公益事业或者以社会公众为对象的除外。

(二)单位或者个人向其他单位或者个人无偿转让无形资产或者不动产,但用于公益事业或者以社会公众为对象的除外。

(三)财政部和国家税务总局规定的其他情形。

第三章 税率和征收率

第十五条 增值税税率:

(一)纳税人发生应税行为,除本条第(二)项、第(三)项、第(四)项规定外,税率为6%。

(二)提供交通运输、邮政、基础电信、建筑、不动产租赁服务,销售不动产,转让土地使用权,税率为11%。

(三)提供有形动产租赁服务,税率为17%。

(四)境内单位和个人发生的跨境应税行为,税率为零。具体范围由财政部和国家税务总局另行规定。

第十六条 增值税征收率为3%,财政部和国家税务总局另有规定的除外。

第四章 应纳税额的计算

第一节 一般性规定

第十七条 增值税的计税方法,包括一般计税方法和简易计税方法。

第十八条 一般纳税人发生应税行为适用一般计税方法计税。一般纳税人发生财政部和国家税务总局规定的特定应税行为,可以选择适用简易计税方法计税,但一经选择,36个月内不得变更。

第十九条 小规模纳税人发生应税行为适用简易计税方法计税。

第二十条 境外单位或者个人在境内发生应税行为,在境内未设有经营机构的,扣缴义务人按照下列公式计算应扣缴税额:

应扣缴税额=购买方支付的价款÷(1+税率)×税率

第二节 一般计税方法

第二十一条 一般计税方法的应纳税额,是指当期销项税额抵扣当期进项税额后的余额。应纳税额计算公式:

应纳税额=当期销项税额-当期进项税额

当期销项税额小于当期进项税额不足抵扣时,其不足部分可以结转下期继续抵扣。

第二十二条　销项税额,是指纳税人发生应税行为按照销售额和增值税税率计算并收取的增值税额。销项税额计算公式:

销项税额 = 销售额 × 税率

第二十三条　一般计税方法的销售额不包括销项税额,纳税人采用销售额和销项税额合并定价方法的,按照下列公式计算销售额:

销售额 = 含税销售额 ÷(1 + 税率)

第二十四条　进项税额,是指纳税人购进货物、加工修理修配劳务、服务、无形资产或者不动产,支付或者负担的增值税额。

第二十五条　下列进项税额准予从销项税额中抵扣:

(一)从销售方取得的增值税专用发票(含税控机动车销售统一发票,下同)上注明的增值税额。

(二)从海关取得的海关进口增值税专用缴款书上注明的增值税额。

(三)购进农产品,除取得增值税专用发票或者海关进口增值税专用缴款书外,按照农产品收购发票或者销售发票上注明的农产品买价和 13% 的扣除率计算的进项税额。计算公式为:进项税额 = 买价 × 扣除率。买价,是指纳税人购进农产品在农产品收购发票或者销售发票上注明的价款和按照规定缴纳的烟叶税。购进农产品,按照《农产品增值税进项税额核定扣除试点实施办法》抵扣进项税额的除外。

(四)从境外单位或者个人购进服务、无形资产或者不动产,自税务机关或者扣缴义务人取得的解缴税款的完税凭证上注明的增值税额。

第二十六条　纳税人取得的增值税扣税凭证不符合法律、行政法规或者国家税务总局有关规定的,其进项税额不得从销项税额中抵扣。增值税扣税凭证,是指增值税专用发票、海关进口增值税专用缴款书、农产品收购发票、农产品销售发票和完税凭证。纳税人凭完税凭证抵扣进项税额的,应当具备书面合同、付款证明和境外单位的对账单或者发票。资料不全的,其进项税额不得从销项税额中抵扣。

增值税会计处理规定(节选)

根据《中华人民共和国增值税暂行条例》和《关于全面推开营业税改征增值税试点的通知》(财税〔2016〕36 号)等有关规定,现对增值税有关会计处理规定如下:

一、会计科目及专栏设置

增值税一般纳税人应当在"应交税费"科目下设置"应交增值税""未交增值税""预交增值税""待抵扣进项税额""待认证进项税额""待转销项税额""增值税留抵税额""简易计税""转让金融商品应交增值税""代扣代交增值税"等明细科目。

(一)增值税一般纳税人应在"应交增值税"明细账内设置"进项税额""销项税额抵减""已交税金""转出未交增值税""减免税款""出口抵减内销产品应纳税额""销项税额""出口退税""进项税额转出""转出多交增值税"等专栏。其中:

1."进项税额"专栏,记录一般纳税人购进货物、加工修理修配劳务、服务、无形资产或不动产而支付或负担的、准予从当期销项税额中抵扣的增值税额;

2."销项税额抵减"专栏,记录一般纳税人按照现行增值税制度规定因扣减销售额而减少的销项税额;

3."已交税金"专栏,记录一般纳税人当月已交纳的应交增值税额;

4."转出未交增值税"和"转出多交增值税"专栏,分别记录一般纳税人月度终了转出当月应交未交或多交的增值税额;

5."减免税款"专栏,记录一般纳税人按现行增值税制度规定准予减免的增值税额;

6."出口抵减内销产品应纳税额"专栏,记录实行"免、抵、退"办法的一般纳税人按规定计算的出口货物的进项税抵减内销产品的应纳税额;

7."销项税额"专栏,记录一般纳税人销售货物、加工修理修配劳务、服务、无形资产或不动产应收取的增值税额;

8."出口退税"专栏,记录一般纳税人出口货物、加工修理修配劳务、服务、无形资产按规定退回的增值税额;

9."进项税额转出"专栏,记录一般纳税人购进货物、加工修理修配劳务、服务、无形资产或不动产等发生非正常损失以及其他原因而不应从销项税额中抵扣、按规定转出的进项税额。

《企业产品成本核算制度(试行)》(节选)

第一章 总 则

第一条 为了加强企业产品成本核算工作,保证产品成本信息真实、完整,促进企业和经济社会的可持续发展,根据《中华人民共和国会计法》、企业会计准则等国家有关规定制定本制度。

第二条 本制度适用于大中型企业,包括制造业、农业、批发零售业、建筑业、房地产业、采矿业、交通运输业、信息传输业、软件及信息技术服务业、文化业以及其他行业的企业。其他未明确规定的行业比照以上类似行业的规定执行。

本制度不适用于金融保险业的企业。

第三条 本制度所称的产品,是指企业日常生产经营活动中持有以备出售的产成品、商品、提供的劳务或服务。

本制度所称的产品成本,是指企业在生产产品过程中所发生的材料费用、职工薪酬等,以及不能直接计人而按一定标准分配计入的各种间接费用。

第四条 企业应当充分利用现代信息技术,编制、执行企业产品成本预算,对执行情况进行分析、考核,落实成本管理责任制,加强对产品生产事前、事中、事后的全过程控制,加强产品成本核算与管理各项基础工作。

第五条 企业应当根据所发生的有关费用能否归属于使产品达到目前场所和状态的原则,正确区分产品成本和期间费用。

第六条 企业应当根据产品生产过程的特点、生产经营组织的类型、产品种类的繁简和成本管理的要求,确定产品成本核算的对象、项目、范围,及时对有关费用进行归集、分配和结转。

企业产品成本核算采用的会计政策和估计一经确定,不得随意变更。

第七条　企业一般应当按月编制产品成本报表，全面反映企业生产成本、成本计划执行情况、产品成本及其变动情况等。

第二章　产品成本核算对象

第八条　企业应当根据生产经营特点和管理要求，确定成本核算对象，归集成本费用，计算产品的生产成本。

第九条　制造企业一般按照产品品种、批次订单或生产步骤等确定产品成本核算对象。

（一）大量大批单步骤生产产品或管理上不要求提供有关生产步骤成本信息的，一般按照产品品种确定成本核算对象。

（二）小批单件生产产品的，一般按照每批或每件产品确定成本核算对象。

（三）多步骤连续加工产品且管理上要求提供有关生产步骤成本信息的，一般按照每种（批）产品及各生产步骤确定成本核算对象。

产品规格繁多的，可以将产品结构、耗用原材料和工艺过程基本相同的产品，适当合并作为成本核算对象。

第十条　农业企业一般按照生物资产的品种、成长期、批别（群别、批次）、与农业生产相关的劳务作业等确定成本核算对象。

第十一条　批发零售企业一般按照商品的品种、批次、订单、类别等确定成本核算对象。

第十二条　建筑企业一般按照订立的单项合同确定成本核算对象。单项合同包括建造多项资产的，企业应当按照企业会计准则规定的合同分立原则，确定建造合同的成本核算对象。为建造一项或数项资产而签订一组合同的，按合同合并的原则，确定建造合同的成本核算对象。

第十三条　房地产企业一般按照开发项目、综合开发期数并兼顾产品类型等确定成本核算对象。

第十四条　采矿企业一般按照所采掘的产品确定成本核算对象。

第十五条　交通运输企业以运输工具从事货物、旅客运输的，一般按照航线、航次、单船（机）、基层站段等确定成本核算对象；从事货物等装卸业务的，可以按照货物、成本责任部门、作业场所等确定成本核算对象；从事仓储、堆存、港务管理业务的，一般按照码头、仓库、堆场、油罐、筒仓、货棚或主要货物的种类、成本责任部门等确定成本核算对象。

第十六条　信息传输企业一般按照基础电信业务、电信增值业务和其他信息传输业务等确定成本核算对象。

第十七条　软件及信息技术服务企业的科研设计与软件开发等人工成本比重较高的，一般按照科研课题、承接的单项合同项目、开发项目、技术服务客户等确定成本核算对象。合同项目规模较大、开发期较长的，可以分段确定成本核算对象。

第十八条　文化企业一般按照制作产品的种类、批次、印次、刊次等确定成本核算对象。

第十九条　除本制度已明确规定的以外，其他行业企业应当比照以上类似行业的企业确定产品成本核算对象。

第二十条　企业应当按照第八条至第十九条规定确定产品成本核算对象，进行产品成本核算。企业内部管理有相关要求的，还可以按照现代企业多维度、多层次的管理需要，确定多元化的产品成本核算对象。

多维度，是指以产品的最小生产步骤或作业为基础，按照企业有关部门的生产流程及其相应的成本管理要求，利用现代信息技术，组合出产品维度、工序维度、车间班组维度、生产设备维度、客户订单维度、变动成本维度和固定成本维度等不同的成本核算对象。

多层次，是指根据企业成本管理需要，划分为企业管理部门、工厂、车间和班组等成本管控层次。

第三章　产品成本核算项目和范围

第二十一条　企业应当根据生产经营特点和管理要求，按照成本的经济用途和生产要素内容相结合的原则或者成本性态等设置成本项目。

第二十二条　制造企业一般设置直接材料、燃料和动力、直接人工和制造费用等成本项目。

直接材料，是指构成产品实体的原材料以及有助于产品形成的主要材料和辅助材料。

燃料和动力，是指直接用于产品生产的燃料和动力。

直接人工，是指直接从事产品生产的工人的职工薪酬。

制造费用，是指企业为生产产品和提供劳务而发生的各项间接费用，包括企业生产部门（如生产车间）发生的水电费、固定资产折旧、无形资产摊销、管理人员的职工薪酬、劳动保护费、国家规定的有关环保费用、季节性和修理期间的停工损失等。

……

第四章　产品成本归集、分配和结转

第三十四条　企业所发生的费用，能确定由某一成本核算对象负担的，应当按照所对应的产品成本项目类别，直接计入产品成本核算对象的生产成本；由几个成本核算对象共同负担的，应当选择合理的分配标准分配计入。

企业应当根据生产经营特点，以正常生产能力水平为基础，按照资源耗费方式确定合理的分配标准。

企业应当按照权责发生制的原则，根据产品的生产特点和管理要求结转成本。

第三十五条　制造企业发生的直接材料和直接人工，能够直接计入成本核算对象的，应当直接计入成本核算对象的生产成本，否则应当按照合理的分配标准分配计入。

制造企业外购燃料和动力的，应当根据实际耗用数量或者合理的分配标准对燃料和动力费用进行归集分配。生产部门直接用于生产的燃料和动力，直接计入生产成本；生产部门间接用于生产（如照明、取暖）的燃料和动力，计入制造费用。制造企业内部自行提供燃料和动力的，参照本条第三款进行处理。

制造企业辅助生产部门为生产部门提供劳务和产品而发生的费用，应当参照生产成本项目归集，并按照合理的分配标准分配计入各成本核算对象的生产成本。辅助生产部门之间互相提供的劳务、作业成本，应当采用合理的方法，进行交互分配。互相提供劳务、作业不多的,可以不进行交互分配,直接分配给辅助生产部门以外的受益单位。

第三十六条　制造企业发生的制造费用,应当按照合理的分配标准按月分配计入各成本核算对象的生产成本。企业可以采取的分配标准包括机器工时、人工工时、计划分配率等。

季节性生产企业在停工期间发生的制造费用,应当在开工期间进行合理分摊,连同开工期间发生的制造费用,一并计入产品的生产成本。

制造企业可以根据自身经营管理特点和条件,利用现代信息技术,采用作业成本法对不能直接归属于成本核算对象的成本进行归集和分配。

第三十七条　制造企业应当根据生产经营特点和联产品、副产品的工艺要求,选择系数分配法、实物量分配法、相对销售价格分配法等合理的方法分配联合生产成本。

第三十八条　制造企业发出的材料成本,可以根据实物流转方式、管理要求、实物性质等实际情况,采用先进先出法、加权平均法、个别计价法等方法计算。

第三十九条　制造企业应当根据产品的生产特点和管理要求,按成本计算期结转成本。制造企业可以选择原材料消耗量、约当产量法、定额比例法、原材料扣除法、完工百分比法等方法,恰当地确定完工产品和在产品的实际成本,并将完工入库产品的产品成本结转至库存产品科目;在产品数量、金额不重要或在产品期初期末数量变动不大的,可以不计算在产品成本。

制造企业产成品和在产品的成本核算,除季节性生产企业等以外,应当以月为成本计算期。

……

第四十八条　企业不得以计划成本、标准成本、定额成本等代替实际成本。企业采用计划成本、标准成本、定额成本等类似成本进行直接材料日常核算的,期末应当将耗用直接材料的计划成本或定额成本等类似成本调整为实际成本。

第四十九条　除本制度已明确规定的以外,其他行业企业应当比照以上类似行业的企业对产品成本进行归集、分配和结转。

第五十条　企业应当按照第三十四条至第四十九条规定对产品成本进行归集、分配和结转。企业内部管理有相关要求的,还可以利用现代信息技术,在确定多维度、多层次成本核算对象的基础上,对有关费用进行归集、分配和结转。

(二)案例:可以这样分配利润吗

【案情】

2011年,工程师陆顺与另外两位投资人共同出资500万元创建顺达机械科技有限公司,生产摩托车使用的化油器关键部件。该部件由陆顺研制开发,公司运作也由其负责,另外两位出资人不经办公司业务。公司创建初期,由于大量投入和试验,到2011年年底亏损150万元。由于该公司产品科技含量高,比其他替代产品具有明显的技术优势,第二年产品很快就在市场上打开销路,成为国内三家主要摩托车生产企业的定点供应公司。2012年底实现利润120万元,经全体出资人同意,公司将利润全部用于购建固定资产进行扩大再生产,不进行利润分配。2013年,公司经营一直非常稳定,虽然受摩托车行业总体下滑的影响,但较高的市场占有率保证了公司有一个良好的利润水平,2013 年实现利润 200 万元。由于预见到公司现有的规模已经可以满足客户的产品需求,陆顺建议召开全体出资人大会,讨论在 2014 年上半年进行公司成立以来的第一次利润分配。

在出资人会议上,陆顺向另外两位出资人简要介绍了公司 2013 年度的经营情况,以及对公司未来发展的判断,他认为公司在短期内不会进行大的扩张,建议公司对实现利润进行分配,以保障公司股东的利益。按照陆顺的意见,公司将把 2013 年实现的全部经营利润 200 万元,按照投资比例分配给全体股东,其余两位投资人表示同意。陆顺按照出资人会议的决定,要求公司财务经理将有关的款项从公司账户中支付给三个出资人。但公司财务经理向陆顺提出公司利润不可以全部分配给股东。以下是两人的对话:

财务经理:陆总,我不能按照这份决议将利润全部分配给投资人。

陆顺:为什么?公司是我们三个人的,没用国家一分钱,也依法纳税了,为什么我们不能拿走属于我们的东西?

财务经理:按照我国有关规定,公司的利润分配是有顺序的。根据我们公司的情况,出资人不能从公司拿走今年所有实现的利润,可供股东分配的利润要比 200 万元少。

陆顺:我要看到这些规定,而且我想搞清楚我们到底可分配多少利润,请你向我提供一份报告。

顺达公司财务经理的说法正确吗?可以将 2013 年度实现的 200 万元利润全部分配给股东吗?截至 2013 年末,顺达公司账面上可分配的利润是多少?假定顺达公司章程约定不提取任意盈余公积金,该公司最多可以分配给股东多少钱?

【评析】

(1)根据我国公司法及税法等相关法律的规定,公司税后利润的分配顺序如下:

①弥补以前年度亏损。

②提取法定公积金。按照净利润(减弥补以前年度亏损)的 10% 提取列入公司法定公积金,公司法定公积金累计额为公司注册资本百分之五十以上的,可以不再提取。

③提取任意公积金。任意盈余公积金是否提取以及提取比例由股东大会确定。

④向股东分配利润。根据《中华人民共和国公司法》第一百六十六条的规定,股东会、股东大会或者董事会违反前款规定,在公司弥补亏损和提取法定公积金之前向股东分配利润的,股东必须将违反规定分配的利润退还公司。

由此,根据上述规定,顺达公司财务经理的说法是正确的,顺达公司需要先弥补 2011 年度的亏损和提取法定盈余公积金以后才能分配利润,不可以将 2013 年实现的净利润 200 万元全部分配给股东。

(2)公司可供分配的利润计算公式为:

可供分配利润 = 当年实现的净利润 + 年初未分配利润(或减年初未弥补亏损)+ 其他转入

按照这个公式,顺达公司 2013 年末,账面上可供分配的利润 = 2013 年实现的净利润 - 2011 年度未弥补亏损 = 200 - 150 = 50 万元。

(3)根据公司法规定,公司制企业应当按照净利润(减弥补以前年度亏损)的 10% 提取法定盈余公积金。那么顺达公司 2013 年提取的法定盈余公积 = 50 × 10% = 5 万元。

如果顺达公司不提取任意盈余公积金,则该公司 2013 年最多可以分配给股东的利润为 50 - 5 = 45 万元。

编者按:事实上,本案例中顺达公司的利润分配方案并非最优。按照我国企业所得税法第十八条的规定,企业纳税年度发生的亏损,准予用以后年度的税前利润弥补,税前利润弥补的年限最长为五年。因此,顺达公司 2013 年可以首先用税前利润弥补 2011 年的亏损 150 万元,并用弥补后的数额确定应纳税所得额和所得税,然后再按上述步骤计算可供分配的利润及提取法定盈余公积,最后确定顺达公司当年可以给股东分配的利润。这种方案可以使顺达公司合理合法降低所得税税负。

资料来源:豆丁网。

三、同步练习

(一)单项选择题

1. 企业收到投资者投入的设备,应该以(　　)作为实际投入资本计入"实收资本"账户的贷方。

A. 设备的原值　　B. 双方协商作价额
C. 设备的重置价值　　D. 市价

2. 用来核算企业购入材料的买价和采购费用,据以确定材料采购成本的账户是(　　)。

A. 原材料　　B. 材料采购
C. 制造费用　　D. 主营业务成本

3. 用来核算库存材料增减变化和结存情况的账户是(　　)。

A. 材料采购　　B. 原材料
C. 生产成本　　D. 库存商品

4. 企业购进固定资产,在安装完工交付使用时,将(　　)从"在建工程"账户的贷方转入"固定资产"账户的借方。

A. 购进的价款、税金　　B. 购进时发生的包装费、运杂费等费用
C. 安装成本　　D. ABC 三项

5. 企业设置"固定资产"账户用来核算固定资产的(　　)。

A. 磨损价值　　B. 累计折旧
C. 原始价值　　D. 净值

6. (　　)账户的贷方发生额,反映固定资产因磨损减少的价值。

A. 固定资产　　B. 累计折旧
C. 财务费用　　D. 管理费用

7. 车间管理人员的工资作为(　　)应计入"制造费用"账户的借方。

A. 直接生产费用　　B. 间接生产费用
C. 管理费用　　D. 期间费用

8. 下列项目中,构成产品生产成本的是(　　)。

A. 厂部管理耗用的材料费　　B. 生产车间管理人员工资
C. 行政管理部门固定资产折旧费用　　D. 银行借款利息

9. 企业按期计提固定资产折旧费时,应贷记(　　)。
A. 生产成本　　B. 制造费用
C. 管理费用　　D. 累计折旧

10. 不同的成本计算方法最终都要按照(　　)算出产品成本。
A. 产品品种　　B. 产品名称
C. 产品批量　　D. 产品生产步骤

11. 如果月末某种产品一部分完工一部分未完工,归集在产品成本明细账中的费用总额还要采用适当的分配方法,在(　　)之间进行分配,然后才能计算完工产品的成本。
A. 产品的生产步骤　　B. 产品批量
C. 产品品种　　D. 完工产品和在产品

12. 企业结转已销产品的实际生产成本时,应(　　)。
A. 借记"应收账款",贷记"主营业务收入"
B. 借记"主营业务成本",贷记"主营业务收入"
C. 借记"主营业务成本",贷记"库存商品"
D. 借记"销售费用",贷记"库存商品"

13. "主营业务成本"账户反映的是(　　)。
A. 已售产品生产成本　　B. 已售产品售价
C. 已售产品平均成本　　D. 已售产品的单位成本

14. 企业将货币资金存入银行所得到的利息收入,应该计入(　　)账户。
A. 销售费用　　B. 制造费用
C. 管理费用　　D. 财务费用

15. "管理费用""财务费用""销售费用"等期间费用账户期末应(　　)。
A. 有借方余额　　B. 有贷方余额
C. 有借方余额或贷方余额　　D. 无余额

16. 下列项目中属于其他业务收入的是(　　)。
A. 销售产品收入　　B. 出售材料收入
C. 清理固定资产净收益　　D. 罚款净收入

17. 在下列项目中(　　)属于营业外收入。
A. 销售材料的收入　　B. 转让无形资产的收入
C. 罚款净收入　　D. 出租固定资产的租金收入

18. 下列支出中,应在营业外支出账户列支的是(　　)。
A. 罚没支出　　B. 职工困难补助
C. 业务招待费　　D. 利息支出

19. 下列属于"营业外支出"内容的有(　　)。
A. 销售产品的成本　　B. 经营租出固定资产计提的折旧费
C. 提供劳务的成本　　D. 支付违约罚款的支出

20. 在下列项目中(　　)属于营业外支出。

A. 转让无形资产的成本　　B. 固定资产盘亏和毁损

C. 无法收回的应收账款　　D. 支付广告费

21. 营业外收支净额是(　　)的组成部分。

A. 产品销售利润　　B. 营业利润

C. 利润总额　　D. 其他业务利润

22. 财务成果业务核算的主要内容包括(　　)。

A. 利润的形成与分配　　B. 销售收入的实现

C. 生产成本的计算　　D. 销售成本的计算

23. 一般将所有者权益中的盈余公积和未分配利润称为(　　)。

A. 实收资本　　B. 资本公积

C. 留存收益　　D. 所有者权益

24. 企业年终结转后,(　　)账户应无余额。

A. 利润分配　　B. 固定资产

C. 本年利润　　D. 实收资本

25. "利润分配"账户在年终结转后出现借方余额,表示(　　)。

A. 未分配的利润额　　B. 未弥补的亏损额

C. 已分配的利润额　　D. 已实现的利润额

(二) 多项选择题

1. 关于实收资本,下列说法(　　)是正确的。

A. 实收资本就是所有者投资

B. 实收资本除法律、法规另有规定外,不得抽回

C. 企业生产经营中的收益不得直接增加投入资本

D. 企业的实收资本应按投资者实际投资数额入账

2. 企业的资本按照投入资本的物质形态不同,可以分为(　　)。

A. 货币资金投资　　B. 实物投资

C. 证券投资　　D. 无形资产投资

3. 企业购入材料,预付材料款时,可以(　　)账户。

A. 借记"预付账款"　　B. 借记"应付账款"

C. 贷记"应付账款"　　D. 借记"预收账款"

4. 与"材料采购"账户的借方发生对应关系的账户一般有(　　)。

A. 银行存款　　B. 预收账款

C. 应付账款　　D. 应付票据

5. 下列项目中,构成材料采购成本的有(　　)。

A. 材料买价　　B. 运杂费

C. 运输途中的合理损耗　　D. 采购环节的增值税

6. 固定资产的原始价值应该是购建某项固定资产达到可使用状态前所发生的一切

合理、必要的支出,包括(　　)。

A. 买价、税金　　B. 运杂费、包装费

C. 保险费　　D. 安装费

7. 下列项目中,构成产品生产成本的有(　　)。

A. 生产产品部门人员的工资　　B. 车间管理人员的工资

C. 车间管理耗用的材料费　　D. 厂部固定资产折旧费

8. 制造企业"生产成本"下设立的明细项目是(　　)。

A. 折旧费　　B. 直接材料

C. 直接工资　　D. 制造费用

9. 下列费用项目中,应在"管理费用"账户列支的有(　　)。

A. 厂部管理费用　　B. 车间管理人员工资

C. 业务招待费　　D. 借款利息

10. "管理费用"账户贷方对应的账户可能是(　　)。

A. 财务费用　　B. 银行存款

C. 应付职工薪酬　　D. 本年利润

11. 下列项目中,应在"销售费用"账户列支的有(　　)。

A. 罚没支出　　B. 利息支出

C. 销售环节的费用　　D. 广告费

12. 企业核算期间费用的账户有(　　)。

A. 制造费用　　B. 销售费用

C. 财务费用　　D. 管理费用

13. 下列项目中(　　)应计入"营业外收入"账户的贷方。

A. 无法支付的应付账款　　B. 处置非流动资产的利得

C. 销售产品的收入　　D. 销售材料的收入

14. 下列项目中,期末应结转到"本年利润"账户贷方的有(　　)。

A. 主营业务收入　　B. 主营业务成本

C. 其他业务收入　　D. 其他业务成本

15. 期末结转到"本年利润"账户的借方发生额的有(　　)。

A. 主营业务收入　　B. 主营业务成本

C. 所得税费用　　D. 销售费用

16. 按照国家规定,企业的利润分配主要包括以下内容(　　)。

A. 提取盈余公积　　B. 分配给投资者

C. 以所得税的形式上交给国家　　D. 分配给企业职工

17. 关于"利润分配"账户,下列做法(　　)是正确的。

A. 借方登记已分配的利润数额　　B. 贷方平时不作登记

C. 年末结转后,贷方余额表示未分配的利润

D. 年末结转后,借方余额表示未弥补的亏损

18. 企业各种存货发出的计价,按实际成本核算时,可以选用(　　)。

A. 先进先出法　　B. 移动加权平均法

C. 加权平均法　　D. 个别计价法

19. “材料成本差异”账户贷方登记(　　)。

A. 实际成本大于计划成本的超支额　　B. 实际成本小于计划成本的节约额

C. 入库材料成本超支差异　　D. 分配计入发出各种材料成本差异额

20. 下列各项中,应作为企业存货核算和管理的有(　　)。

A. 库存商品　　B. 低值易耗品

C. 在途物资　　D. 工程物资

(三) 判断题

1. 企业向银行借入长期借款,应借记“长期借款”账户。(　　)

2. 企业收到投资者的投资,都应按实际投资数额入账。(　　)

3. 在生产准备过程中支付的各项采购费用,不构成材料的采购成本,故将其计入期间费用。(　　)

4. 企业收到供应单位提供的材料,冲销已预付的货款时,表明企业债权的减少。(　　)

5. “应交税费”账户的余额必定在贷方,表示应交未交的税金。(　　)

6. 企业购入材料时支付的增值税进项税额应计入“材料采购”账户,构成原材料的采购成本。(　　)

7. 对一次购入多种材料共同发生的采购费用应按一定标准分配计入各种材料的采购成本。(　　)

8. 固定资产的安装成本属于在建工程,不应计入固定资产的原始价值。(　　)

9. 累计折旧账户没有借方发生额。(　　)

10. 固定资产因磨损而减少的价值计入“固定资产”账户的贷方。(　　)

11. “累计折旧”账户用来核算企业固定资产累计损耗价值,属于资产类账户,也是固定资产的调整账户。(　　)

12. “生产成本”账户属于成本费用账户,所以期末应无余额。(　　)

13. “生产成本”账户借方登记为生产产品而发生的各种费用,包括直接材料、直接人工和制造费用。(　　)

14. 制造费用、管理费用、财务费用和销售费用均属于期间费用。(　　)

15. “利润分配”账户属所有者权益类账户,企业按规定进行利润分配时,登记在借方。(　　)

16. 在年度中间“利润分配”账户的期末余额在贷方,表示截至本期企业累计已分配的利润数额。(　　)

17. 企业购进原材料时,运输途中发生的合理损耗,应计入购进材料的实际采购成本中。(　　)

18. 产品的生产成本包括为生产该种产品而发生的直接人工费、直接材料费、制造费用及销售费用。(　　)

19. 不论短期借款的用途如何,其发生的利息支出均应计入当期损益。(　　)

20. 企业外购固定资产时所支付的增值税额，均单独核算，不包括在固定资产成本中。 （ ）

21. 管理费用和销售费用的发生，直接关系到当期产品成本的高低。 （ ）

22. 企业生产产品过程中发生的直接费用可以直接计入"生产成本"账户，而间接费用则要经过分配后才能计入"生产成本"账户。 （ ）

(四) 账务处理

1. 练习资金筹集过程的核算

(1) 收到某外商投入一项专利权，经评估确认价值为 200 000 元；

(2) 发行股份 5 000 000 股，每股面值 1 元，共收到股东投资款 45 000 000 元，存入银行；

(3) 经有关部门批准将资本公积金 200 000 元转增资本；

(4) 向银行借入期限为 3 个月的借款 100 000 元，存入银行；

(5) 上述借款年利率 12%，利息按季度结算，计算其 9 月应负担的利息；

(6) 上述借款到期还本付息。

要求：根据上述经济业务逐笔编制会计分录。

2. 练习供应过程的核算

(1) 向大达厂购入乙材料 500 千克，共计买价 5 000 元，增值税 850 元。款未付。

(2) 从银行提取现金 300 元。

(3) 采购员陈林暂借差旅费 200 元，以现金付讫。

(4) 从利民厂购入甲材料 1 000 千克，计 50 000 元，增值税 8 500 元。以银行存款付讫。

(5) 以现金支付上述甲、乙两种材料运杂费 1 500 元，运杂费按材料的质量分配，两种材料均已验收入库，结转其采购成本。

(6) 向中信厂购入丙材料 50 千克，货款 250 元，增值税 42.50 元。以银行存款支付。材料当即验收入库。按成本转账。

(7) 以银行存款偿还前欠大达厂货款 5 850 元。

(8) 采购员陈林出差回厂报销前预借的差旅费（预借 200 元），实际报销差旅费 220 元，以现金补付差额。

要求：根据上述经济业务编制会计分录。

3. 练习生产过程的核算

(1) 从银行提取现金 80 000 元，准备发放工资。

(2) 以现金 80 000 元发放上月职工工资。

(3) 生产 A 产品领用：甲材料 8 000 千克，264 000 元；乙材料 600 千克，7 200 元；丙材料 1 000 千克，18 000 元。

(4) 生产 B 产品领用：甲材料 2 000 千克，66 000 元；乙材料 1 000 千克，12 000 元；丙材料 900 千克，16 200 元。

(5) 月末，根据下列工资用途，分配结转工资费用 80 000 元。其中，A 产品生产工人工资 38 000 元,B 产品生产工人工资 29 000 元,车间管理人员工资 4 000 元,厂部管理人员工资 9 000 元。

(6)计提本月固定资产折旧 18 000 元,其中车间用设备固定资产折旧 12 000 元,厂部管理部门使用的固定资产折旧 6 000 元。

(7)计算应由本月负担的银行短期借款利息 1 800 元。

(8)支付车间水电费 1 000 元。

(9)车间管理人员出差,报销差旅费 2 000 元,原预支 3 000 元,余额归还现金。

(10)按产品产量分配并结转本月发生的制造费用,A 产品 1 000 件,B 产品 900 件。

(11)结转产品生产成本。其中,A 产品期初无在产品,本月均已完工并验收入库;B 产品期初在产品成本 1 000 元,期末尚有在产品 1 500 元。

要求:根据上述经济业务逐笔编制会计分录。

4. 练习销售过程的核算

(1)向甲厂出售 A 产品 500 件,每件售价 60 元,增值税税率 17%。货款已收到,存入银行。

(2)向乙公司出售 B 产品 300 件,每件售价 150 元,增值税税率 17%。货款尚未收到。

(3)按规定计算应交消费税 1 000 元。

(4)按出售的两种产品的实际销售成本转账,A 产品每件 45 元,B 产品每件 115 元。

(5)以银行存款支付上述 A,B 两种产品在销售过程中的运输费 800 元,包装费 200 元。

(6)结算本月单独设立的销售机构职工工资 1 000 元,应付职工福利费 140 元。

(7)向丙厂出售甲材料 100 千克,每千克售价 12 元,增值税税率 17%,货款已收到,存入银行。

(8)按出售的甲材料实际销售成本转账,每千克 10 元。

要求:根据上述经济业务逐笔编制会计分录。

5. 练习财务成果业务的核算(表 3.1)

表 3.1　某企业 11 月 30 日损益类账户总分类账累计额资料表　　单位:元

账户名称	借方累计额	贷方累计额
主营业务收入		500 000
主营业务成本	375 000	
其他业务收入		6 000
其他业务成本	3 500	
销售费用	25 000	
管理费用	3 000	
财务费用	2 000	
营业外收入		4 000
营业外支出	1 500	

该企业12月发生以下经济业务。

(1)出售产品一批,售价50 000元,增值税税率17%,货款收到,存入银行;

(2)按出售产品的实际销售成本35 000元转账;

(3)以库存现金支付产品销售过程中的运杂费500元;

(4)以银行存款支付厂部办公费300元;

(5)以银行存款支付银行借款利息2 200元;

(6)以银行存款支付违约罚金500元;

(7)发生无法偿还的应付账款300元;

(8)根据资料将本年各损益账户余额转入本年利润账户;

(9)按本年利润的25%计算应交所得税,并结转;

(10)将利润净额转入利润分配账户;

(11)按利润净额的10%提取法定盈余公积和15%的任意盈余公积;

(12)按利润净额的10%计算应付投资者利润。

要求:根据上述经济业务逐笔编制会计分录。

6.综合练习

综合练习一:

(1)企业收到某公司投资投入的机器一台,双方协商价为80 000元。

(2)企业当月从银行取得借款200 000元,期限为6个月,款已存银行。

(3)企业从A公司购入甲材料10吨,每吨2 000元,增值税进项税额3 400元,材料运杂费1 600元。材料已运达并验收入库。货款及税金尚未支付。

(4)企业从B公司购入乙材料20吨,每吨500元,计10 000元,运杂费500元,增值税进项税额1 700元,企业开出承兑期为6个月的商业汇票一张,材料尚未运达。

(5)企业以银行存款18 000元向C公司预付购买材料的货款。

(6)企业收到C公司发来已预付货款的丙材料,该批材料买价15 000元,运杂费1 000元,增值税进项税额2 550元,除冲回原预付的18 000元外,余款以银行存款支付。

(7)计算并结转已验收入库材料的实际采购成本。

(8)本月生产车间领用材料及用途如表3.2所示。

表3.2 企业生产车间领用材料及用途表 单位:元

项目	甲材料	乙材料	合计
生产产品耗用			
其中:A产品	14 000	12 000	26 000
B产品	8 000	4 000	12 000
车间一般耗用		3 000	3 000
合计	22 000	19 000	41 000

(9)结算本月应付职工工资9 000元,其中:生产A产品工人工资2 400元,B产品工人工资1 600元;车间管理人员工资2 000元,厂部管理人员工资3 000元。

(10)月末计提本月固定资产折旧费5 000元,其中:车间使用的固定资产计提3 500元,厂部管理部门使用的固定资产计提1 500元。

(11)月末以银行存款支付生产车间租用机器设备的租金1 100元。

(12)月末,将本月发生的制造费用总额按照生产工人工资比例予以分配结转。

(13)月末,A产品全部完工入库,计算并结转A产品的实际生产成本(假设生产成本——A产品期初余额为0元)。

(14)以现金500元购买办公用品,当即交厂部职能科室使用。

(15)销售一批产品价款50 000元,增值税销项税额8 500元,款项前已预收。

(16)以现金支付销售产品的广告费10 000元、展销费2 000元。

(17)结转已销售产品的制造成本18 000元。

(18)按销售收入的10%计算结转产品的应交消费税。

(19)月末,结转本月发生的各种收入和费用。

(20)按本月实现利润总额的25%计算应交所得税。

(21)按净利润额的10%计算提取盈余公积金。

(22)按规定分配给投资者的利润1 250元。

综合练习二:

(1)A材料期初结存100千克,单位成本为40元,B材料期初结存300千克,单位成本为45元,向某厂购入A材料500千克,20 000元,B材料200千克,10 000元,增值税税率为17%,运费为700元,货款及运费以银行存款支付,材料已验收入库,结转采购成本,运费按材料质量分摊。

(2)仓库发出A材料200千克,用于生产甲产品,发出B材料200千克,用于生产乙产品。存货发出成本的确认采用先进先出法。

(3)现金支付车间用水电费600元。

(4)出售商品给某厂,计甲商品500件,每件售价76元,乙商品1 000件,每件72元,增值税税率为17%,货款上月已收到。

(5)以现金100元支付甲商品搬运费。

(6)出售多余B材料4 000元,价款存入银行,同时结转该材料的实际成本3 800元,增值税税率为17%。

(7)经批准报废清理旧机器一台,原值16 000元,已提折旧15 460元。

(8)报废机器发生清理费用200元,残料出售收入1 000元,存入银行,并将报废机器净收入转入营业外收入。

(9)库存现金购买办公用品300元。

(10)以银行支票5 000元缴纳上月营业税金。

(11)银行存款支付短期借款利息800元,长期借款利息1 000元,长期借款用于修建厂房,工程尚未完工。

(12)车间管理人员报销差旅费800元,原借款为1 000元,余款收回。

(13)以银行存款2 000元捐赠给某学校。

(14)取得债券利息收入8 000元,存入银行。

(15)计算本月职工工资如下:甲产品生产工人工资20 000元,乙产品生产工人工资20 000元,车间职工工资3 000元,管理部门职工工资2 000元,单独设置的销售机构销售人员工资1 000元。

(16)计提本月固定资产折旧1 660元,其中:车间使用固定资产折旧660元,管理部门用固定资产折旧1 000元。

(17)将制造费用按生产工人工资比例摊入甲、乙产品生产成本。

(18)本月甲产品月初无在产品,月末已全部完工,共200件,按其实际成本转账。本月乙产品月初在产品1 000元,月末在产品成本500元,共50件,按其实际成本转账。

(19)结转已销售产品生产成本。甲产品每件30元,乙产品每件65元。

(20)结转各损益类账户,并计算出利润总额。

(21)按利润总额的25%计算、结转应交所得税,并计算净利润。

(22)结转本年利润账户。利润分配账户期初余额为20 000。

(23)计提10%的法定盈余公积金。

要求:根据上述经济业务逐笔编制会计分录。

第四章　会计账户分类

一、重点与难点

本章进一步分析、归纳了运用借贷记账法进行账务处理的规律。通过学习，了解账户分类的目的和标准；掌握账户按经济内容及按用途和结构分类的具体内容；明确各类账户的性质、内容、结构、特点和规律，掌握运用各类账户进行会计核算的知识和技能。本章重点问题是账户按经济内容及按用途和结构分类的具体内容。本章难点问题是结算账户、调整账户的结构、特点和规律。

本章知识要点如下：

(1)账户按经济内容分类的实质是按照会计对象的具体内容进行的分类，账户按其经济内容的不同可以分为资产类账户、负债类账户、所有者权益类账户、成本类账户和损益类账户五大类；

(2)账户按照用途和结构的不同可以分为盘存类账户、结算类账户、跨期摊配类账户、资本类账户、调整类账户、集合分配类账户、成本计算类账户、配比类账户和财务成果类账户九类；

(3)结算账户按照结算性质的不同，可以分为债权结算账户、债务结算账户和债权债务结算账户三种；

(4)调整账户按其调整方式不同，可以分为备抵账户、附加账户和备抵附加账户三类；

(5)账户按用途和结构进行分类不是唯一的标准，有些账户具有双重性质。

二、知识扩展

(一)账户分类的补充

账户按经济内容和用途结构进行分类，是账户的两种主要分类标志。此外，账户还可以按照其与会计报表的关系及账户统驭与被统驭的关系进行分类。

1. 按账户与会计报表的关系分类

账户按其与会计报表的关系进行分类，可以分为资产负债表账户和利润表账户两类。这种分类方法，是以会计要素为分类基础，把反映资产、负债和所有者权益的三类账户构成一组，称资产负债表账户，主要反映企业在某一时点的财务状况；把反映收入、费用和利润的三类账户构成另一组，称损益表账户，主要反映企业在一定期间的经营成果。由于资产、负债和所有者权益账户无论在平时或结账后，通常都留有余额，分别表示资产、负债和所有者权益的实存数，而收入和费用两类账户，因期末结账之后一般无余额，因此，也将资产负债表账户称为实账户，将利润表的收入和费用两类账户称为虚账户。

2. 按账户的统驭与被统驭关系分类

账户按统驭与被统驭的关系进行分类，可以分为总分类账户和明细分类账户。其中，总分类账户是根据总分类科目开设的账户，又称“总账账户”或“一级账户”。总分类账户所提供的是综合资料，对其所属明细账起统驭作用；明细分类账户是根据企业内部管理需要设置的，是指用来提供某一总分类账户所属较为详细经济信息，对会计要素的具体内容进行明细分类核算的账户，简称明细账。明细分类账户提供详细的数据资料，对其所隶属的总分类账户起着补充说明作用，每一个明细分类账户都是对其统驭账户的核算内容的必要补充。例如，在某一企业既设有基本生产车间又设有辅助生产车间的情况下，该企业应在“生产成本”总分类账户下设置“基本生产成本”和“辅助生产成本”两个明细分类账户，这两个明细分类账户期初余额、借方发生额、贷方发生额和期末余额之和应分别与“生产成本”总分类账户相应的数据相等。

设置有关总分类账户和明细分类账户的目的在于：一方面，它能够满足内部经营管理和外部的会计信息使用者的需要，可提供各种详略有别的会计数据；另一方面，还有利于会计人员，通过详略有别的数据资料来加工处理同一个会计信息，并依据详略有别的会计资料之间的钩稽关系，进行账账核对，及时发现和纠正账簿记录的错误，从而保证会计信息的真实可靠。

(二)案例：这样理解会计账户正确吗

【案情】

武刚是一名学生，在学习了账户按照所反映的经济内容分类以及按照用途与结构的分类之后，高兴地说，我懂了，凡是写着费用的会计科目除了没有期末余额的之外，都与资产类账户一样；凡是成本类账户一定没有期末余额，凡是应收款账户一定是资产类账户，凡是应付款账户一定是负债账户，累计折旧也是资产账户。

会计学老师在讲课时讲道：“会计有实账户，比如‘原材料’，它的期末余额表示库存材料占有的资金额，‘银行存款’账户的期末余额表示银行存款的期末实存额；会计还有一种虚账户，一般期末没有余额。”武刚同学恍然大悟，他想是不是实账户都有实际经济意义，虚账户都没有经济意义？

请分析一下，武刚同学关于会计账户的看法正确吗？

【评析】

(1)关于账户分类的理解，武刚同学的说法不完全正确。

费用类账户一般没有期末余额，其借方记录费用的增加额，贷方记录减少额。记录的方向与资产类账户一样，但记录的内容和意义不同。此外，武刚同学把写着费用的账户同费用类账户混淆了，并不是账户的名称写着费用，就是费用类账户，就会没有期末余额。如“待摊费用”“长期待摊费用”和“预提费用”账户属于跨期摊配账户，是根据权责发生制的原则设置的，用来核算和监督应由几个会计期间共同负担的费用，并将这些费用在各个会计期间进行分摊或预提。它们的借方登记费用的实际支出数；贷方登记由各个会计期间负担的费用数。但是“待摊费用”和“长期待摊费用”一般有余额，余额总是在借方，属于资产类账户；“预提费用”的期末余额一般在贷方，属于负债类账户。

成本类账户不一定没有期末余额。例如，“生产成本”账户是用来归集核算产品生产过程中所发生的生产性支出，计算确定产成品的实际制造成本，为入库的完工产品提供计价的依据。企业为生产产品所发生的各项生产费用计入“生产成本”账户的借方；对于已验收入库的完工产品，在计算确定其实际制造成本后，按其实际成本从“生产成本”账户的贷方转入“库存商品”账户的借方；其借方余额表示尚未完工的在产品制造成本。

当企业不单独设置“预收账款”账户时，可以用“应收账款”账户同时反映销售产品或提供劳务的应收款项和预收款项，“应收账款”账户便是债权债务结算账户；当企业不单独设置“预付账款”账户时，用“应付账款”账户同时反映购进材料的应付款项和预付款项，“应付账款”账户也是债权债务结算账户。这种情况下，“应收账款”和“应付账款”就属于双重性质的账户，可以表示资产也可以表示负债，期末根据这些账户余额的方向确定该账户具体的性质。

“累计折旧”是资产类账户，同时也是一个调整账户。“固定资产”账户要求按历史成本，即原始价值，反映固定资产的增减变动和结存情况，但固定资产的特点又决定了必须要反映其磨损价值，并计算固定资产的净值，这就需要开设一个专门用来反映固定资产磨损价值的账户，即“累计折旧”账户。计算固定资产因损耗而减少的价值，贷记“累计折旧”科目；由于固定资产减少而相应减少的磨损价值，借记“累计折旧”科目；期末，其贷方余额表示固定资产的累计磨损价值。按历史成本计价登记的“固定资产”账户借方余额，减去按磨损价值计价登记的“累计折旧”账户贷方余额，为固定资产的净值。

(2)武刚同学关于实账户和虚账户的理解不正确，并不是实账户都有实际经济意义，虚账户都没有经济意义。实账户和虚账户的划分只是从是否有期末余额这个角度进行的，与是否具有经济意义无关。通常将期末有余额的账户称为实账户，实账户的期末余额代表着企业的资产、负债或所有者权益。将期末无余额的账户称为虚账户，其发生额反映企业的损益情况。可见，实账户和虚账户都是对企业某类经济业务的核算，都具有经济意义。

资料来源：本案例根据百度文库“初级会计学案例”整理。

三、同步练习

(一)单项选择题

1. 下列账户中不属于资产类的账户是(　　)。

A. 固定资产　　B. 库存商品
C. 实收资本　　D. 库存现金

2. 在下列所有者权益类账户中，反映所有者原始投资的账户是(　　)。

A. 实收资本　　B. 盈余公积
C. 本年利润　　D. 利润分配

3. 所有者权益类账户能够提供(　　)指标。

A. 货币　　B. 货币和实物

C. 实物　　D. 货币和劳动量

4. 不属于费用类账户的是(　　)。

A. 主营业务成本　　B. 管理费用

C. 营业外支出　　D. 应付职工薪酬

5. "税金及附加"账户按其经济内容分类属于(　　)。

A. 负债类账户　　B. 收入类账户

C. 损益类账户　　D. 费用类账户

6. "累计折旧"账户按其经济内容分类属于(　　)。

A. 费用类账户　　B. 备抵账户

C. 负债类账户　　D. 资产类账户

7. 下列账户中,既属于结算账户,又属于负债类账户的是(　　)。

A. "应收账款"账户　　B. "预收账款"账户

C. "应收票据"账户　　D. "预付账款"账户

8. 下列属于损益类账户的有(　　)。

A. 本年利润　　B. 利润分配

C. 制造费用　　D. 管理费用

9. "利润分配"账户按经济内容分类属于(　　)。

A. 资产类　　B. 负债类

C. 所有者权益类　　D. 损益类

10. 下列账户中,按经济内容分类属于损益类的是(　　)。

A. "盈余公积"账户　　B. "本年利润"账户

C. "库存商品"账户　　D. "所得税费用"账户

11. "其他业务成本"账户按经济内容分类属于(　　)。

A. 负债类账户　　B. 损益类账户

C. 资产类账户　　D. 利润类账户

12. 下列账户按所反映的经济内容进行分类的是(　　)。

A. 成本计算账户　　B. 结算账户

C. 集合分配账户　　D. 成本类账户

13. 下列属于按账户的用途和结构分类的是(　　)。

A. 成本类账户　　B. 损益类账户

C. 资产类账户　　D. 财务成果计算账户

14. 盘存账户是用来核算和监督各种(　　)的增减变动及其结存情况的账户。

A. 财产物资和资本　　B. 财产物资和费用

C. 财产物资和货币资金　　D. 货币资金和负债

15. 盘存类账户属于(　　)。

A. 负债账户　　B. 资产账户

C. 收入账户　　D. 利润账户

16. “生产成本”账户如有借方余额时，按其用途结构分类属于(　　)。

A. 计价对比类账户　　B. 盘存类账户

C. 集合分配类账户　　D. 跨期摊配类账户

17. 债权结算账户就其经济内容而言，属于(　　)。

A. 负债账户　　B. 资产账户

C. 费用成本账户　　D. 收入成果账户

18. 债务结算账户的借方登记(　　)。

A. 债权的减少数　　B. 债权的增加数

C. 债务的减少数　　D. 债务的增加数

19. 债权债务结算账户的贷方登记(　　)。

A. 债权的增加　　B. 债务的增加，债权的减少

C. 债务的增加　　D. 债务的减少，债权的增加

20. (　　)账户的借方登记债权增加、债务减少。

A. 债务结算　　B. 负债结算

C. 债权债务结算　　D. 资产结算

21. 下列账户中属于债权债务结算类账户的是(　　)。

A. “应付股利”账户　　B. “预收账款”账户

C. “其他应收款”账户　　D. “应付票据”账户

22. 结算账户的期末余额(　　)。

A. 在借方　　B. 在贷方

C. 可能在借方，也可能在贷方　　D. 以上都不对

23. 在企业不单设“预付账款”账户时，对于预付款业务可在(　　)。

A. “应收账款”账户反映　　B. “预收账款”账户反映

C. “应付账款”账户反映　　D. “其他往来”账户反映

24. 下列账户中(　　)不属于调整类账户。

A. “利润分配”账户　　B. “坏账准备”账户

C. “累计折旧”账户　　D. “应收账款”账户

25. 调整账户与被调整账户所反映的经济内容是(　　)。

A. 不同的　　B. 相同的

C. 原始数据　　D. 调整数据

26. 备抵账户的余额同被调整账户的余额(　　)。

A. 方向相同　　B. 方向相反

C. 有时相同有时相反　　D. 无规律

27. 当调整类账户的余额与被调整类账户的余额在相同的方向时，应属于(　　)。

A. 附加类账户　　B. 备抵附加类账户

C. 备抵类账户　　D. 资产类账户

28. “累计折旧”账户按用途和结构分类属于(　　)。

A. 成本计算类账户　　B. 费用类账户

C. 附加类账户　　D. 资产备抵类账户

29. 通过"累计折旧"账户对"固定资产"账户进行调整后,"固定资产"账户反映的是固定资产的(　　)。

A. 原始价值　　B. 折旧额

C. 净值　　D. 增加价值

30. 下列账户中,属于备抵附加账户的是(　　)。

A. 坏账准备　　B. 材料成本差异

C. 利润分配　　D. 累计折旧

31. "材料成本差异"账户是用来备抵附加(　　)。

A. "原材料"账户　　B. "材料采购"账户

C. "生产成本"账户　　D. "库存商品"账户

32. "长期待摊费用"账户按用途和结构分类属于(　　)。

A. 跨期摊配账户　　B. 集合分配账户

C. 成本计算账户　　D. 费用账户

33. 下列账户中,属于集合分配类账户的是(　　)。

A. "利润分配"账户　　B. "制造费用"账户

C. "管理费用"账户　　D. "材料采购"账户

34. 下列账户中,属于成本计算账户的是(　　)。

A. "制造费用"账户　　B. "管理费用"账户

C. "材料采购"账户　　D. "主营业务成本"账户

35. "材料采购"账户按其用途结构分类,属于(　　)。

A. 仅是成本计算账户　　B. 仅是盘存账户

C. 仅是资产账户　　D. 既是成本计算账户,又是盘存账户

(二) 多项选择题

1. 账户分类的主要标志有(　　)。

A. 账户的经济内容　　B. 账户的名称

C. 账户的用途和结构　　D. 账户与会计报表的关系

2. 下列账户中,按经济内容分类属于所有者权益类的是(　　)。

A. "利润分配"账户　　B. "资本公积"账户

C. "盈余公积"账户　　D. "本年利润"账户

3. 下列属于损益类账户的是(　　)。

A. "主营业务收入"　　B. "营业外收入"

C. "税金及附加"　　D. "财务费用"

4. 下列账户中,属于成本类账户的有(　　)。

A. "材料采购"账户　　B. "制造费用"账户

C. "生产成本"账户　　D. "在建工程"账户

5. (　　)类账户又可按其流动性再分类。

A. 负债　　B. 收入

C. 资产　　D. 所有者权益

6. 账户的结构应该包括(　　)。

A. 账户借方登记的内容　　B. 账户贷方登记的内容

C. 账户期末余额的方向　　D. 账户余额反映的内容

7. 下列账户中,属于盘存账户的有(　　)。

A. 库存商品　　B. 固定资产

C. 银行存款　　D. 原材料

8. 下列盘存账户中,(　　)通过设置和运用明细账可以提供数量和金额两种指标。

A. "银行存款"账户　　B. "原材料"账户

C. "库存商品"账户　　D. "库存现金"账户

9. 按不同标志分类,"材料采购"账户可能属于(　　)。

A. 资产类账户　　B. 盘存类账户

C. 费用账户　　D. 成本计算类账户

10. 下列账户中,属于资本账户的有(　　)。

A. 固定资产　　B. 实收资本

C. 本年利润　　D. 盈余公积

11. 债权债务结算账户的借方发生额表示(　　)。

A. 债权增加额　　B. 债务增加额

C. 债权减少额　　D. 债务减少额

12. 调整类账户按调整方式的不同,可分为(　　)。

A. 附加类账户　　B. 备抵附加类账户

C. 备抵类账户　　D. 资产类账户

13. 下列账户中,属于资产备抵类账户的有(　　)。

A. "累计摊销"账户　　B. "坏账准备"账户

C. "利润分配"账户　　D. "累计折旧"账户

14. 材料成本差异账户是(　　)。

A. 负债账户　　B. 资产账户

C. 备抵附加账户　　D. 被调整账户

15. 下列账户期末如有余额,则余额在借方的有(　　)。

A. 债权结算账户　　B. 跨期摊配账户

C. 盘存账户　　D. 成本计算账户

16. 下列账户期末一般没有余额的是(　　)。

A. 收入计算类账户　　B. 费用计算类账户

C. 盘存类账户　　D. 集合分配类账户

17. "制造费用"账户是(　　)账户。

A. 跨期摊配　　B. 成本

C. 费用 D. 集合分配

18. 财务费用属于(　　)。

A. 集合分配账户 B. 损益账户

C. 配比账户 D. 跨期摊配账户

19. 以下属于成本计算的账户是(　　)。

A. 在建工程 B. 管理费用

C. 材料采购 D. 生产成本

20. 下列账户期末一般没有余额的是(　　)。

A. 结算类账户 B. 配比类账户

C. 盘存类账户 D. 集合分配类账户

(三)判断题

1. 按账户的用途和结构分类是账户分类的基础。(　　)

2. 账户的用途是指账户的作用,账户的结构是指在账户中如何提供核算资料。(　　)

3. 账户按其经济内容划分归为一类,则按其用途和结构划分也必定归为一类。(　　)

4. "坏账准备"账户按经济内容分类属于损益类账户。(　　)

5. 损益类账户期末一般无余额。(　　)

6. 盘存账户的明细分类账户均可提供实物和货币两种指标。(　　)

7. 盘存账户的借方登记各种财产物资的减少数或货币资金的支出。(　　)

8. 债权结算账户在一定条件下可以转化为债权债务结算账户。(　　)

9. 在不设置"预收账款"账户的情况下,"应收账款"账户同时反映销售产品的应收款和预收款。(　　)

10. 结算账户的总分类账户和明细分类账户均只能提供货币指标。(　　)

11. "累计折旧"账户是"固定资产"账户的备抵账户。(　　)

12. "材料成本差异"账户是备抵附加调整账户。(　　)

13. "坏账准备"账户是"应收账款"账户的附加调整账户。(　　)

14. 备抵账户与被调整账户的关系可用下式表示:备抵账户余额 - 被调整账户余额 = 被调整账户账面价值。(　　)

15. 抵减附加账户的期末余额方向不是固定的,当其余额在借方时,起着抵减作用,当其余额在贷方时,起着附加作用。(　　)

16. 调整账户是用来调整有关被调整账户的余额,将被调整账户余额的实际数据调整为原始数据的账户。(　　)

17. 调整类账户与被调整类账户的用途和结构是相同的,但反映的经济内容不同。(　　)

18. 集合分配类账户是用来归集应由某个成本计算对象负担的间接费用的账户,期末一般都有余额。(　　)

19.“制造费用”和“管理费用”账户都属于集合分配账户。（　）

20.“生产成本”账户和“制造费用”账户均属成本计算账户。（　）

21.“制造费用”账户既属于成本类账户，又属于成本计算账户。（　）

22.“主营业务收入”账户按用途结构来划分属于配比账户。（　）

23.“本年利润”账户属于利润类账户。（　）

24.“本年利润”账户和“利润分配”账户按其用途结构分类同属于一个类别。（　）

25.有些账户按用途和结构分类并不是绝对的，例如，“材料采购”账户可以划为成本计算账户，也可以划为盘存账户。（　）

（四）账务处理

1.练习掌握账户按经济内容和用途结构的分类

将下列账户名称“库存现金、银行存款、应收票据、应收账款、其他应收款、预付账款、材料采购、原材料、库存商品、固定资产、累计折旧、短期借款、应付账款、预收账款、应付职工薪酬、应交税费、实收资本、盈余公积、制造费用、生产成本、主营业务收入、其他业务收入、营业外收入、主营业务成本、税金及附加、销售费用、管理费用、财务费用、所得税费用、本年利润”填入表4.1中相应栏目内。

表4.1　账户分类练习表

经济内容 \ 用途和结构	盘存类	结算类			资本类	跨期摊配类	调整类	集合分配类	成本计算类	配比类	财务成果计算类
		债权结算	债务结算	债权债务结算类							
资产类											
负债类											
所有者权益类											
成本类											
损益类											

2.练习掌握调整账户的应用

某被备抵附加账户借方反映的资产原始数额为187 000元，资产备抵附加账户登记的资产的抵减数额为2 000元。

要求：计算该资产现有实际数额是多少。

3.练习掌握调整账户的应用

企业原材料按照计划成本组织核算，“原材料”账户期末余额为72 500元，如果：

（1）“材料成本差异”账户为借方余额1 500元；

（2）“材料成本差异”账户为贷方余额1 500元。

要求：分别就上述两种情况计算该企业期末原材料的实际成本。

4.练习掌握集合分配类账户及成本计算类账户的运用

资料：假设卫华公司×月有关会计核算资料如下。

(1)生产A产品耗用甲材料500吨,计40 000元;生产B产品耗用乙材料200吨,计20 000元,车间耗用甲材料50吨,乙材料10吨,共计5 000元。

(2)计算应付职工工资:A产品生产工人工资51 300元,B产品生产工人工资34 200元,车间人员工资3 420元。

(3)计提生产用固定资产折旧5 000元。

要求:

(1)编制业务(1)~(3)的会计分录;

(2)根据上述资料汇集并按工人工资比例分配全月制造费用,并编制分配分录。

第五章 会计凭证

一、重点与难点

通过本章学习,重点掌握会计凭证的概念和种类,原始凭证的分类、填制与审核,记账凭证的分类、填制与审核等。难点是准确把握各类原始凭证和记账凭证区分的标准及凭证填制和审核的注意事项等内容。

本章知识要点如下:

(1)会计凭证,简称凭证,是财务会计工作中记录经济业务事项的发生和完成情况,明确经济责任的书面证明,是登记账簿的依据。正确填制和审核会计凭证,是进行会计核算工作的第一步。

(2)会计凭证按照填制的程序和用途不同,分为原始凭证和记账凭证两大类。

(3)原始凭证是在经济业务发生或完成时取得或填制的,用以记录和证明经济业务已经发生或完成并可明确经济责任、具有法律效力的书面证明。原始凭证按照来源不同分为外来原始凭证和自制原始凭证。原始凭证按填制的方法不同可以分为一次凭证、累计凭证和汇总凭证。

原始凭证的基本内容包括:凭证名称、日期及编号,填制凭证单位的名称和有关人员的签章,接受凭证单位的名称,经济业务的内容、数量、单价和金额等。

原始凭证的填制要求是:记录真实、内容完整、手续完备、书写规范、填制及时。审核原始凭证时要审核其是否合法、合规、合理,审核其真实性、完整性、准确性和及时性,审核其填制是否符合要求等。

(4)记账凭证是会计人员根据审核无误的原始凭证及有关资料填制的,确定会计分录,并作为登记账簿直接依据的会计凭证。记账凭证按经济内容不同,可以分为收款凭证、付款凭证和转账凭证三种。

记账凭证的基本内容包括:记账凭证的名称和编号;记账凭证的填制日期;经济业务事项的内容摘要;经济业务事项所涉及的会计科目(包括总账科目和明细科目)、记账方向和金额;所附原始凭证张数;会计主管、记账、审核、制单等有关人员的签名或盖章,收、付款的记账凭证还应有出纳人员签名或盖章。

对记账凭证要进行严格的审核,其审核的内容包括:记账凭证的内容是否真实;记账凭证的项目是否齐全;记账凭证的科目名称及方向是否正确;记账凭证的金额是否正确;记账凭证的书写是否正确。

二、知识拓展

（一）相关规定

《会计基础工作规范》（节选）

第二节 填制会计凭证

第四十七条 各单位办理本规范第三十七条规定的事项，必须取得或者填制原始凭证，并及时送交会计机构。

第四十八条 原始凭证的基本要求是：

（一）原始凭证的内容必须具备：凭证的名称；填制凭证的日期；填制凭证单位名称或者填制人姓名；经办人员的签名或者盖章；接受凭证单位名称；经济业务内容；数量、单价和金额。

（二）从外单位取得的原始凭证，必须盖有填制单位的公章；从个人取得的原始凭证，必须有填制人员的签名或者盖章。自制原始凭证必须有经办单位领导人或者其指定的人员签名或者盖章。对外开出的原始凭证，必须加盖本单位公章。

（三）凡填有大写和小写金额的原始凭证，大写与小写金额必须相符。购买实物的原始凭证，必须有验收证明。支付款项的原始凭证，必须有收款单位和收款人的收款证明。

（四）一式几联的原始凭证，应当注明各联的用途，只能以一联作为报销凭证。

一式几联的发票和收据，必须用双面复写纸（发票和收据本身具备复写纸功能的除外）套写，并连续编号。作废时应当加盖"作废"戳记，连同存根一起保存，不得撕毁。

（五）发生销货退回的，除填制退货发票外，还必须有退货验收证明；退款时，必须取得对方的收款收据或者汇款银行的凭证，不得以退货发票代替收据。

（六）职工公出借款凭据，必须附在记账凭证之后。收回借款时，应当另开收据或者退还借据副本，不得退还原借款收据。

（七）经上级有关部门批准的经济业务，应当将批准文件作为原始凭证附件。如果批准文件需要单独归档的，应当在凭证上注明批准机关名称、日期和文件字号。

第四十九条 原始凭证不得涂改、挖补。发现原始凭证有错误的，应当由开出单位重开或者更正，更正处应当加盖开出单位的公章。

第五十条 会计机构、会计人员要根据审核无误的原始凭证填制记账凭证。

记账凭证可以分为收款凭证、付款凭证和转账凭证，也可以使用通用记账凭证。

第五十一条 记账凭证的基本要求是：

（一）记账凭证的内容必须具备：填制凭证的日期；凭证编号；经济业务摘要；会计科目；金额；所附原始凭证张数；填制凭证人员、稽核人员、记账人员、会计机构负责人、会计主管人员签名或者盖章。收款和付款记账凭证还应当由出纳人员签名或者盖章。

以自制的原始凭证或者原始凭证汇总表代替记账凭证的，也必须具备记账凭证应有的项目。

（二）填制记账凭证时，应当对记账凭证进行连续编号。一笔经济业务需要填制两张以上记账凭证的,可以采用分数编号法编号。

(三)记账凭证可以根据每一张原始凭证填制,或者根据若干张同类原始凭证汇总填制,也可以根据原始凭证汇总表填制。但不得将不同内容和类别的原始凭证汇总填制在一张记账凭证上。

(四)除结账和更正错误的记账凭证可以不附原始凭证外,其他记账必须附有原始凭证。如果一张原始凭证涉及几张记账凭证,可以把原始凭证附在一张主要的记账凭证后面,并在其他记账凭证上注明附有该原始凭证的记账凭证的编号或者附有原始凭证复印件。

一张原始凭证所列支出需要几个单位共同负担的,应当将其他单位负担的部分,开给对方原始凭证分割单,进行结算。原始凭证分割单必须具备原始凭证的基本内容:凭证名称、填制凭证日期、填制凭证单位名称或者填制人姓名、经办人的签名或者盖章、接受凭证单位名称、经济业务内容、数量、单价、金额和费用分摊情况等。

(五)如果在填制记账凭证时发生错误,应当重新填制。

已经登记入账的记账凭证,在当年内发现填写错误时,可以用红字填写一张与原内容相同的记账凭证,在摘要栏注明"注销某月某日某号凭证"字样,同时再用蓝字重新填制一张正确的记账凭证,注明"订正某月某日某号凭证"字样。如果会计科目没有错误,只是金额错误,也可以将正确数字与错误数字之间的差额,另编一张调整的记账凭证,调增金额用蓝字,调减金额用红字。发现以前年度记账凭证有错误的,应当用蓝字填制一张更正的记账凭证。

(六)记账凭证填制完经济业务事项后,如有空行,应当自金额栏最后一笔金额数字下的空行处至合计数上的空行处划线注销。

第五十二条 填制会计凭证,字迹必须清晰、工整,并符合下列要求:

(一)阿拉伯数字应当一个一个地写,不得连笔写。阿拉伯金额数字前面应当书写货币币种符号或者货币名称简写和币种符号。币种符号与阿拉伯金额数字之间不得留有空白。凡阿拉伯数字前写有币种符号的,数字后面不得再写货币单位。

(二)所有以元为单位(其他货币种类为货币基本单位,下同)的阿拉伯数字,除表示单价等情况外,一律填写到角分;无角分的,角位和分位可写"00",或者符号"-";有角无分的,分位应当写"0",不得用符号"-"代替。

(三)汉字大写数字金额,如零、壹、贰、叁、肆、伍、陆、柒、捌、玖、拾、佰、仟、万、亿等,一律用正楷或者行书体书写,不得用0、一、二、三、四、五、六、七、八、九、十等简写字代替,不得任意自造简化字。大写金额数字到元或者角为止的,在"元"或者"角"字之后应当写"整"字或者"正"字;大写金额数字有分的,分字后面不写"整"或者"正"字。

(四)大写金额数字前未印有货币名称的,应当加填货币名称,货币名称与金额数字之间不得留有空白。

(五)阿拉伯金额数字中间有"0"时,汉字大写金额要写"零"字;阿拉伯数字金额中连续有几个"0"时,汉字大写金额中可以只写一个"零"字;阿拉伯金额数字元位是"0",或者数字中间连续有几个"0"、元位也是"0"但角位不是"0"时,汉字大写金额可以只写一个"零"字,也可以不写"零"字。

第五十三条　实行会计电算化的单位，对于机制记账凭证，要认真审核，做到会计科目使用正确，数字准确无误。打印出的机制记账凭证要加盖制单人员、审核人员、记账人员及会计机构负责人、会计主管人员印章或者签字。

第五十四条　各单位会计凭证的传递程序应当科学、合理，具体办法由各单位根据会计业务需要自行规定。

第五十五条　会计机构、会计人员要妥善保管会计凭证。

（一）会计凭证应当及时传递，不得积压。

（二）会计凭证登记完毕后，应当按照分类和编号顺序保管，不得散乱丢失。

（三）记账凭证应当连同所附的原始凭证或者原始凭证汇总表，按照编号顺序，折叠整齐，按期装订成册，并加具封面，注明单位名称、年度、月份和起讫日期、凭证种类、起讫号码，由装订人在装订线封签处签名或者盖章。

对于数量过多的原始凭证，可以单独装订保管，在封面上注明记账凭证日期、编号、种类，同时在记账凭证上注明"附件另订"和原始凭证名称及编号。

各种经济合同、存出保证金收据以及涉外文件等重要原始凭证，应当另编目录，单独登记保管，并在有关的记账凭证和原始凭证上相互注明日期和编号。

（四）原始凭证不得外借，其他单位如因特殊原因需要使用原始凭证时，经本单位会计机构负责人、会计主管人员批准，可以复制。向外单位提供的原始凭证复制件，应当在专设的登记簿上登记，并由提供人员和收取人员共同签名或者盖章。

（五）从外单位取得的原始凭证如有遗失，应当取得原开出单位盖有公章的证明，并注明原来凭证的号码、金额和内容等，由经办单位会计机构负责人、会计主管人员和单位领导人批准后，才能代作原始凭证。如果确实无法取得证明的，如火车、轮船、飞机票等凭证，由当事人写出详细情况，由经办单位会计机构负责人、会计主管人员和单位领导人批准后，代作原始凭证。

（二）案例：会计凭证的丢失

【案情】

成先生是企业财务方面的主要负责人，一次在复核时发现，由于会计小代不小心而丢了三张记账凭证，成先生在经过审核原始凭证后，批评小代工作太马虎，同时让他重新编制三张记账凭证。另外一次成先生在复核时发现小陈编制的银行存款付款凭证所附20万元的现金支票存根丢失，同时发现还有几张现金付款凭证所附原始凭证与凭证所注张数不符，成先生马上让小陈停止工作，并且与他一起回忆、追查这张支票的去向。小陈对此非常不满，认为成先生小题大做，故意整他，偏向小代。你如何看待这件事？

【评析】

成先生的做法并非小题大做。小代丢失三张记账凭证问题可以通过相关措施和方法解决，因为记账凭证是会计人员根据审核后的原始凭证进行归类、整理，按照会计准则和记账规则确定会计分录而编制的凭证，是登记账簿的依据。如果记账凭证丢了，还可以根据原始凭证重新编制记账凭证，不至于对会计工作造成太大影响。而小陈弄丢的20万元的现金支票存根属于原始凭证，并且是外来原始凭证，是证明经济业务发生的初始文件,与记账凭证相比较,具有较强的法律效力,是证明经济业务发生的重要依据。一旦丢失,补偿原始凭证(尤其是外来原始凭证)的成本较高,同时也令记账凭证和会计分录缺乏依据。此外,现金付款凭证所附原始凭证与凭证所注张数不符,说明原始凭证有丢失,或者是所注张数出错,这些都是较为严重的问题。

资料来源:本案例根据百度文库"初级会计学案例"整理。

(三)案例:股东有权委托专业人员查阅公司会计凭证

【案情】

2004年,原告崔某与秦某等4人成立恒诚公司,公司注册资本68.8万元,其中,崔某出资22.84万元,占注册资本的33.2%,秦某出资23.12万元,占注册资本的33.6%。由秦某担任公司执行董事,兼任公司经理;崔某担任公司监事。公司成立后,未按公司章程召开股东会,崔某通过工商部门查询得知,公司成立后召开过五次股东会议,主要讨论股权转让、增资和经营地址变更等事宜,崔某认为股东会决议及章程中自己的签名均非本人所为。恒诚公司认为,公司成立后四次修改章程但未召开过股东会。崔某要求恒诚公司提供自成立至今的会计凭证(包括记账凭证及原始凭证)供崔某和其委托的注册会计师、律师查阅,恒诚公司未予答复,崔某遂诉至法院,请求判令被告恒诚公司提供自成立至今的财务会计账簿(包括记账凭证及原始凭证)供崔某和其委托的注册会计师、律师查阅。

那么崔某作为股东是否有权查阅恒诚公司的会计凭证(即记账凭证和原始凭证)?如果崔某有权查阅恒诚公司的会计凭证,其能否委托注册会计师、律师等专业人员查阅?

【评析】

1.查阅会计凭证是有限责任公司股东知情权的必要保障

根据会计法第九条、第十四条和第十五条的规定,会计账簿包括总账、明细账、日记账和其他辅助性账簿。会计账簿登记,必须以经过审核的会计凭证为依据,并符合有关法律、行政法规和国家统一的会计制度的规定,会计凭证包括原始凭证和记账凭证。可以看出,会计凭证是会计账簿的原始依据,是一个公司经营情况的最真实反映,公司的具体经营过程只有通过查阅会计凭证才能知晓,如果股东查阅权的范围仅限于会计账簿,作为公司的股东特别是中小股东,将难以真实了解公司的经营情况,亦无法保障股东作为投资者享有收益权和管理权之权源的知情权。公司法第三十四条实际上是对公司股东知情权的范围进行列举式的规定,尽管没有明确会计凭证是否可以查阅,但该条赋予股东查阅权的目的在于保障其知情权的充分行使,允许股东在必要时查阅会计凭证,契合保护有限责任公司中小股东知情权的价值取向。

2.股东有权委托专业人员查阅会计凭证

一方面,公司的会计账簿、会计凭证等财务资料具有很强的专业性和复杂性,作为股东,未必具有专业的会计知识,如果不允许股东委托专业人员进行查阅,股东的知情权将无法行使,流于形式;另一方面,根据民法通则第六十三条规定:"公民、法人可以通过代理人实施民事法律行为。代理人在代理权限内,以被代理人的名义实施民事法律行为。被代理人对代理人的代理行为,承担民事责任。依照法律规定或者按照双方当事人约定,应当由本人实施的民事法律行为,不得代理。”有限责任公司股东有权委托专业人员代为查阅,公司法亦未禁止。如恒诚公司认为允许他人代为查阅可能侵犯公司的商业秘密或影响公司的正常经营,同样需举证证明。

资料来源:110 法律咨询网。

三、同步练习

(一)单项选择题

1. (　　)是会计工作的起点和关键。

A. 填制和审核会计凭证　　B. 编制会计分录
C. 登记会计账簿　　D. 编制会计报表

2. (　　)是记录经济业务,明确经济责任,作为登记账簿依据的书面证明。

A. 会计要素　　B. 会计账户
C. 会计凭证　　D. 会计报表

3. 会计凭证按其(　　)不同可以分为原始凭证和记账凭证。

A. 填制方法　　B. 取得的来源
C. 填制的程序和用途　　D. 反映经济业务的次数

4. 会计凭证分为原始凭证和记账凭证,对两者的差异下列说法中不正确的是(　　)。

A. 填制依据不同
B. 原始凭证大多是由经办人员填制,记账凭证则一律是由会计人员填制
C. 用途不同
D. 总分类账可根据记账凭证及所附的原始凭证登记,而明细分类账只能根据原始凭证登记

5. 原始凭证是经济业务发生或者完成时取得或者填制的(　　)。

A. 技术信息　　B. 财务资料
C. 书面保证　　D. 书面证明

6. 原始凭证是在(　　)时取得的。

A. 经济业务发生或完成　　B. 填制记账凭证
C. 登记总账　　D. 登记明细账

7. 下列不能作为会计核算原始凭证的是(　　)。

A. 发货票　　B. 合同书
C. 入库单　　D. 收据

8. 下列各项中,属于原始凭证的是(　　)

A. 购货发票　　B. 往来款项对账单
C. 经济合同　　D. 转账凭证

9. 在一定时期内连续记录若干项同类经济业务事项的会计凭证是(　　)。

A. 一次凭证　　B. 累计凭证

C. 原始凭证汇总表　　D. 复式凭证

10. 在下列原始凭证中，属于累计凭证的是(　　)。

A. 入库单　　B. 限额领料单

C. 领料汇总表　　D. 差率费报销单

11. 下列属于汇总凭证的有(　　)。

A. 差旅费报销单　　B. 限额领料单

C. 增值税专用发票　　D. 发料汇总表

12. 仓库保管人员填制的收料单，属于企业(　　)。

A. 外来原始凭证　　B. 自制原始凭证

C. 汇总原始凭证　　D. 累计原始凭证

13. 下列原始凭证属于外来原始凭证的是(　　)。

A. 购货发票　　B. 领料单

C. 销货发票　　D. 工资结算单

14. 下列凭证中，(　　)属于自制原始凭证。

A. 购货发票　　B. 银行结算凭证

C. 销货发票　　D. 住宿发票

15. 下列凭证中属于原始凭证的是(　　)。

A. 收款凭证　　B. 付款凭证

C. 转账凭证　　D. 发料汇总表

16. 以下哪一项反映了一次凭证和累计凭证的主要区别(　　)。

A. 一次凭证记载一笔经济业务，累计凭证记载多笔经济业务

B. 累计凭证是自制原始凭证，一次凭证是外来原始凭证

C. 累计凭证填制的手续是多次完成的，一次凭证填制的手续是一次完成的

D. 累计凭证是汇总凭证，一次凭证是单式凭证

17. 汇总原始凭证与累计原始凭证的主要区别在于(　　)。

A. 填制方法不同　　B. 登记经济内容不同

C. 会计核算工作简繁不同　　D. 填制时期不同

18. 外来原始凭证一般都是(　　)。

A. 一次凭证　　B. 记账凭证

C. 汇总凭证　　D. 累计凭证

19. 下列有关原始凭证的填制要求中，说法错误的是(　　)。

A. 小写金额应当用阿拉伯数字逐个书写，金额前要填写人民币符号"￥"

B. 小写金额无角分的，数字"00"可用"－"代替；有角无分的，分位写"0"，不得用符号"－"代替

C. 大写金额书写应当准确规范，并且一律以"整"或"正"字结尾

D. 各种凭证均应连续编号，以便理清顺序，保证连续和完整地记录经济业务

20. 在填写现金支票时，需按规定在小写金额前面加符号"￥"，其作用是(　　)。

A. 为了美观　　B. 表明货币种类并防止作弊

C. 银行与企业约定的符号　　D. 无实际意义

21. 用大写表示人民币 50 010.36 元的正确写法是(　)。

A. 人民币伍万零壹拾元叁角陆分　　B. 人民币五万零十元三角六分

C. 人民币五万零十元三角六分整　　D. 人民币伍万零拾元叁角陆分整

22. 填制原始凭证时应做到大小写数字符合规范,填写正确。如大写金额“贰仟零壹元伍角整”,其小写应为(　)。

A. 2 001.50 元　　B. ¥2 001.50

C. ¥2 001.50 元　　D. ¥2 001.5

23. 填制原始凭证时,“人民币伍仟元零捌角整”的小写金额符合规范的是(　)。

A. 5 000.80　　B. ¥5 000.8

C. ¥5 000.80　　D. ¥5 000.8 -

24. 下列各项中,符合原始凭证填制要求的是(　　)。

A. 从外单位取得的原始凭证,可以没公章,但必须有经办人员的签名或盖章

B. 原始凭证金额发生错误的,由出具单位在原始凭证上更正并加盖公章

C. 对外开出的原始凭证,可以没公章,但必须有经办人员的签名或盖章

D. 币种符号与金额数字之间不得留有空白

25. 原始凭证有错误的,正确的处理方法是(　)。

A. 向单位负责人报告　　B. 退回,不予接受

C. 由出具单位重开或更正　　D. 本单位代为更正

26. 不符合原始凭证基本要求的是(　)。

A. 从个人取得的原始凭证,必须有填制人员的签名或盖章

B. 原始凭证不得随意涂改、刮擦、挖补

C. 上级批准的经济合同,应作为原始凭证

D. 大写和小写金额必须一致

27. 记账凭证是(　　)的依据。

A. 编制会计报表　　B. 进行业务活动

C. 登记会计账簿　　D. 填制原始凭证

28. 货币资金之间的相互划转业务只编制(　　)。

A. 付款凭证　　B. 收款凭证

C. 转账凭证　　D. 记账凭证

29. 某公司将多余现金 20 000 元存入银行,应编制(　)。

A. 库存现金付款凭证　　B. 银行存款付款凭证

C. 库存现金收款凭证　　D. 银行存款收款凭证

30. 从银行提取现金,应填制(　　)。

A. 库存现金付款凭证　　B. 银行存款付款凭证

C. 库存现金收款凭证　　D. 银行存款收款凭证

31. 会计实务采用的收款凭证、付款凭证和转账凭证都属于(　)。

A. 单式记账凭证　　B. 通用记账凭证

C. 单科目记账凭证　　D. 专用记账凭证

32. 下列属于记账凭证，不属于原始凭证的一项是(　　)。

A. 会计分录内容　　B. 填制日期

C. 凭证的编号　　D. 相关人员的签名或盖章

33. 记账凭证是根据审核无误的(　　)填制的。

A. 会计报表　　B. 总账

C. 明细账　　D. 原始凭证

34. 记账凭证是由(　　)编制的。

A. 出纳人员　　B. 经办人员

C. 会计人员　　D. 经办单位

35. 在实际工作中，规模小、业务简单的单位，为了简化会计核算应采用(　　)。

A. 通用记账凭证　　B. 汇总记账凭证

C. 专用记账凭证　　D. 一次记账凭证

36. 将记账凭证分为收款凭证、付款凭证和转账凭证的依据是(　　)。

A. 按凭证填制的程序　　B. 按凭证在经济管理中的用途

C. 按凭证取得的来源　　D. 按凭证所记录的经济业务内容

37. (　　)是根据有关现金和银行存款收入业务的原始凭证填制的。

A. 付款凭证　　B. 收款凭证

C. 转账凭证　　D. 汇总原始凭证

38. 出纳人员付出货币资金的依据是(　　)。

A. 收款凭证　　B. 付款凭证

C. 转账凭证　　D. 原始凭证

39. 下列经济业务中，应填制转账凭证的是(　　)。

A. 分配职工工资　　B. 收到购货方预付款

C. 支付现金股利　　D. 从银行提取现金

40. 销售产品收到商业汇票一张，应该填制(　　)。

A. 收款凭证　　B. 付款凭证

C. 转账凭证　　D. 以上均可

41. 销售产品一批，部分货款收回存入银行，部分货款对方暂欠，该笔业务应编制的记账凭证是(　　)。

A. 收款凭证和付款凭证　　B. 收款凭证和转账凭证

C. 转账凭证　　D. 付款凭证和转账凭证

42. 付款凭证左上角的“贷方科目”可能登记的科目是(　　)。

A. 预付账款　　B. 银行存款

C. 预收账款　　D. 其他应付款

43. 记账凭证填制完毕加计合计数以后，如有空行应(　　)。

A. 空置不填　　B. 划线注销

C. 盖章注销　　D. 签字注销

44. 为了分清会计事项处理的先后顺序，便于记账凭证与会计账簿之间的核对，确保记账凭证的完整无缺，填制记账凭证时，应当(　　)。

A. 依据真实　　B. 日期正确

C. 连续编号　　D. 简明扼要

45. 库存现金收款凭证的填制日期应当是(　　)。

A. 原始凭证上注明的日期　　B. 编制收款凭证的日期

C. 收取现金的日期　　D. 登记现金总账的日期

46. 根据同一原始凭证编制几张记账凭证的，应(　　)。

A. 编制原始凭证分割单

B. 采用顺序编号的方法

C. 不必做任何说明

D. 在未附原始凭证的记账凭证上注明其原始凭证附在哪张记账凭证下

47. 一项经济业务需要连续编制多张记账凭证的，应(　　)。

A. 自制内容相同的多张原始凭证　　B. 编制原始凭证分割单

C. 采用分数编号的方法　　D. B 和 C 两种方法

48. 某单位第 7 号记账凭证的会计事项需要填制 3 张记账凭证，则三张凭证编号为(　　)。

A. 8,9,10　　B. 7,8,9

C. $7\frac{1}{3},7\frac{2}{3},7\frac{3}{3}$　　D. $\frac{1}{3},\frac{2}{3},\frac{3}{3}$

49. 审核原始凭证时，发现金额有错误，应由(　　)。

A. 原填制单位重新出具　　B. 经办人更正

C. 会计人员更正　　D. 会计主管人员更正

50. 下列各项中，不属于原始凭证审核内容的是(　　)。

A. 原始凭证的真实性　　B. 原始凭证的合法性

C. 会计分录的正确性　　D. 原始凭证的完整性和准确性

51. 在审核记账凭证时，如发现记账凭证有误，应由(　　)更正。

A. 审核人员　　B. 记账人员

C. 填证人员　　D. 出纳人员

52. 关于会计凭证的传递与保管，以下说法不正确的是(　　)。

A. 科学合理的传递程序应能保证会计凭证在传递过程中的安全、及时、准确和完整

B. 要建立会计凭证交接的签收制度

C. 原始凭证不得外借，也不得复制

D. 会计凭证记账完毕后，应当按分类和编号顺序保管

53. 关于会计凭证的保管，下列说法不正确的是(　　)。

A. 会计凭证应定期装订成册，防止散失

B. 会计主管人员和保管人员应在封面上签章

C. 原始凭证不得外借，其他单位如有特殊原因确实需要使用时，经本单位会计机构

负责人、会计主管人员批准,可以复印

D. 经单位领导批准,会计凭证在保管期满前可以销毁

(二)多项选择题

1. 会计凭证的意义在于(　　)。

A. 记录经济业务,提供记账依据　　B. 明确经济责任,强化内部控制

C. 监督经济活动,控制经济运行　　D. 为编制会计报表提供数据资料

2. 下列项目中符合填制会计凭证要求的有(　　)。

A. 汉字大小写金额必须相符且填写规范

B. 阿拉伯数字连笔书写

C. 阿拉伯数字前面的人民币符号写为"￥"

D. 大写金额有分的,分字后面不写"整"或"正"字

3. 会计凭证按其编制的程序和用途不同,可分为(　　)。

A. 外来凭证　　B. 自制凭证

C. 原始凭证　　D. 记账凭证

4. 下列(　　)属于原始凭证包括的基本要素。

A. 原始凭证的名称

B. 原始凭证的编号及填制日期

C. 经济业务内容事项

D. 经济业务所涉及的财物数量、单价和金额

5. 原始凭证按其来源不同可分为(　　)。

A. 外来原始凭证　　B. 通知凭证

C. 证明凭证　　D. 自制原始凭证

6. 原始凭证按其填列的方法不同,可分为(　　)。

A. 一次凭证　　B. 累计凭证

C. 汇总凭证　　D. 转账凭证

7. 下列说法正确的是(　　)。

A. 原始凭证必须记录真实,内容完整

B. 一般原始凭证发生错误,必须按规定办法更正

C. 有关现金和银行存款的收支凭证,如果填写错误,必须作废

D. 购买实物的原始凭证,必须有验收证明

8. "限额领料单"是(　　)。

A. 外来原始凭证　　B. 自制原始凭证

C. 一次凭证　　D. 累计凭证

9. 下列单据中,可作为会计核算原始凭证的有(　　)。

A. 购销发票　　B. 出差车票

C. 经济合同　　D. 现金支票存根

10. 下列文件中,属于外来原始凭证的有(　　)。

A. 领料单　B. 购货发票
C. 银行对账单　D. 银行付款通知

11. 下列原始凭证中，属于一次凭证的包括(　　)。
A. 发票　B. 发料汇总表
C. 限额领料单　D. 本企业开出的收款收据

12. 下列会计凭证中，属于自制原始凭证的有(　　)。
A. 购货发票　B. 职工出差的住宿发票
C. 产品入库单　D. 折旧计算表

13. 各种原始凭证应按(　　)要求填制。
A. 记录真实、格式统一　B. 内容完整、手续完备
C. 书写清楚、填写规范　D. 连续编号、填制及时

14. 关于原始凭证的填制，下列说法中正确的是(　　)。
A. 不得以虚假的交易事项或资金往来为依据填制原始凭证
B. 购买实物的原始凭证，必须有验收证明
C. 一式多联的原始凭证，只能以一联作为报销的凭证
D. 收回职工借款时，可将原借款借据正联退回，不必另开收据

15. 关于原始凭证说法正确的是(　　)。
A. 原始凭证上填制日期，交易或事项内容和数字必须真实可靠
B. 原始凭证应在交易、事项发生或完成时立即填制
C. 外来原始凭证，必须盖有填制单位的公章
D. 加盖了"作废"戳记的原始凭证，应连同其存根一起保管，不得撕毁

16. 对原始凭证发生的错误，正确的更正方法是(　　)。
A. 由出具单位重开或更正
B. 由本单位的会计人员代为更正
C. 金额发生错误的，可由出具单位在原始凭证上更正
D. 金额发生错误的，应当由出具单位重开

17. 下列各项中，(　　)不能作为原始凭证。
A. 购货合同　B. 车间派工单
C. 材料请购单　D. 工资计算单

18. 外来原始凭证应该是(　　)。
A. 从企业外部取得的　B. 由企业会计人员填制的
C. 一次凭证　D. 盖有填制单位公章的

19. 原始凭证的审核内容主要包括审核原始凭证的(　　)等方面。
A. 真实性　B. 合法性、合理性
C. 及时性、准确性　D. 完整性

20. 下列各项中，属于审核原始凭证时应当注意的事项的有(　　)。
A. 从外单位取得的原始凭证，必须盖有填制单位的公章
B. 自制的原始凭证，必须有经办部门和经办人员的签名或者盖章

C. 经济业务应当符合国家有关政策、法规、制度的规定
D. 原始凭证所记录的经济业务应当符合会计主体经济活动的需要
21. 企业对数量过多或重要的原始凭证,装订、保管时可采用的方法有( )。
A. 附件另订　　B. 另编目录
C. 单独保管　　D. 必须附在记账凭证后面
22. 原始凭证和记账凭证的共同点是( )。
A. 编制的依据相同　　B. 编制的人员相同
C. 同属于会计凭证　　D. 反映的经济业务内容相同
23. 记账凭证必须具备的基本内容有( )。
A. 记账凭证的名称　　B. 填制日期和编号
C. 经济业务的简要说明　　D. 会计分录
24. 记账凭证按其经济内容不同,可分为( )。
A. 收款凭证　　B. 转账凭证
C. 汇总凭证　　D. 付款凭证
25. 如果某一笔经济业务需填制两张记账凭证,该凭证的顺序号为 20 号,则这两张记账凭证的编号应为( )。
A. 20(1)号　　B. 20(2)号
C. 20(1/2) 号　　D. 20 (2/2)号
26. 可以作为记账凭证填制依据的有( )。
A. 外来原始凭证　　B. 累计凭证
C. 汇总凭证　　D. 自制原始凭证
27. 收款凭证和付款凭证一般按( )分别编制。
A. 货币资金　　B. 库存现金
C. 银行存款　　D. 应收账款
28. 除( )的记账凭证可以不附原始凭证外,其他记账凭证必须附有原始凭证。
A. 结账　　B. 库存现金业务
C. 更正错误　　D. 转账业务
29. 记账凭证的审核内容包括( )。
A. 是否有原始凭证为依据　　B. 应借应贷科目和金额是否正确
C. 项目的填列是否齐全　　D. 书写是否规范正确
30. 采购员出差回来,报销差旅费 4 000 元,原预借 4 500 元,交回多余现金 500 元,这笔业务应该( )。
A. 只编制 500 元库存现金收款凭证　　B. 根据 500 元编制库存现金收款凭证
C. 根据 4 000 元编制转账凭证　　D. 编制 4 500 元转账凭证
31. 下列经济业务中,应填制转账凭证的是( )。
A. 国家以厂房对企业投资　　B. 外商以货币资金对企业投资
C. 购买材料未付款　　D. 销售商品收到商业汇票一张
32. 下列经济业务中,应填制付款凭证的是( )。

A. 提取库存现金备用　B. 购买材料预付定金
C. 购买材料未付款　D. 以存款支付前欠某单位账款

33. 记账凭证必须具备(　)的签名或盖章。
A. 审核人员　B. 会计主管人员
C. 记账人员　D. 制证人员

34. 记账凭证的填制除做到记录真实、内容完整、填制及时、书写清楚,还必须符合(　　)等要求。
A. 如有空行,应当在空行处划线注销
B. 发生错误应该按规定的方法更正
C. 必须连续编号
D. 除另有规定外,应该有附件并注明附件张数

35. 其他单位因特殊原因需要使用本单位的原始凭证,正确的做法是(　　)。
A. 可以外借
B. 将外借的会计凭证拆封抽出
C. 不得外借,经本单位会计机构负责人或会计主管人员批准,可以复制
D. 将向外单位提供的凭证复印件在专设的登记簿上登记

36. 下列各项中,(　　)属于会计凭证归档保管的主要方法和要求。
A. 会计凭证应定期装订成册,防止散失
B. 会计凭证封面应注明单位名称、凭证种类、凭证张数、起止号数、年度、月份、会计主管人员、装订人员等有关事项
C. 会计主管人员和保管人员应在会计凭证封面上签章
D. 会计凭证应加贴封条,防止抽换凭证

37. 下列关于会计凭证传递和保管的说法中正确的有(　　)。
A. 原始凭证较多时可以单独装订
B. 装订成册的会计凭证要加具封面,并逐项填写封面内容
C. 通过会计凭证的传递可以加强会计监督
D. 单位应根据具体情况制定每一种凭证的传递程序和方法

(三)判断题

1. 原始凭证和记账凭证是具有同等法律效力的证明文件。(　　)
2. 会计凭证按其取得的来源不同,可以分为原始凭证和记账凭证。(　　)
3. 经济业务的经办人员或有关单位必须在填制的会计凭证上签名或盖章。(　　)
4. 自制原始凭证是单位会计人员自行填制的原始凭证。(　　)
5. 自制原始凭证的填制,都应由会计人员填写,以保证原始凭证填制的正确性。(　　)
6. 自制原始凭证必须有经办单位负责人或其他指定人员签名或盖章,对外开出的原始凭证,必须加盖本单位公章。(　　)
7. 不能证明经济业务已经发生或完成情况的单证,如购销合同,同样可以作为原始

凭证据以入账。（　）

8. 原始凭证记载着大量的经济信息，又是证明经济业务发生的初始文件，与记账凭证相比较，具有较强的法律效力，是一种很重要的凭证。（　）

9. 限额领料单是一次凭证。（　）

10. 原始凭证内容出现错误的不能更正，只能由原始凭证开具单位重开。（　）

11. 原始凭证金额有错误的，应当由出具单位重开或更正，更正处应当加盖出具单位印章。（　）

12. 自制原始凭证都是一次凭证，外来原始凭证绝大多数是一次凭证。（　）

13. 企业使用累计原始凭证，如限额领料单，既可以对领用材料进行事前控制，又可以减少凭证的填制手续。（　）

14. 采用累计原始凭证可以减少凭证的数量和记账的次数。（　）

15. 收料单属于汇总原始凭证。（　）

16. 原始凭证是会计核算的原始资料和重要依据，是登记会计账簿的直接依据。（　）

17. 在填制完经济业务事项后，记账凭证如有空行，应当自金额栏最后一笔金额数字下的空行处至合计数上的空行处划线注销。（　）

18. 转账凭证只登记与库存现金和银行存款收付无关的经济业务。（　）

19. 记账人员根据记账凭证记账后，在“记账符号”栏内作“√”记号。表示该笔金额已登记有关账户，以免漏记或重记。（　）

20. 记账凭证的编制依据是审核无误的原始凭证。（　）

21. 对于库存现金和银行存款之间的相互转换，一般只编制付款凭证。（　）

22. 记账凭证的填制日期与原始凭证的填制日期必须相同。（　）

23. 复式凭证是指将每一笔经济业务事项所涉及的全部会计科目在同一张凭证中反映的记账凭证。（　）

24. 所有的记账凭证都必须附有原始凭证，否则，不能作为记账的依据。（　）

25. 记账凭证一律由会计人员填制。（　）

26. 若一笔经济业务涉及的会计科目较多，需填制多张记账凭证的，可采用“分数编号法”。（　）

27. 如果一张原始凭证需填列两张记账凭证，则应将原始凭证复印一份，附在某张记账凭证后面。（　）

28. 记账凭证是否附有原始凭证，及其所附原始凭证的张数是否相符，是审核记账凭证的一项重要内容。（　）

29. 在签发支票时，5 300.05 元的汉字大写金额应写成“伍仟叁佰元伍分整”。（　）

30. 为了简化工作手续，可以将不同内容和类别的原始凭证汇总，填制在一张记账凭证上。（　）

31. 各种凭证若填写错误，不得随意涂改、刮擦、挖补。（　）

32. 在进行会计核算工作中，会计人员对于记载不准确、不完整的原始凭证应予以退

回,并要求按照规定更正、补充。 ( )

33. 会计凭证的传递,是指从会计凭证的取得或填制时起至归档保管过程中,在单位财务部门和人员之间的传送程序。 ( )

34. 会计凭证应定期装订成册,加具封面,归档保管。 ( )

35. 会计凭证一般不得外借,其他单位如因特殊原因需要使用会计凭证时,经有关会计主管人员批准同意后可以外借,但要登记。 ( )

36. 会计人员对不真实、不合法的原始凭证,有权不予受理,并向单位负责人报告,请求查明原因。 ( )

37. 从外单位取得的原始凭证遗失时,必须取得原签发单位盖有公章的证明,并注明原始凭证的号码、金额、内容等,由经办单位会计机构负责人、会计主管人员审核签章后,才能代作原始凭证。 ( )

38. 一切会计凭证,都必须经有关人员严格审核,只有审核无误后,才能作为登记账簿的依据。 ( )

第六章 会计账簿

一、重点与难点

本章学习的重点在于掌握账簿的定义及分类，现金日记账、银行存款日记账、总账、明细账的登记方法和记账依据，错账更正方法的运用，对账的内容和结账的程序与方法。难点部分在于如何进行账簿登记，如何就具体经济业务在模拟账簿练习中进行错账更正。

本章知识要点如下：

(1)会计账簿，简称账簿，是指按照会计科目开设的，由一定格式账页组成的，以经过审核的会计凭证为依据，全面、系统、序时、分类记录各项经济业务的簿记。

(2)账簿按用途可以分为序时账簿、分类账簿和备查账簿；账簿按账页格式可以分为三栏式账簿、多栏式账簿和数量金额式账簿；账簿按外形特征可以分为订本式账簿、活页式账簿和卡片式账簿。

(3)各种主要账簿均应具备以下基本内容：封面、扉页、账页。账页是核心，其基本内容一般包括以下几方面：账户的名称、记账日期、记账凭证的种类和号数、摘要、金额、页次。金额是账页的核心。

对于账簿记录中所发生的错误，不允许涂改、挖补、擦刮或者用药水消除笔迹，不允许重新抄写，必须按照有关制度规定的方法予以更正。错账更正的方法主要有划线更正法、红字更正法、补充登记法三种。在不同情况下，应正确选择不同方法，有针对性地使用。

(4)对账，就是核对账目，是指在会计核算中，为保证账簿记录正确可靠，而对账簿中的有关数据进行检查和核对的工作。会计对账工作的主要内容包括账证核对、账账核对、账实核对三方面内容。

(5)结账，是在把一定时期内发生的全部经济业务登记入账的基础上，计算并记录本期发生额和期末余额后，将余额结转下期或新的账簿的会计行为，是为了总结某一个会计期间内的经济活动的财务收支状况，据以编制财务会计报表，而对各种账簿的本期发生额和期末余额进行的计算总结。

二、知识拓展

（一）相关规定

《会计基础工作规范》（节选）

第三节 登记会计账簿

第五十六条 各单位应当按照国家统一会计制度的规定和会计业务的需要设置会计账簿。会计账簿包括总账、明细账、日记账和其他辅助性账簿。

第五十七条 现金日记账和银行存款日记账必须采用订本式账簿。不得用银行对账单或者其他方式代替日记账。

第五十八条 实行会计电算化的单位，用计算机打印的会计账簿必须连续编号，经审核无误后装订成册，并由记账人员和会计机构负责人、会计主管人员签字或者盖章。

第五十九条 启用会计账簿时，应当在账簿封面上写明单位名称和账簿名称。在账簿扉页上应当附启用表，内容包括：启用日期、账簿页数、记账人员和会计机构负责人、会计主管人员姓名，并加盖名章和单位公章。记账人员或者会计机构负责人、会计主管人员调动工作时，应当注明交接日期、接办人员或者监交人员姓名，并由交接双方人员签名或者盖章。

启用订本式账簿，应当从第一页到最后一页顺序编写页数，不得跳页、缺号。使用活页式账页，应当按账户顺序编号，并须定期装订成册。装订后再按实际使用的账页顺序编写页码，另加目录，记明每个账户的名称和页次。

第六十条 会计人员应当根据审核无误的会计凭证登记会计账簿。登记账簿的基本要求是：

（一）登记会计账簿时，应当将会计凭证日期、编号、业务内容摘要、金额和有关资料逐项记入账内；做到数字准确、摘要清楚、登记及时、字迹工整。

（二）登记完毕后，要在记账凭证上签名或者盖章，并注明已经登账的符号，表示已经记账。

（三）账簿中书写的文字和数字上面要留有适当空格，不要写满格，一般应占格距的二分之一。

（四）登记账簿要用蓝黑墨水或者碳素墨水书写，不得使用圆珠笔（银行的复写账簿除外）或者铅笔书写。

（五）下列情况，可以用红色墨水记账：

（1）按照红字冲账的记账凭证，冲销错误记录；

（2）在不设借贷等栏的多栏式账页中，登记减少数；

（3）在三栏式账户的余额栏前，如未印明余额方向的，在余额栏内登记负数余额；

（4）根据国家统一会计制度的规定可以用红字登记的其他会计记录。

（六）各种账簿按页次顺序连续登记，不得跳行、隔页。如果发生跑行、隔页，应当将空行、空页划线注销，或者注明“此行空白”“此页空白”字样，并由记账人员签名或者盖章。

(七)凡需要结出余额的账户,结出余额后,应当在“借或贷”等栏内写明“借”或者“贷”等字样。没有余额的账户,应当在“借或贷”等栏内写“平”字,并在余额栏内用“0”表示。

现金日记账和银行存款日记账必须逐日结出余额。

(八)每一账页登记完毕结转下页时,应当结出本页合计数及余额,写在本页最后一行和下页第一行有关栏内,并在摘要栏内分别注明“过次页”和“承前页”字样;也可以将本页合计数及金额只写在下页第一行有关栏内,并在摘要栏内注明“承前页”字样。

对需要结计本月发生额的账户,结计“过次页”的本页合计数应当为自本月初起至本页末止发生额合计数;对需要结计本年累计发生额的账户,结计“过次页”的本页合计数应当为自年初起至本页末止的累计数;对既不需要结计本月发生额也不需要结计本年累计发生额的账户,可以只将每页末的余额转次页。

第六十一条 实行会计电算化的单位,总账和明细账应当定期打印。

发生收款和付款业务的,在输入收款凭证和付款凭证的当天必须打印出现金日记账和银行存款日记账,并与库存现金核对无误。

第六十二条 账簿记录发生错误,不准涂改、挖补、刮擦或者用药水消除字迹,不准重新抄写,必须按照下列方法进行更正:

(一)登记账簿时发生错误,应当将错误的文字或者数字划红线注销,但必须使原有字迹仍可辨认;然后在划线上方填写正确的文字或者数字,并由记账人员在更正处盖章。对于错误的数字,应当全部划红线更正,不得只更正其中的错误数字。对于文字错误,可只划去错误的部分。

(二)由于记账凭证错误而使账簿记录发生错误,应当按更正的记账凭证登记账簿。

第六十三条 各单位应当定期对会计账簿记录的有关数字与库存实物、货币资金、有价证券、往来单位或者个人进行相互核对,保证账证相符、账账相符、账实相符。对账工作每年至少进行一次。

(一)账证核对。核对会计账簿记录与原始凭证、记账凭证的时间、凭证字号、内容、金额是否一致,记账方向是否相符。

(二)账账核对。核对不同会计账簿之间的账簿记录是否相符,包括:总账有关账户的余额核对,总账与明细账核对,总账与日记账核对,会计部门的财产物资明细账与财产物资保管和使用部门的有关明细账核对等。

(三)账实核对。核对会计账簿记录与财产等实有数额是否相符。包括:现金日记账账面余额与现金实际库存数相核对;银行存款日记账账面余额定期与银行对账单相核对;各种应收、应付款明细账账面余额与有关债务、债权单位或者个人核对等。

第六十四条 各单位应当按照规定定期结账。

(一)结账前,必须将本期内所发生的各项经济业务全部登记入账。

(二)结账时,应当结出每个账户的期末余额。需要结出当月发生额的,应当在摘要栏内注明“本月合计”字样,并在下面通栏划单红线。需要结出本年累计发生额的,应当在摘要栏内注明“本年累计”字样,并在下面通栏划单红线;12月末的“本年累计”就是全年累计发生额。全年累计发生额下面应当通栏划双红线。年度终了结账时,所有总账账户都应当结出全年发生额和年末余额。

(三)年度终了,要把各账户的余额转到下一会计年度,并在摘要栏注明“结转下年”字样;在下一会计年度新建有关会计账簿的第一行余额栏内填写上年结转的余额,并在摘要栏注明“上年结转”字样。

(二)案例:“账簿丢失”的后果

【案情】

1. 例行检查,企业3年账簿“不翼而飞”

青岛市国税局稽查局检查人员在对某企业增值税缴纳情况例行检查时发现,生产销售挂车支撑桥及其配件的青岛市某汽车配件有限公司,年产值稳定在2 000万元以上,但该公司2007~2011年8月的增值税税负率为0.88%,明显低于青岛市同行业增值税平均税负率。

据悉,税负率用于衡量企业在一定时期内实际税收负担的大小。从纳税监管的角度讲,在名义税率和税收政策一定的情况下,实际税负率过低,则有可能存在逃税问题,这引起了税务监管部门的注意。

针对这一线索,检查人员判断该公司可能存在逃税行为。于是,青岛市国税局稽查局成立了检查组,决定对该公司2007~2011年的纳税情况实施检查。

当检查人员直接来到该公司,要求企业提供近年来的账簿时,该公司负责人称会计出差了,暂时无法提供。第二天,检查人员再次到该公司时,该公司将2010年和2011年两个年度的账簿、凭证准备齐全。但当检查人员要求企业提供2007~2009年的账簿时,负责人却支支吾吾,先称找不到了,后又说这3年账簿被盗丢失,但却无法提供账簿丢失向公安机关报案的相关记录。

2. 层层调查,企业主动交出藏匿账本

依据税法的相关规定,对纳税人未按照规定保管账簿凭证的行为,税务机关责令限期改正最多可处1万元罚款。而对于定性为逃税、构成犯罪的,则由公安部门立案追诉。如果没有充分的证据证明该公司逃税,则国家税收将会蒙受损失。

在无法通过账簿了解被查单位涉税记录的情况下,检查人员遂决定根据该公司2010~2011年的账簿资料,结合“综合数据管理系统”内企业申报信息,对其上下游业务企业往来情况进行内查外调。

检查人员首先了解了该公司2007~2009年向上游业务企业的进货情况,然后对这3年间的年销售情况逐年落实,查证是否存在未申报收入的问题。与此同时,检查人员深入该公司车间现场勘察,获取了企业生产工艺、业务流程、销售方式及厂房权属等重要涉税信息。经过一周的反复调查取证,检查人员基本掌握了该公司2007~2009年生产销售的主要数据,准备对其未提供账簿资料的2007~2009年度应纳税额依法进行核定征收。

据了解,在2008年之前,出现过很多采用藏匿、丢失账本这种”软拒绝”方式逃税的企业。但由于当时规定的不健全,只能按照“未按规定保管账簿”来定性,最高罚款1万元。2008 年 3 月,国家税务总局印发的《企业所得税核定征收办法(试行)》规定,如果企业账簿不健全,税务机关可以按照该行业平均利润率核定征收,而且征收标准从高。这样一来,即使企业称账本丢失,税务机关也可以根据企业的经营情况从高征税。

2012 年 5 月 26 日,检查人员对该企业下达了《责令限期改正通知书》,责成企业提供账簿丢失自述材料。同时,依据税收征管法的相关规定,对企业采取税收保全措施:一面冻结其银行账户、存款;一面向其下游企业发出《协助执行通知书》,责成下游企业将应支付的业务款项统一划拨至被冻结账户,以备执行。在检查人员环环相扣的执法措施下,该公司法定代表人牛先生最终交出了 2007 ~2009 年 3 个年度的账簿和凭证。

3. 补缴 200 余万元税款,被定性为阻挠税务检查案件

青岛市国税局稽查局依法责令该公司补缴了查补税款、滞纳金、罚款合计 200 余万元,并将此案定性为阻挠税务检查行为,处 1 万元的罚款。

【评析】

近年来,在日常税务检查过程中,经常会遇到纳税人不提供会计账簿和凭证的情形。纳税人往往采取故意隐藏甚至擅自销毁会计账簿和凭证的方式,阻碍税务检查,从而逃避相应的税收法律责任。对于企业所谓的“账簿”丢失,可能会面临哪些惩罚呢?

1.《中华人民共和国会计法》(以下简称《会计法》)相关规定

《会计法》第四十二条规定,未按照规定保管资料,致使会计资料毁损、丢失的,由县级以上人民政府财政部门责令限期改正,可以对单位处以 3 000 元以上 5 万元以下的罚款;对其直接负责的主管人员和其他直接责任人员,可以处 2 000 元以上 2 万元以下的罚款;属于国家工作人员的,还应当由其所在单位或者有关单位依法给予行政处分;会计人员有以上行为、情节严重的,由县级以上人民政府财政部门吊销会计从业资格证书;有以上行为构成犯罪的,依法追究刑事责任。

《会计法》第四十四条规定,隐匿或故意销毁依法应保存的会计凭证、会计账簿、财务会计报告等尚不构成犯罪的,对单位,由县级以上人民政府财政部门予以通报,可对单位并处 5 000 元以上 10 万元以下的罚款,对于其直接负责的主管人员和其他直接责任人员,可以处 3 000 元以上 5 万元以下的罚款,属于国家工作人员的,还应由其所在单位或者有关单位依法给予撤职直至开除的行政处分;对其中的会计人员,并由县级以上人民政府财政部门吊销会计从业资格证书。若上述行为构成犯罪的,依法追究刑事责任。

2.《税收征管法》有关规定

《税收征管法》第七十条规定,纳税人、扣缴义务人逃避、拒绝或者以其他方式阻挠税务机关检查的,由税务机关责令改正,可以处 1 万元以下的罚款;情节严重的,处 1 万元以上 5 万元以下的罚款。

《税收征管法》第七十二条规定,从事生产、经营的纳税人、扣缴义务人有本法规定的税收违法行为,拒不接受税务机关处理的,税务机关可以收缴其发票或者停止向其发售发票。

3.《刑法》有关规定

《刑法》第一百六十二条之一规定,隐匿或者故意销毁依法应当保存的会计凭证、会计账簿、财务会计报告,情节严重的,处五年以下有期徒刑或者拘役,并处或者单处 2 万

元以上20万元以下罚金。

由此可见，纳税人偷税漏税动机下的“丢失”账簿行为，不仅可能面临行政处罚，而且可能触犯刑法，按照相关规定被移送至司法机关追究纳税人的刑事责任。而如果真的因为保管不善，导致账簿丢失应该怎么办呢？通常首先要到派出所报案，然后去所在的税务局备案，根据相关规定接受罚款。此案例告诫每一位会计从业人员，会计资料是重要文件，一定要谨慎对待，妥善保管。

资料来源：中国会计网。

三、同步练习

(一)单项选择题

1. 由具有一定格式的账页组成，以审核无误的会计凭证为依据，全面、系统、连续地记录各项经济业务的簿记称为(　　)。

A. 会计账簿　　B. 会计账户
C. 序时账簿　　D. 分类账簿

2. 下列项目中，(　　)是连接会计凭证和会计报表的中间环节。

A. 复式记账　　B. 设置会计科目和账户
C. 设置和登记账簿　　D. 编制会计分录

3. 账簿按(　　)的不同，可分为序时账簿、分类账簿、备查账簿。

A. 用途　　B. 外表形式
C. 格式　　D. 启用时间

4. 账簿按账页格式的不同，可分为(　　)。

A. 订本式账簿、活页式账簿、卡片式账簿
B. 序时账簿、分类账簿、备查账簿
C. 三栏式账簿、多栏式账簿、数量金额式账簿
D. 总分类账、明细分类账、日记账和辅助性账簿

5. 下列四类账簿中，可能不需要依据会计凭证登记的是(　　)。

A. 序时账　　B. 总分类账
C. 明细分类账　　D. 备查账

6. 设置和登记会计账簿是(　　)的基础。

A. 填制原始凭证　　B. 编制会计分录
C. 填制记账凭证　　D. 编制会计报表

7. 总账一般采用(　　)。

A. 订本账　　B. 活页账
C. 卡片式　　D. 备查式

8. 下列账簿不能采用多栏式账页的是(　　)。

A. 总账　　B. 管理费用明细账
C. 现金日记账　　D. 银行存款日记账

9. 必须逐日逐笔登记的账簿是(　　)。

A. 明细账　　B. 总账

C. 日记账　　D. 备查账

10. 不能作为银行存款日记账登记依据的是(　　)。

A. 现金收款凭证　　B. 部分现金付款凭证

C. 银行存款收款凭证　　D. 银行存款付款凭证

11. 现金日记账和银行存款日记账都必须采用(　　)。

A. 卡片式　　B. 活页式

C. 订本式　　D. 数量金额式

12. 目前实际工作中使用的现金日记账、银行存款日记账属于(　　)。

A. 特种日记账　　B. 普通日记账

C. 专栏日记账　　D. 分录簿

13. 三栏式银行存款日记账属于(　　)。

A. 序时账　　B. 总分类账

C. 明细分类账　　D. 备查账

14. 下列适合采用多栏式明细账格式核算的是(　　)。

A. 原材料　　B. 制造费用

C. 应付账款　　D. 库存商品

15. 可以采用三栏式的明细账是(　　)。

A. 产成品明细账　　B. 制造费用明细账

C. 固定资产明细账　　D. 债权债务明细账

16. 库存商品明细账通常采用(　　)账簿。

A. 多栏式　　B. 三栏式

C. 数量金额式　　D. 卡片式

17. 库存现金日记账和银行存款日记账由(　　)登记。

A. 财务负责人　　B. 经办人员

C. 总账会计　　D. 出纳人员

18. 现金日记账和银行存款日记账的登记方法是(　　)。

A. 由出纳人员根据收付款凭证按时间顺序逐日逐笔登记

B. 由出纳人员根据转账凭证按时间顺序逐日逐笔登记

C. 由会计人员根据科目汇总表登记

D. 由会计人员根据汇总记账凭证登记

19. 现金日记账中,“凭证字号”栏不可能出现在(　　)。

A. 现金收款凭证　　B. 现金付款凭证

C. 银行存款收款凭证　　D. 银行存款付款凭证

20. 库存现金日记账、银行存款日记账的登记方法是(　　)。

A. 逐日汇总登记　　B. 定期逐笔序时登记

C. 逐日逐笔分类登记　　D. 逐日逐笔序时登记

21. 下列账簿中,要求必须逐日结出余额的是(　　)。

A. 现金日记账和银行存款日记账　　B. 债权债务明细账

C. 财产物资明细账　　D. 总账

22. 现金日记账的日期栏应填写(　　)。

A. 当月 1 日　　B. 当月末日期

C. 登记账簿的日期　　D. 记账凭证的日期

23. 明细账的登记依据是(　　)。

A. 只有原始凭证

B. 只有记账凭证

C. 只有原始凭证汇总表

D. 原始凭证、原始凭证汇总表或记账凭证

24. 活页账一般适用于(　　)。

A. 总分类账　　B. 现金日记账和银行存款日记账

C. 固定资产明细账　　D. 明细分类账

25. 固定资产明细账的外表形式可以采用(　　)。

A. 订本式账簿　　B. 卡片式账簿

C. 活页式账簿　　D. 多栏式明细分类账

26. 多栏式明细账一般适用于(　　)。

A. 收入费用类账户　　B. 所有者权益类账户

C. 资产类账户　　D. 负债类账户

27. 账簿扉页启用表上应填列的内容不包括(　　)。

A. 账户名称　　B. 启用日期

C. 单位领导人　　D. 经管人员

28. 在登账时,如果发生隔页、跳行,则(　　)。

A. 应将空页撕掉

B. 应更改账簿记录

C. 应将空页、空行用蓝线对角划掉,加盖"作废"字样,并由记账人员签章

D. 应将空页、空行用红线对角划掉,加盖"作废"字样,并由记账人员签章

29. 在登记账簿时,每记满一页时,应(　　)。

A. 在下一页继续记录发生的业务

B. 加计本页发生额总数,结出余额,填在账页的最末一行

C. 在本页的最末一行摘要栏内注明"过次页"字样

D. 加计本页发生额总数,结出余额,填在账页的最末一行,并在摘要栏内注明"过次页"字样

30. 在登记账簿过程中,每一账页的最后一行及下一页第一行都要办理转页手续,是为了(　　)。

A. 便于查账　　B. 防止遗漏

C. 防止隔页　　D. 保持记录的连续性

31. 下列做法中,不符合会计账簿的记账规则的是(   )。

A. 使用圆珠笔登账

B. 账簿中书写的文字和数字一般应占格距的1/2

C. 登记后在记账凭证上注明已经登账的符号

D. 按账簿页次顺序连续登记,不得跳行隔页

32. 记账人员根据记账凭证登记账簿完毕后,要在记账凭证上注明已记账的符号,主要是为了(   )。

A. 便于明确记账责任　　B. 避免错行或隔页

C. 避免重记或漏记　　D. 防止凭证丢失

33. (   )是在启用前就以编有顺序号的若干账页固定装订成册的账簿。

A. 总账　　B. 明细账

C. 订本账　　D. 活页账

34. 购进材料一批,价款8 700元,款未付。在填制记账凭证时,误将金额填为7 800元,会计科目无错误,并已过账。更正错账时,应作分录为(   )。

A. 借:原材料　7 800
　　贷:应付账款　7 800

B. 借:原材料　900
　　贷:应付账款　900

C. 借:原材料　900
　　贷:应付账款　900

D. 借:应付账款　900
　　贷:原材料　900

35. 用转账支票归还欠A公司的货款60 000元,会计人员编制的记账凭证为:借记"应收账款"60 000元,贷记"银行存款"60 000元,并已登记入账。该记账凭证(   )。

A. 没有错误,不需要更止　　B. 有错误,使用划线更正法更止

C. 有错误,使用红字更正法更正　　D. 有错误,重新编制正确的记账凭证

36. 结账前发现账簿的文字或数字发生错误而凭证没有错误时可以采用的错账更正方法是(   )。

A. 划线更正法　　B. 红字更正法

C. 补充登记法　　D. 更换凭证法

37. 用现金支付职工的医药费78元,会计人员编制的记账凭证为:借记"应付职工薪酬"87元,贷记"库存现金"87元,并已登记入账。当年发现记账错误,更正时应采用的更正方法是(   )。

A. 划线更正法　　B. 红字更正法

C. 补充登记法　　D. 重编正确的付款凭证

38. 某企业通过银行收回应收账款8 000元,在填制记账凭证时,误将金额记为6 000元,并已登记入账。当年发现记账错误,更正时应采用的更正方法是(   )。

A. 重编正确的收款凭证　　B. 划线更正法

C. 红字更正法　　D. 补充登记法

39. 采用补充登记法,是因为(   ),导致账薄记录错误。

A. 记账凭证上会计科目错误

B. 记账凭证上记账方向错误

C. 记账凭证上会计科目、记账方向正确，所记金额大于应记金额

D. 记账凭证上会计科目、记账方向正确，所记金额小于应记金额

40. 更正错账时，划线更正法的适用范围是(　　)。

A. 记账凭证上会计科目或记账方向错误，导致账簿记录错误

B. 记账凭证正确，在记账时发生错误，导致账簿记录错误

C. 记账凭证上会计科目或记账方向正确，所记金额大于应记金额，导致账簿记录

D. 记账凭证上会计科目或记账方向正确，所记金额小于应记金额，导致账簿记录错误

41. 甲企业与乙企业之间存在购销关系，甲企业定期将“应收账款——乙企业”明细账与乙企业的“应付账款——甲企业”明细账进行核对，这种对账属于(　　)。

A. 账证核对　　B. 账账核对

C. 账实核对　　D. 余额核对

42. 以下属于对账中账证核对的是(　　)。

A. 银行存款日记账账面余额与开户银行账目定期核对

B. 总分类账户各账户期末余额与银行存款日记账期末余额核对

C. 现金日记账与某日收款凭证核对

D. 总分类账户各账户期末余额与明细分类账的期末余额核对

43. 下列对账工作中属于账实核对的是(　　)。

A. 银行存款日记账与银行对账单核对

B. 总分类账与所属明细分类账核对

C. 会计部门的财产物资明细账与财产物资保管部门的有关明细账相核对

D. 总分类账与日记账核对

44. 企业结账的时间应为(　　)。

A. 每项交易或事项办理完毕时　　B. 每一个工作日终了时

C. 一定时期终了时　　D. 会计报表编制完成时

45. 年度结账时，应在“本年累计”行下划(　　)。

A. 半栏单红线　　B. 半栏双红线

C. 通栏单红线　　D. 通栏双红线

46. 新年度开始启用新账时，可以继续使用不必更换新账的是(　　)。

A. 总分类账　　B. 银行存款日记账

C. 固定资产卡片　　D. 管理费用明细账

47. 会计账簿暂由本单位财务会计部门保管(　　)，期满之后，由财务会计部门编造清册移交本单位的档案部门保管。

A. 1 年　　B. 3 年

C. 5 年　　D. 10 年

(二) 多项选择题

1. 下列不能作为记账依据的是(　　)。

A. 购料申请表　　B. 购销合同
C. 银行对账单　　D. 债权债务对账单
2. 关于会计账簿的意义,下列说法正确的有(　　)。
A. 会计账簿是会计信息形成的重要环节,是会计资料的重要组成部分
B. 会计账簿记录可以为编制会计报表提供资料
C. 会计账簿应当按照国家统一会计制度的规定和会计业务的需要设置
D. 会计账簿可以明确交易或事项经办人员的经济责任,加强岗位责任制
3. 任何单位都必须设置的账簿有(　　)。
A. 现金日记账　　B. 银行存款日记账
C. 总分类账　　D. 明细分类账
4. 账簿按其用途可以分为(　　)。
A. 订本账簿　　B. 活页账簿
C. 序时账簿　　D. 分类账簿
E. 备查账簿
5. 会计账簿按外形的不同,可分为(　　)。
A. 订本式账簿　　B. 活页式账簿
C. 卡片式账簿　　D. 三栏式账簿
6. 下列账户的明细账账页格式应采用多栏式的有(　　)。
A. 管理费用　　B. 库存商品
C. 生产成本　　D. 应付账款
7. 下列账户采用三栏式明细账的有(　　)。
A. 应收账款　　B. 库存商品
C. 实收资本　　D. 应付账款
8. 采用数量金额式明细账进行核算的科目有(　　)。
A. 原材料　　B. 库存商品
C. 生产成本　　D. 应付账款
9. 下列账簿,可采用多栏式账簿的有(　　)。
A. 总账　　B. 制造费用明细账
C. 营业外支出明细账　　D. 现金和银行存款日记账
10. 下列账簿必须采用订本式账簿的是(　　)。
A. 明细账　　B. 总账
C. 库存现金日记账　　D. 银行存款日记账
11. 订本式账簿的主要优点有(　　)。
A. 可以防止账页散失　　B. 可以灵活安排分工记账
C. 可以防止记账错误　　D. 可以防止任意抽换账页
12. 活页账的主要优点有(　　)。
A. 可以根据实际需要随时插入空白账页　　B. 可以防止账页散失
C. 可以防止记账错误　　D. 便于分工记账

13. 下列应设置备查账簿登记的事项有(　　)。
A. 固定资产卡片　B. 本单位已采购的材料
C. 临时租入的固定资产　D. 本单位受托加工材料
14. 下列属于序时账的有(　　)。
A. 普通日记账　B. 银行存款日记账
C. 明细分类账　D. 库存现金日记账
15. 库存现金日记账的登记依据有(　　)。
A. 现金收款凭证　B. 现金付款凭证
C. 银行收款凭证　D. 银行付款凭证
16. 登记库存现金日记账收入栏的依据有(　　)。
A. 累计凭证　B. 库存现金收款凭证
C. 转账凭证　D. 银行存款付款凭证
17. 登记银行存款日记账收入栏的依据有(　　)。
A. 银行存款收款凭证　B. 库存现金付款凭证
C. 转账凭证　D. 累计凭证
18. 库存现金日记账和银行存款日记账的登记要求主要包括(　　)。
A. 由出纳人员负责登记　B. 以审核无误的收付款凭证为依据
C. 逐日逐笔登记,最少每天登记一次　D. 必须逐日结出余额
19. 明细分类账的登记依据有(　　)。
A. 根据原始凭证登记　B. 根据汇总原始凭证登记
C. 根据记账凭证登记　D. 根据总分类账登记
20. 下列账簿中,可以跨年度连续使用的有(　　)。
A. 银行存款日记账　B. 应付账款明细账
C. 固定资产卡片账　D. 租入固定资产登记簿
21. 会计账簿的基本构成包括(　　)。
A. 封面　B. 扉页
C. 启用说明　D. 账页
22. 在会计账簿扉页上填列的内容包括(　　)。
A. 账簿页数　B. 记账人员
C. 账户名称　D. 启用日期
23. 会计账簿中每张账页上的主要内容有(　　)。
A. 账户的名称　B. 据以记账的凭证种类和号数栏
C. 记账日期栏　D. 摘要栏与金额栏
24. 会计账簿登记规则包括(　　)。
A. 记账必须有依据
B. 按页次顺序连续记账
C. 账簿记载的内容应与记账凭证一致,不得随便增减
D. 结清余额

25. 登记账簿的基本要求包括(　　)。

A. 根据审核无误的会计凭证登记账簿

B. 用蓝黑和碳素墨水书写,不得用圆珠笔或铅笔书写

C. 不得用红色墨水记账

D. 按顺序连续登记,不得跳行、隔页

26. 在会计处理中可使用红色墨水的情况有(　　)等。

A. 在不设借贷的多栏式账页中,登记减少数

B. 更正用错会计科目的记账凭证

C. 更正会计科目正确,多记金额的记账凭证

D. 进行年结、月结时划结账线

27. 账簿记录发生错误时,应根据错账的具体情况,按规定的方法进行更正,不得(　　)。

A. 涂改　　B. 挖补

C. 用退色药水消除字迹　　D. 撕去错页重新抄写

28. 下列各项方法属于更正错账方法的是(　　)。

A. 划线更正　　B. 补充登记

C. 平行登记　　D. 红字更正

29. 下列情况可以使用红字更正法的是(　　)。

A. 记账凭证中所记金额大于原始凭证中的应记金额,且已入账

B. 记账凭证中所记金额小于原始凭证中的应记金额,且已入账

C. 记账凭证中的应借、应贷科目错误,且已入账

D. 记账凭证中的应借、应贷金额错误,且已入账

30. 可用于更正因记账凭证错误而导致账簿记录错误的方法有(　　)。

A. 划线更正法　　B. 差数核对法

C. 红字更正法　　D. 补充登记法

31. 用划线更正法更正错误时(　　)。

A. 应用红笔划线,并将错误数字全部划销

B. 用蓝笔在错误数字上方写上正确数字

C. 用红笔在错误数字上方写上正确数字

D. 由更正人员在更正处盖章以示负责

32. 收回货款 2 500 元存入银行,记账凭证的记录为:借记“银行存款”2 580,贷记“其他应收款”2 580 并已登记入账。更正时需要作的会计分录包括(　　)。

A. 用蓝字金额借记“银行存款”账户 80 元,贷记“其他应收款”账户 80 元

B. 用红字金金额借记“银行存款”账户 80 元,贷记“其他应收款”账户 80 元

C. 用红字金额借记“银行存款”账户 2 580 元,贷记“其他应收款”账户 2 580 元

D. 用蓝字金额借记“银行存款”账户 2 500 元,贷记“应收账款”账户 2 500 元

33. 下列各种工作的错误,应当用红字更正法予以更正的是(　　)。

A. 在登记账簿将 256 元误记为 265 元,记账凭证正确无误

B. 在填制记账凭证时，误将“应收账款”科目填为“应付账款”，并已登记入账。

C. 在填制记账凭证时，误将 3 000 元填作 300 元，尚未入账

D. 记账凭证中的借贷方向用错，并已入账

34. 对账的内容包括（　　）。

A. 账实核对　　B. 账证核对

C. 账账核对　　D. 账表核对

35. 下列各项属于对账内容的是（　　）。

A. 明细账与总账核对　　B. 库存商品明细账与实物核对

C. 往来账与业务合同核对　　D. 记账凭证与原始凭证核对

36. 总账与明细账之间的核对主要包括（　　）。

A. 总账账户期初借方余额与所属明细账户期初借方余额之和核对相等

B. 总账账户期初贷方余额与所属明细账户期初贷方余额之和核对相等

C. 总账账户期末借方余额与所属明细账户期末借方余额之和核对相等

D. 总账账户期末贷方余额与所属明细账户期末贷方余额之和核对相等

37. 账实核对的主要内容包括（　　）。

A. 现金日记账账面余额与现金实际库存数核对

B. 银行存款日记账账面余额与银行对账单余额核对

C. 财产物资明细账账面结存数与财产物资实存数核对

D. 各种应收款项明细账账面余额与有关债务单位或个人核对

38. 期末需要结账的账户包括（　　）。

A. 资产账户　　B. 负债账户

C. 所有者权益账户　　D. 损益账户

39. 结账时，正确的做法有（　　）。

A. 结出当月发生额的，在“本月合计”下面通栏划单红线

B. 结出本年累计发生额的，在“本年累计”下面通栏划单红线

C. 12 月末，结出全年累计发生额的，在下面通栏划单红线

D. 12 月末，结出全年累计发生额的，在下面通栏划双红线

40. 下列结账方法正确的是（　　）。

A. 对不于不需要按月结计发生额的账户，每月最后一笔余额即为月末余额。月末结账时，只需要在最后一笔经济业务记录之下通栏划单红线

B. 结账时，“全年累计”发生额通栏划双红线

C. 在年终结账时，在“本年合计”栏下通栏划双红线

D. 现金、银行存款日记账，每月结账时，在摘要栏注明“本月合计”字样，并在下面通栏划双红线

（三）判断题

1. 会计账簿的记录是编制会计报表的前提和依据，也是检查、分析和控制单位经济活动的重要依据。（　　）

2. 各单位不得违反会计法和国家统一会计制度的规定私设会计账簿。（　）

3. 设置和登记账簿是保证财产物资安全完整的重要手段。（　）

4. 订本式账簿是指为防止抽换账页,而在使用后的期末将若干账页固定装订成册的账簿。（　）

5. 序时账簿中,用来登记全部经济业务的发生情况的账簿称普通日记账。（　）

6. 使用活页式账页,应按账户顺序编号,并定期装订成册。已装订成册的活页账,应按实际使用的账页顺序编写页数。（　）

7. 活页式账簿便于账页的重新排列和记账人员的分工,但账页容易散失和被随意抽换。（　）

8. 在我国,单位一般只对原材料的明细核算采用卡片账。（　）

9. 活页账无论是在账簿登记完毕之前还是之后,账页都不固定装订在一起,而是装在活页账夹中。（　）

10. 各种日记账、总账及资本、债权债务明细账都可采用三栏式账簿。（　）

11. 总分类账一般采用订本账;明细分类账一般采用活页账。（　）

12. 企业的日记账应逐日逐笔顺序登记,而总账既可以逐笔登记,也可以汇总登记。（　）

13. 现金日记账和银行存款日记账必须采用订本式账簿,但企业可以用银行对账单代替日记账。（　）

14. 使用订本账时,要为每一账户预留若干空白账页。（　）

15. 为了能既总括又详细地反映财产物资的增减变动和结存情况,有关财产物资的总账和明细账,都应登记财产物资收、发、结存的数量和金额。（　）

16. 登记各种明细分类账是根据原始凭证、汇总原始凭证和记账凭证等进行的。（　）

17. 会计账簿登记中,如果不慎发生隔页,应立即将空页撕掉,并更改页码。（　）

18. 登记账簿时,发生空行、空页一定要补充书写,不得注销。（　）

19. 启用会计账簿时,应当在账簿封面上写明单位名称和账簿名称,并在账簿扉页上附启用表。（　）

20. 主要账簿中不予登记或登记不详细的经济业务,可以在备查账簿中予以登记。（　）

21. 登记账簿要用蓝、黑墨水书写,不得使用圆珠笔或铅笔书写。（　）

22. 当记账人员工作变动时,应办理好账簿移交手续,在账簿扉页的交接记录内填写交接日期和交接人员姓名并签章。（　）

23. 在会计核算中,红笔一般只在画线、改错、冲账和表示负数金额时使用。（　）

24. 红色墨水可在写摘要时使用。（　）

25. 如果账簿记录发生错误,则应根据错误的具体情况,采用规定的方法予以更正,不得涂改、挖补、刮擦或用褪色药水更改字迹。（　）

26. 发现由于记账凭证少记了金额而导致账簿中少记金额时,可以不填制记账凭证,而直接在账簿中补记少记的金额。（　）

27. 由于记账凭证中用错了会计科目而造成凭证、账簿均发生错误,应采用划线更正法更正。 ( )

28. 补充登记法适用于记账后,发现记账凭证应借、应贷的账户对应关系正确,但所记金额小于应记金额的情况。 ( )

29. 账簿记录正确但并不一定保证账实相符。 ( )

30. 对账,就是核对账目,即各种会计账簿之间相对应记录进行核对。 ( )

31. 对账的主要内容包括账证核对、账账核对,不包括账实核对和账表核对。 ( )

32. 结账之前,如果发现账簿中所记的文字或数字错误,而记账凭证并没有错,应采用划线更正法进行更正。 ( )

33. 结账时划"结账线"的目的,是为了突出本期发生额合计数及期末余额,表示本会计期间的会计记录已经截止或者结束,并将本期与下期的会计记录明显分开。 ( )

34. 办理月结,应在各账户最后一笔记录下面划一条通栏红线,在红线下计算出本月发生额及余额,并在摘要栏注明"本月合计"或"本月发生额及余额"字样,然后在下面再划一条蓝线。 ( )

35. 年结时,应在"总计"行下划单红线,表示本年度记账结束,即封账。 ( )

36. 年终更换新账时,新旧账簿有关账户之间的转记金额,应该编制记账凭证。 ( )

37. 为了明确划分各会计年度的界限,年度终了,各种会计账簿都应更换新账。 ( )

38. 年终结账时有余额的账户,其余额结转下年的方法是:将余额直接计入下一会计年度新建会计账簿同一账户的第一行余额栏内,并在摘要栏注明"上年结转"字样。 ( )

39. 企业年度结账后,更换下来的账簿,可暂由本单位财务会计部门保管一年,期满后原则上应由财会部门移交本单位档案部门保管。 ( )

40. 每年年初,除了少数明细账不必更换新账外,总账、日记账和大部分明细账,都必须更换新账。 ( )

41. 备查账簿不必每年更换新账,可以连续使用。 ( )

(四)账务处理

目的:练习错账的更正方法。

资料:东方公司 2015 年 8 月发生以下错账。

(1)8 日,管理人员张一出差,预借差旅费 1 000 元,用现金支付,原记账凭证的会计分录为:

借:管理费用　　1 000
　贷:库存现金　　1 000

并已登记入账。

(2)18 日,用银行存款支付前欠 A 公司货款 11 700 元,原记账凭证会计分录为:

借:应付账款——A 公司　　11 700
　贷:银行存款　　11 700

会计人员在登记“应付账款”账户时，将“11 700”元误写为“1 170”元。

(3)30 日，企业计算本月应交所得税 34 000 元，原记账凭证会计分录为：

借：所得税费用　　3 400

　贷：应交税费　　3 400

并已登记入账。

(4)开出转账支票一张 200 元，支付管理部门零星开支。原凭证为：

借：管理费用　　200

　贷：库存现金　　200

并已登记入账。

(5)用现金支付管理部门零星购置费 78 元。原记账凭证为：

借：管理费用　　78

　贷：库存现金　　78

记账时现金付出栏记录为 87 元。

(6)结转本月实际完工产品的生产成本 49 000 元。原记账凭证的会计分录为：

借：库存商品　　94 000

　贷：生产成本　　94 000

(7)计提本月公司固定资产折旧费 4 100 元。原记账凭证的会计分录为：

借：管理费用　　1 400

　贷：预提费用　　1 400

要求：判断上列各经济业务的账务处理是否有误，如有错误则应采用何种方法进行更正，并加以更正。

第七章　账务处理程序

一、重点与难点

本章重点在于记账凭证、汇总记账凭证、科目汇总表账务处理程序的特点、适用范围及优缺点。

本章知识要点如下：

(1)账务处理程序，也称会计核算组织程序或会计核算形式，是指在会计核算中，以账簿体系为核心，把会计凭证组织、会计账簿组织、记账程序和记账方法相结合进行财务处理的方式。

(2)记账凭证账务处理程序指经济业务事项发生后，根据不加以汇总的记账凭证直接登记总账的一种账务处理程序。它是最基本的一种账务处理程序，是其他各种会计核算程序产生和演变的基础。其显著特征是在会计核算工作中直接根据记账凭证逐笔登记总分类账。

(3)汇总记账凭证账务处理程序是根据原始凭证或原始凭证汇总表编制记账凭证，定期根据记账凭证分类编制汇总收款凭证、汇总付款凭证和汇总转账凭证，再根据汇总记账凭证登记总分类账的一种账务处理程序。其主要持点是先根据记账凭证定期汇总编制汇总记账凭证，期末再根据汇总记账凭证登记总账。

(4)科目汇总表账务处理程序，是根据记账凭证定期编制科目汇总表，并依据科目汇总表登记总账的会计核算形式。其显著特点是根据记账凭证定期编制科目汇总表，然后根据科目汇总表登记总分类账。

二、知识拓展

会计实务：实践中的账务处理内容与程序

每月月末和月初是会计最为忙碌、最为重要的时间，一个月的工作结果都要在这几天进行归集，还要编制报表和进行纳税申报。现以增值税一般纳税人为例，列举每月会计应该注意的工作重点。

(一)计算增值税税额

1. 积极核对销售业务，尽快填开销项发票，确定当月销项税额

销售是企业日常工作的重点，是企业经营的核心。销售发票是财务记账、确定业务发生的合法凭据，因此企业在发生销售业务时应尽快给对方开具发票，确定当月销售

情况。

一个业务从合同签订,到公司发货、对方验收确认、发票填开是需要一段时间的,这段时间又因为客户业务规模的大小、业务往来的频率、各公司验收程序的不同存在差异。有时销售企业甚至不能自主确定开票时间,只能根据客户的需要开票,与税法规定的开票要求不符。

作为企业的财务人员,特别是负责税务工作的人员,必须对企业日常销售业务的处理相当明确,熟悉主要客户的开票要求,能够在满足客户要求的同时,又不耽误本公司正常的工作处理。为了更好地协调双方的工作,会计人员应当在每月 20 号左右就开始核实当月开票税额,将应该开具发票的业务尽早完成,通常企业在每月结束前 3 天(甚至是前 5 天)就会停止填开发票。因此企业若是需要对方给其开具发票应尽快联系,不要拖到月底再同对方交涉。

2. 认真核对当月进项发票,保证发票及时认证,确定当月进项税额

通常商品要比发票提前到达企业,企业在收好货物的同时还应确认发票的开具情况,在规定时间未收到发票时应与对方联系,索要发票。

进项发票只有通过税务机关认证审核通过之后,方能抵扣税额。目前专用发票认证一般是通过网上远程认证系统自行认证,未在单位自行认证的应去税务机关或中介机构代理认证。因此企业会计应在规定时间内及时办理认证,确定当月进项税额。

一个企业每月进项发票较多时,通常不会在一个月内全部认证,而是有选择地认证部分发票。发票认证时主要考虑三个因素:第一,当月缴纳税金金额。在税务机关规定税负范围上下计算当月税金。第二,考虑会计存货和成本处理。有些商品当月购入当月销售,这些发票应该在当月认证,否则将导致账面库存为负数;生产企业成本计算需要原材料,若当月生产领用材料发票未进行认证处理,将会降低产品成本。第三,发票是否将要到期。按照税法要求,发票自填开之日起 180 日内(不同类别的发票有效期限略有不同)进行认证。因此企业在认证发票时应认真查看当月进项发票情况,先将快要到期的发票进行认证。

3. 控制销项开票税额,调控进项发票税额,做好税款计算与缴纳

增值税一般纳税企业缴纳的主要税种就是增值税,增值税的计算通常是用当月销项税额减去当月进项税额和上月留存的未抵扣进项税额。增值税计算较为简单,但是控制起来非常复杂,企业要同时考虑到当月销项开票情况和进项发票到达、认证情况,还要考虑税务机关对企业的税负要求。

税务机关为了控制企业增值税的缴纳情况,根据不同类型的企业制定了相应的税负,即全年应该缴纳的增值税金额。防止企业通过非法操作少缴纳增值税。企业通常是将缴纳的增值税金额控制在税负标准线附近,有时还会略微低于税负标准。各地税负标准不一,执行力度也存在差异,企业应根据当地情况认真执行。

税务机关的税负标准是指企业全年完成的税务要求,企业个别月份缴纳税金金额低于或高于税负标准都是正常的。但是个别企业负责人在处理时往往比较“认真”,通过多种途径将每月增值税的缴纳金额都控制在税负标准线上,这样处理是没必要的。

(二)计提地税税金

按照税法要求,企业在计算缴纳增值税的同时,还应计提缴纳部分地税税金,主要包括城市维护建设税和教育费附加,多数地区已开始计提地方教育费附加。企业应在月末计提,月初申报缴纳,取得完税凭证冲销计提金额。会计人员应当在每月20号左右就开始核实当月开票税额,将应该开具发票的业务尽早完成,通常企业在每月结束前3天或5天就会停止填开发票,这些计提的税金属于企业费用,因此企业在估算当月利润时,也应考虑这些数据。

(三)其他税种计算及缴纳

正常月份,企业只需考虑计算增值税及计提的地税税金,但个别月份,如季度、年末结束应计算缴纳所得税,还要根据税务机关要求按季度或半年缴纳印花税、房产税、土地使用税等。

1. 所得税

所得税一般是按季预缴,年终汇算清缴。会计在季度结束月份进行账务处理时应全面考虑该季度各月份的经营情况,在做账之前估算该季度应缴纳所得税金额,不足之处及时调整。

所得税征收和计算方法较多,会计应根据企业所得税的征收方式,处理企业的收入与费用单据的比例。所得税也应在季度结束月份计提,次月纳税申报取得完税凭证后冲减计提金额。

2. 按季度或半年缴纳的税种处理

有些税种通常不是按月份计算的,如印花税中的购销合同通常是按季度缴纳;房产税、土地使用税一般是按半年缴纳,具体缴纳月份由当地税务机关规定。会计在进入企业后应首先确定企业日常主要申报税种和具体申报时间,在申报月份按时申报,足额缴纳税金。

3. 特殊税种单独处理

有些税种如车辆购置税、车船税、契税、土地增值税,平时一般不需会遇到,因此也不要特别在意,只要在实际发生时,确定缴纳和申报方法后认真处理即可。

(四)做账资料准备

1. 现金、银行存款明细核对

货币资金是企业最容易出现问题的资产,因此企业每月都应认真核对每笔款项的进出记录。月底打出银行对账单同企业银行明细账认真核对往来,对存在出入的地方及时处理,确保银行账务明确。

在工作实务中,多数企业的银行账务都存在出入,不能与实际业务相吻合,有时因为处理不当导致月底银行账面余额出现负数,所以每月结账前的银行核对是很必要的,以便发现问题及时处理。

归集当月所有费用单据和费用项目,确定账面有足够现金能够支付,防止账面现金余额出现负数。

2. 业务往来核对

将本月入账进项和销项发票仔细核对,确定每张发票的结算方式,是现金结算的应索要收据证明,是银行结算的应取得对应的银行结算凭据,是往来挂账的应"对号入座"认真入账。

3. 存货成本核算

每月做账前最好将上月底账面库存商品的名称、单价、金额详细列出,结合当月销售发票和进项发票的开票信息,计算入账后账面存货成本变动对利润的影响,不要盲目地认证发票和领用存货,导致账面库存出现负数或成本变动浮动太大,影响当期利润。

根据当月销售情况,及时收集存货出入库单据,计算产品成本或销售成本,估算当月利润。

(五)编制凭证

同一企业日常业务内容比较固定,所以凭证编制内容变化不大,会计只要按照固定模式逐一编制凭证即可。企业的业务凭证主要有以下几类。

1. 取得完税凭证并入账

每月月初企业成功申报后,可去银行打印完税凭证,不能在银行打印完税凭证的应去税务机关打印。取得凭证后及时入账,冲减上月计提税金或直接计入当月费用(如印花税等不需要预先计提的税金,在取得时直接计入费用)。

2. 业务发票处理

将当月填开和取得的发票分类入账,按照发票的性质分别通过存货、现金、银行存款、往来账户、应交税费及费用科目进行核算。将全部专用发票入账后,查看进项税额和销项税额明细账的金额合计,与当月防伪税控开票系统统计的金额及网上认证返回的认证金额是否一致,然后计算当月缴纳税金金额。

3. 费用类发票处理

做好内部单据报销制度,规定报销时间,及时收集公司员工手中的费用单据,将其归类入账。认真查看费用单据是否合法,未取得合法凭据的费用是无法得到税务机关的认可的。平时还应做好费用入账金额控制,对类似招待费、广告费等存在抵扣限额规定的费用科目,应及时核对发生金额,对超过抵扣标准的费用应减少其入账金额。

4. 成本计算及入账处理

对生产性企业,应做好内部单据传递规定,将公司发生的所有与生产有关的内部单据及时有效地传递到财务手中,进行成本核算,确保成本计算的准确。及时编制制造费用归集、分配凭证,生产成本归集、分配凭证,产品入库凭证及销售成本结转凭证。

5. 做好费用计提及摊销

做好每月固定发生的计提业务,如固定资产计提折旧、无形资产摊销、水电费计提、工资计提及以工资为基数计提的福利费、教育经费、工会经费等,做到不漏提也不多提;对存在需要摊销的费用,如开办费、材料成本差异等每月摊销的费用,及时做好摊销分配凭证。

6. 归集损益类科目,结转本年利润

将所有单据入账后应认真归集当月损益类科目发生金额,将其分类转入“本年利润”科目,查看当月利润实现情况。

(六)纳税申报

前面所做的工作基本是为纳税申报准备的,因为企业只有进行了纳税申报,税务机关才能对企业进行税款征收,而传统意义上的会计报表只是记录企业经营状况的报表,不是税务机关征收税款的依据,企业应根据申报的不同税种填制和申报对应的纳税申报表。

企业应根据自身的经营性质确定纳税税种,并根据当地税务机关要求的申报方式按时进行申报。纳税申报成功后应及时打印完税凭证,取得完税凭证后,一个月的会计工作才算结束。

资料来源:根据百度百科“会计全套账务处理完整版”和最新法规更新整理。

三、同步练习

(一)单项选择题

1. 在会计核算中填制和审核会计凭证、根据会计凭证登记账簿、根据账簿记录编制会计报表,这几个过程及三者的结合方式称为(　　)。

A. 会计凭证传递　　B. 会计账簿组织

C. 会计工作组织　　D. 账务处理程序

2. 为了提高会计核算工作效率,保证会计核算工作质量,有效地组织会计核算,应科学合理地选择适用于本单位的(　　)。

A. 会计凭证传递　　B. 会计账簿组织

C. 会计工作组织　　D. 财务处理程序

3. 在下列账务处理程序中,最基本的是(　　)。

A. 日记总账账务处理程序　　B. 记账凭证账务处理程序

C. 科目汇总表账务处理程序　　D. 汇总记账凭证账务处理程序

4. 直接根据记账凭证逐笔登记总分类账,这种账务处理程序是(　　)。

A. 记账凭证账务处理程序　　B. 科目汇总表账务处理程序

C. 汇总记账凭证账务处理程序　　D. 日记总账账务处理程序

5. 在记账凭证账务处理程序下,根据(　　)登记总分类账。

A. 原始凭证　　B. 记账凭证

C. 科目汇总表　　D. 汇总记账凭证

6. 适用于收、付款业务较多,且规模较小的单位的账务处理程序有(　　)。

A. 记账凭证　　B. 汇总记账凭证

C. 多栏式日记账　　D. 总账

7. 记账凭证账务处理程序一般适用于(　　)。

A. 规模较大，经济业务比较复杂的业务
B. 规模不大但经济业务比较复杂的企业
C. 规模不大，经济业务比较简单的企业
D. 工业企业

8. 汇总转账凭证是指按(　　)分别设置，用来汇总一定时期内转账业务的一种汇总记账凭证。

A. 转账凭证中每一借方科目　　B. 转账凭证中每一贷方科目
C. 记账凭证中每一借方科目　　D. 记账凭证中每一贷方科目

9. 在汇总记账凭证账务处理中，登记总账的直接依据是(　　)。

A. 付款凭证　　B. 汇总记账凭证
C. 记账凭证　　D. 收款凭证

10. 在汇总记账凭证账务处理程序下，记账凭证和账簿的设置与记账凭证账务处理程序基本相同，但要另外设置(　　)。

A. 原始凭证汇总表　　B. 记账凭证汇总表
C. 日记总账　　D. 汇总记账凭证

11. 既能汇总登记总分类账，减轻总账登记工作，又能明确反映账户对应关系，便于查账、对账的账务处理程序是(　　)。

A. 科目汇总表账务处理程序　　B. 汇总记账凭证账务处理程序
C. 多栏式日记账账务处理程序　　D. 日记总账账务处理程序

12. 汇总记账凭证账务处理程序的缺点在于(　　)。

A. 总分类账的登记工作量相对较小　　B. 便于会计核算的日常分工
C. 便于了解账户的对应关系　　D. 编制汇总转账凭证的工作量较大

13. 下列各项中，(　　)不属于汇总记账凭证账务处理程序步骤。

A. 根据原始凭证编制汇总原始凭证
B. 根据各种记账凭证编制有关汇总记账凭证
C. 根据各种汇总记账凭证登记总分类账
D. 根据各种记账凭证编制科目汇总表

14. 汇总收款凭证是按科目的(　　)进行设置的。

A. 借方　　B. 贷方
C. 借方或贷方　　D. 借方和贷方

15. 科目汇总表汇总编制的直接根据是(　　)。

A. 原始凭证　　B. 汇总原始凭证
C. 记账凭证　　D. 汇总记账凭证

16. 根据科目汇总表登记总分类账，在能够进行发生额试算平衡的同时也起到了(　　)的作用。

A. 简化报表的编制
B. 简化明细分类账工作
C. 清晰反映科目之间的对应关系

D. 简化登记总分类账工作

17. 科目汇总表与汇总记账凭证的共同特点是(　　)。

A. 保持科目之间的对应关系　　B. 简化总分类账登记工作

C. 进行发生额试算平衡　　D. 总括反映同类经济业务

18. 科目汇总表账务处理程序适用于(　　)。

A. 规模较小,业务较少的单位　　B. 所有单位

C. 规模较大,业务较多的单位　　D. 工业企业

19. 科目汇总表账务处理程序的缺点是(　　)。

A. 登记总分类账的工作量大　　B. 程序复杂,不易掌握

C. 不能对发生额进行试算平衡　　D. 不便于查账、对账

20. 会计凭证方面,科目汇总表账务处理程序与记账凭证账务处理程序相比增设了(　　)。

A. 原始凭证汇总表　　B. 汇总原始凭证

C. 科目汇总表　　D. 汇总记账凭证

21. 不能反映各科目的对应关系,不便于分析和检查经济业务的来龙去脉,不便于查对账目的是(　　)。

A. 记账凭证账务处理程序　　B. 汇总记账凭证账务处理程序

C. 日记总账账务处理程序　　D. 科目汇总表账务处理程序

22. 科目汇总表的汇总范围是(　　)。

A. 全部科目的借方余额　　B. 全部的贷方余额

C. 全部科目的借、贷方发生额　　D. 全部科目的借、贷方余额

23. 各种账务处理程序的区别主要在于(　　)。

A. 填制记账凭证的依据不同　　B. 登记明细账的依据和方法不同

C. 登记总分类账的依据和程序不同　　D. 编制会计报表的依据和方法不同

(二) 多项选择题

1. 账务处理程序是指(　　)结合的方式。

A. 会计报表　　B. 会计账簿

C. 会计凭证　　D. 原始凭证

2. 总分类账登记的依据有(　　)。

A. 记账凭证　　B. 明细账

C. 科目汇总表　　D. 汇总记账凭证

3. 目前常用的账务处理程序有(　　)。

A. 记账凭证账务处理程序　　B. 汇总记账凭证账务处理程序

C. 科目汇总表账务处理程序　　D. 明细分类账账务处理程序

4. 可以简化登记总账工作量的账务处理程序有(　　)。

A. 记账凭证账务处理程序　　B. 科目汇总表账务处理程序

C. 日记总账账务处理程序　　D. 汇总记账凭证账务处理程序

5. 记账凭证账务处理程序下，应设置（　　）。

A. 收款、付款和转账凭证或通用记账凭证　B. 科目汇总表或汇总记账凭证

C. 现金和银行存款日记账　D. 总分类账和若干明细分类账

6. 有关记账凭证账务处理程序的说法正确的是（　　）。

A. 缺点是登记总分类账的工作量较大

B. 优点是简单明了，易于理解

C. 适用于规模较小、经济业务量较少的单位

D. 能进行试算平衡

7. 记账凭证账处理程序适用于（　　）的单位。

A. 规模较大　B. 规模较小

C. 凭证不多　D. 所用会计科目较多

8. 以记账凭证为依据，按有关账户的贷方设置，按借方账户归类的有（　　）。

A. 汇总记账凭证　B. 汇总转账凭证

C. 汇总付款凭证　D. 科目汇总表

9. 汇总记账凭证一般分为（　　）。

A. 汇总收款凭证　B. 汇总付款凭证

C. 原始凭证汇总表　D. 汇总转账凭证

10. 汇总记账凭证账务处理程序的优点包括（　　）。

A. 减轻了登记总分类账的工作量

B. 便于了解账户之间的对应关系

C. 不利于会计核算的日常分工

D. 主要适用于规模较大、经济业务较多的单位

11. 有关汇总记账凭证账务处理程序说法正确的有（　　）。

A. 减轻了登记总分类账的工作量

B. 便于了解账户之间的对应关系

C. 不利于会计核算的日常分工

D. 主要适用于规模较大、经济业务较多的单位

12. 对于汇总记账凭证账务处理程序，下列说法错误的有（　　）。

A. 登记总账的工作量大

B. 不能体现账户之间的对应关系

C. 明细账与总账无法核对

D. 当转账凭证较多时，汇总转账凭证的编制工作量较大

13. 在科目汇总表账务处理程序下，应设置（　　）等。

A. 收款、付款和转账凭证或通用记账凭证

B. 科目汇总表

C. 现金和银行存款日记账

D. 总分类账和若干明细分类账

14. 有关科目汇总表账务处理程序，下列说法正确的有（　　）。

A. 减少登记总分类账的工作量

B. 可以做到试算平衡

C. 不能反映账户之间的对应关系，不便于查核账目

D. 是最简单的账务处理程序

15. 科目汇总表应填写的内容有(　　)。

A. 会计科目　　B. 账页

C. 本期借方发生额　　D. 本期贷方发生额

16. 科目汇总表账务处理程序的缺点是(　　)。

A. 不能做到试算平衡　　B. 不能反映账户对应关系

C. 不便于查账　　D. 使用烦琐

17. 在科目汇总表账务处理程序下，月末应将(　　)与总分类账进行核对。

A. 现金日记账　　B. 明细分类账

C. 银行存款日记账　　D. 备查账

18. 下列关于科目汇总表账务处理程序与汇总记账凭证账务处理程序共同之处的表述中，正确的有(　　)。

A. 都适用于规模较大、业务量较多的企业

B. 可以减少总分类账登记工作量

C. 可以保持会计科目之间对应关系

D. 可以进行发生额试算平衡

19. 生产规模较大、业务较多的企业可以采用(　　)。

A. 日记总账账务处理程序　　B. 记账凭证账务处理程序

C. 科目汇总表账务处理程序　　D. 汇总记账凭证账务处理程序

20. 各种账务处理程序的基本相同点有(　　)。

A. 根据原始凭证编制汇总原始凭证

B. 根据原始凭证或原始凭证汇总表编制记账凭证

C. 根据各种记账凭证和有关的原始凭证或原始凭证汇总表登记明细账

D. 根据总账和明细账的记录编制会计报表

(三)判断题

1. 账务处理程序也就是记账程序。(　　)

2. 企业提高会计核算质量，充分发挥会计工作效能的一个重要前提，就是选用适当的账务处理程序。(　　)

3. 各种账务处理程序的区别主要在于编制会计报表的依据和方法不同。(　　)

4. 账务处理程序不同，现金日记账、银行存款日记账的登账依据也不同。(　　)

5. 不同的会计凭证、会计账簿、记账程序和记账方法结合在一起，就会形成不同的账务处理程序。(　　)

6. 会计凭证、会计账簿、会计报表之间的结合方式不同，形成了不同的账务处理程序。(　　)

7. 无论采用哪种账务处理程序,现金日记账和银行存款日记账都必须采用三栏式。 (　)

8. 在不同的账务处理程序下,各种账务处理程序的根本区别在于会计报表的编制依据不同。 (　)

9. 不同账务处理程序之间的主要区别在于登记总分类账的依据和方法不同。 (　)

10. 编制财务会计报告是企业账务处理程序的组成部分。 (　)

11. 同一会计单位,由于采用不同的账务处理程序,其最终的核算结果应该不同。 (　)

12. 由于各企业的业务性质、规模大小、业务繁简程度不同,所以其采用的账务处理程序也就有所不同。 (　)

13. 记账凭证账务处理程序是各种账务处理程序中最基本的一种账务处理程序。 (　)

14. 记账凭证账务处理程序是其他账务处理程序的基础。 (　)

15. 采用记账凭证账务处理程序,登记账簿的工作量大,适用于规模较大、经济业务较复杂的企业。 (　)

16. 记账凭证账务处理程序适用于规模较小、经济业务量较少的单位。 (　)

17. 汇总收款凭证根据收款凭证,分别按"库存现金"和"银行存款"科目的借方设置,汇总付款凭证根据付款凭证,分别按"库存现金"和"银行存款"科目的贷方设置,汇总转账凭证一般根据每一贷方科目设置。 (　)

18. 汇总记账凭证账务处理程序的优点之一是汇总记账凭证反映了科目之间的对应关系。 (　)

19. 采用汇总记账凭证账务处理程序增加了填制汇总记账凭证的工作程序,增加了总账的登记工作量。 (　)

20. 在汇总记账凭证账务处理程序中,记账凭证除了分设收款凭证、付款凭证和转账凭证外,还应设置汇总收款凭证、汇总付款凭证、汇总转账凭证。 (　)

21. 科目汇总表账务处理程序以科目汇总表为依据直接登记总账和明细账。 (　)

22. 科目汇总表不仅能起到试算平衡作用,而且可以反映账户之间的对应关系。 (　)

23. 编制科目汇总表,虽然不能反映账户之间的对应关系,但可以起到试算平衡的作用。 (　)

24. 汇总记账凭证账务处理程序和科目汇总表账务处理程序都有利于简化总账的登记工作。 (　)

25. 科目汇总表账务处理程序的主要特点是定期汇总所有记账凭证编制汇总记账凭证,再根据汇总记账凭证登记总分类账。 (　)

第八章 财产清查

一、重点与难点

通过本章学习，重点掌握存货的盘存制度和实物财产盘点的方法、财产清查的内容和方法、财产清查结果的账务处理、银行存款余额调节表的编制方法等。本章的难点是如何对财产清查结果进行账务处理。

本章知识要点如下：

(1)财产清查，是指通过对各种财产物资、货币资金和往来款项的实地盘点、账项核对或查询，查明某一时期的实际结存数，并与账存数相核对，确定账实是否相符的一种会计核算方法。财产清查按照范围的不同可以分为全面清查和局部清查；按照时间的不同可以分为定期清查和不定期清查。

(2)财产物资的盘存制度有“永续盘存制”和“实地盘存制”两种。

永续盘存制，也称账面盘存制，是通过设置存货明细账，对日常发生的存货增加或减少，都必须根据会计凭证在账簿中进行连续登记，并随时在账面上结算各项存货的结存数，并定期与实际盘存数对比，进行存货管理的一种制度。永续盘存制有利于加强对存货的管理与控制，能够准确地核算产品的成本和费用。但永续盘存制下存货明细账的会计核算工作量较大。

实地盘存制，也称定期盘存制，是指平时只登记财产物资收入数，不登记财产物资发出数，会计期末通过对财产物资进行实地盘点确定其实际结存数量，并倒挤发出数量及发出金额的财产物资管理制度。实地盘存制的平时核算工作比较简单，工作量较小，但不利于存货的管理和控制，不利于企业正确核算成本、费用和利润。实地盘存制一般只适用于核算那些价值低、数量不稳定、损耗大的鲜活商品。

(3)财产清查的内容和方法，按照清查的具体内容不同可以分为三种情况：实物资产的清查方法、货币资金的清查方法和往来款项的清查方法。

实物资产的清查是专指对企业拥有的存货及固定资产进行的清查。存货清查通常采用实地盘点法和技术推算法。对于固定资产的清查：一是对存放在本企业的固定资产和融资租入的固定资产，可以采用实地盘点法进行；二是对存放在本企业外的出借、出租固定资产，可以采用函证核对方法进行。

货币资金的清查是指对库存现金、银行存款等进行的清查。库存现金清查的基本方法是实地盘点法。银行存款清查的基本方法是核对账目。

往来款项是指企业会计主体与其他单位和个人之间的各种应收账款、应付账款、预收账款和预付账款。往来账项的清查方法主要为函证核对法，即通过信件邮寄往来查询信息，进行直接核对，并编制对账单核对的方法。

(4)财产清查的结果，要按照规定的程序处理。通过设置“待处理财产损溢”账户对财产的盘盈盘亏进行会计处理。该账户借方登记发生的待处理财产盘亏及损毁数和结转已批准处理的财产盘盈数，其贷方登记发生的待处理财产盘盈数和结转已批准处理的财产盘亏及损毁数。该账户借方余额表示尚待批准处理的财产物资的净损失，贷方余额表示尚待批准处理的财产物资的净盈余。固定资产盘盈，不通过“待处理财产损溢”账户核算。“待处理财产损溢”科目属于过渡性资产类会计科目，但是不符合资产定义(不得列示在资产负债表中)，期末应做转出处理，转出后，本科目无余额。

二、知识拓展

(一)库存现金清查的账务处理

库存现金的清查中发现有待查明原因的现金短缺或溢余，应先通过“待处理财产损溢”科目核算。

现金溢余(长款)：

借：库存现金(实际溢余的金额)

　贷：待处理财产损溢

按管理权限经批准后：

借：待处理财产损溢

　贷：其他应付款(应支付给有关人员或单位的部分)

　　　营业外收入(无法查明原因的部分)

现金短缺(短款)：

借：待处理财产损溢

　贷：库存现金(实际短缺的金额)

按管理权限报经批准后：

借：其他应收款(应由责任人赔偿或保险公司赔偿的部分)

　　管理费用(无法查明原因的部分)

　贷：待处理财产损溢

(二)银行存款的清查步骤

(1)将本单位银行存款日记账与银行对账单，以结算凭证的种类、号码和金额为依据，逐日逐笔核对。凡双方都有记录的，用铅笔在金额旁打“√”。

(2)找出未达账项(即银行存款日记账和银行对账单中没有打“√”的款项)。

(3)将日记账和对账单的月末余额及找出的未达账项填入“银行存款余额调节表”，并计算出调整后的余额。

(4)将调整平衡的“银行存款余额调节表”，经主管会计签章后，呈报开户银行。

凡有几个银行户头及开设有外币存款户头的单位，应分别按存款户头开设“银行存款日记账”。每月月底，应分别将各户头的“银行存款日记账”与各户头的“银行对账单”

核对,并分别编制各户头的“银行存款余额调节表”。

(三)案例:材料仓库失火,不报损失,虚增利润

【案情】

某会计师事务所受托对××钢铁厂的存货进行审计,发现存在下列问题:

1. 年终经财产清查发现,原材料账实不符

该钢铁厂已经建立了完善的内部控制制度,在存货的管理中实行了采购人员、运输人员、保管人员等不同岗位分工负责的内部牵制制度,然而在实际操作中,由于三者合伙作弊,使内控制度失去了监督作用,该钢铁厂2002年根据生产需要每月需要购进各种型号的铁矿石1 000吨,货物自提自用。2002年7月,采购人员张某办理购货手续后,将发票提货联交由本企业汽车司机胡某负责运输,胡某在运输途中,一方面将600吨铁矿石卖给某企业,另一方面将剩余400吨铁矿石运送到本企业仓库,交保管员王某按1 000吨验收入库,三个人随即分得赃款。财会部门从发票、运单、入库单等各种原始凭证的手续上看,完全符合规定,照例如数付款。但是在进行年终财产清查时才发现账实不符的严重情况,只得将不足的原材料数量金额先做流动资产的盘亏处理,期末处理时,部分做管理费用处理,部分做营业外支出处理。该厂上述会计处理是否妥当?应当如何处理?

2. 毁损材料不报废,制造虚盈实亏

该钢铁厂2003年1月发生了一场火灾,材料损失达90万元。保险公司可以赔偿30万元。企业在预计全年收支情况后,可知如果列报材料损失,就会使利润下降更加严重。为保证利润指标的实现,该钢铁厂领导要求财会部门不列报毁损材料。该厂这样做的结果是什么?应当如何进行会计处理?

【评析】

(1)该企业将不足的原材料部分做管理费用处理,部分做营业外支出处理的做法是错误的。应该根据盘亏的数量查明原因,发现这是人为故意造成的损失,应该责令由三位责任人赔偿,会计处理上应计入“其他应收款”处理。如果触犯相关法律法规,还应该继续追究相关人员违法责任。

(2)这样做的结果是利润虚增,影响信息使用者的正确决策。应在90万元的基础上,扣除保险公司赔偿的30万元及材料的残值等项目,再计入“营业外支出”科目处理。

资料来源:豆丁网。

三、同步练习

(一)单项选择题

1. 财产清查的根本目的是( )。

A. 核对各账项之间是否相符　　B. 核对账实是否相符

C. 核对账证是否相符　　D. 核对账表是否相符

2. 全面清查和局部清查是按照( )来划分的。

A. 财产清查的范围　　B. 财产清查的时间

C. 财产清查的方法　　D. 财产清查的性质

3. 年终决算前进行的财产清查属于(　　)。

A. 局部清查和定期清查　　B. 全面清查和定期清查

C. 全面清查和不定期清查　　D. 局部清查和不定期清查

4. 一般来说,单位撤销、合并或改变隶属关系时,要进行(　　)。

A. 全面清查　　B. 局部清查

C. 实地盘点　　D. 定期清查

5. 下列情况下,(　　)企业无须对其财产进行全面清查。

A. 年终决算前　　B. 企业进行股份制改制前

C. 更换仓库保管员　　D. 企业破产

6. 清查范围小、时间短,涉及的人也少,但专业性较强的清查方式是(　　)。

A. 全面清查　　B. 局部清查

C. 定期清查　　D. 不定期清查

7. 企业在遭受自然灾害后,对其受损的财产物资进行的清查,属于(　　)。

A. 局部清查和定期清查　　B. 全面清查和定期清查

C. 全面清查和不定期清查　　D. 局部清查和不定期清查

8. 实物资产的盘存制度一般有(　　)两种。

A. 实地盘存制和核对账目法　　B. 实地盘存制和永续盘存制

C. 实地盘点法和技术推断盘点法　　D. 实地盘点法和账面盘存制

9. 在实际工作中被广泛采用的财产清查制度是(　　)。

A. 永续盘存制　　B. 实地盘存制

C. 盘存计耗制　　D. 盘存计销制

10. 永续盘存制下,平时对各项实物资产在账簿中的登记方法是(　　)。

A. 增加数减少数都不登记　　B. 只登记减少数,不登记增加数

C. 只登记增加数,不登记减少数　　D. 增加数和减少数都要登记

11. 财产清查的一般程序不包括(　　)。

A. 建立财产清查组织

B. 制订清查方案

C. 编制复查报告

D. 根据盘存清单,填制实物、往来账项清查结果报告表

12. 库存现金盘点应采用的方法是(　　)。

A. 实地盘点法　　B. 技术推算法

C. 核对账目法　　D. 询证法

13. 库存现金清查时,在盘点结束后,应根据盘点结果编制(　　)。

A. 盘存单　　B. 对账单

C. 实存账存对比表　　D. 库存现金盘点报告表

14. 关于库存现金的清查,下列说法不正确的是(　　)。

A. 在清查小组盘点现金时,出纳人员必须在场

B.“现金盘点报告表”需要清查人员和出纳人员共同签字盖章

C. 要根据“现金盘点报告表”进行账务处理

D. 不必根据“现金盘点报告表”进行账务处理

15. 银行存款的清查,就是将(　　)进行核对。

A. 银行存款日记账与分类账　　B. 银行存款总分类账与银行付款凭证

C. 银行存款日记账与银行对账单　　D. 银行存款日记账与银行收、付款凭证

16. 在企业和银行双方记账无误的情况下,银行存款日记账和银行对账单余额不符的原因是(　　)。

A. 应收账款　　B. 应收和应付账款

C. 待摊和预提费用　　D. 未达账项

17. 对往来款项进行清查,应该采用的方法是(　　)。

A. 技术推算法　　B. 与银行核对账目法

C. 实地盘存法　　D. 发函询证法

18. 对于大量成堆难以逐一盘点的实物资产,一般采用(　　)方法进行盘点。

A. 实地盘点法　　B. 抽样检查法

C. 询证核对法　　D. 技术推算法

19. 机器设备等固定资产采用的清查方法一般是(　　)。

A. 技术推算法　　B. 测量计算法

C. 逐一盘点法　　D. 抽样盘点法

20. 盘点实物资产应将各项财产物资的盘点结果登记在(　　)。

A. 盘存单　　B. 对账单

C. 实存账存对比表　　D. 库存现金盘点报告表

21. 下列资产中,需要从数量和质量两个方面进行清查的有(　　)。

A. 货币资金　　B. 原材料

C. 银行存款　　D. 应收账款

22. 下列记录可以作为调整账面数字的原始凭证的是(　　)。

A. 盘存单　　B. 实存账存对比表

C. 银行存款余额调节表　　D. 往来款项对账单

23. 下列说法正确的是(　　)。

A. 库存现金应该每日清点一次　　B. 银行存款每月至少同银行核对两次

C. 贵重物资每天应盘点一次　　D. 债权债务每年至少核对二、三次

24. 下列反映在待处理财产损溢科目借方的是(　　)。

A. 财产的盘亏数　　B. 财产的盘盈数

C. 财产盘亏的转销数　　D. 尚未处理的财产净溢余

25. 对于盘点发现的财产物资盘盈,应计入“待处理财产损溢”账户的(　　)。

A. 借方　　B. 贷方

C. 借方或贷方　　D. 不予反映

26. 对于财产清查结果处理的要求不包括(　　)。

A. 分析产生差异的原因和性质,提出处理建议
B. 向税务部门报告清查结果
C. 总结经验教训,建立健全各项规章制度
D. 及时调整账簿记录,保证账实相符

27. 无法查明原因的现金盘盈应该计入(　　)科目。

A. 管理费用　　B. 营业外收入
C. 销售费用　　D. 其他业务收入

28. 月末企业银行存款日记账余额为280 000元,银行对账单余额为190 000元,经过未达账项调节后的余额为170 000元。企业期末可以动用的银行存款金额为(　　)。

A. 280 000元　　B. 170 000元
C. 190 000元　　D. 180 000元

29. 编制银行存款余额调节表时,本单位银行存款调节后的余额等于(　　)。

A. 本单位银行存款余额+本单位已记增加而银行未记增加的账项-银行已记增加而本单位未记增加的账项
B. 本单位银行存款余额+银行已记增加而本单位未记增加的账项-银行已记减少而本单位未记减少的账项
C. 本单位银行存款余额+本单位已记增加而银行未记增加的账项-本单位已记增加而银行未记增加的账项
D. 本单位银行存款余额+银行已记减少而本单位未记减少的账项-银行已记增加而本单位未记增加的账项

30. 某公司2016年6月30日银行存款日记账的余额为100万元,经逐笔核对,未达账项如下:银行已收,企业未收的2万元;银行已付,企业未付的1.5万元。调整后的企业银行存款余额应为(　　)万元。

A. 100　　B. 100.5
C. 102　　D. 103.5

31. 某企业非正常损失材料100千克,单价为200元,购货增值税专用发票上注明的增值税为3 400元,在经批准前,以下账务处理正确的是(　　)。

A. 借:待处理财产损溢——待处理流动资产损溢　23 400
　　贷:原材料　23 400
B. 借:原材料　20 000
　　贷:待处理财产损溢——待处理流动资产损溢　20 000
C. 借:待处理财产损溢——待处理流动资产损溢　23 400
　　贷:原材料　20 000
　　　　应交税费——应交增值税(进项税额转出)　3 400
D. 借:待处理财产损溢——待处理流动资产损溢　23 400
　　贷:原材料　20 000
　　　　应交税费——应交增值税(销项税额)　3 400

32. 某企业仓库本期期末盘亏原材料,原因已经查明,属于自然损耗,经批准后,会计

人员应编制的会计分录为(　　)。

A. 借:待处理财产损溢

　　贷:原材料

B. 借:待处理财产损溢

　　贷:管理费用

C. 借:管理费用

　　贷:待处理财产损溢

D. 借:营业外支出

　　贷:待处理财产损溢

33. 某企业盘点中发现盘亏一台设备,原始价值50 000元,已计提折旧10 000元。根据事先签订的保险合同,保险公司应赔偿30 000元,则扣除保险公司赔偿后剩余的净损失10 000元应计入(　　)。

A. 累计折旧　　B. 营业外支出

C. 管理费用　　D. 资本公积

34. 盘亏的固定资产应该通过(　　)科目核算。

A. 固定资产清理　　B. 待处理财产损溢

C. 以前年度损益调整　　D. 材料成本差异

35. 盘盈的固定资产应该通过(　　)科目核算。

A. 固定资产清理　　B. 待处理财产损溢

C. 以前年度损益调整　　D. 材料成本差异

(二)多项选择题

1. 财产清查的意义包括(　　)。

A. 有利于提高会计核算资料的准确性

B. 有利于挖掘财产物资的潜力,加速资金周转

C. 有利于保障财产物资的安全完整

D. 有利于合理安排生产经营活动

2. 下列各项中,(　　)属于企业财产清查内容。

A. 货币资金　　B. 实物资产

C. 应收、应付款项　　D. 对外投资

3. 造成账实不符的原因主要有(　　)。

A. 财产物资的自然损耗　　B. 财产物资收发计量错误

C. 财产物资的毁损、被盗　　D. 会计账簿漏记、重记、错记

4. 全面清查是指对属于本单位和存放在本单位的所有财产物资、货币资金和各项债权债务等全部财产进行盘点和核对,其中财产物资包括(　　)。

A. 在本单位的所有固定资产、库存商品、原材料、包装物、低值易耗品、在产品、未完工程等

B. 属于本单位但在途中的各种在途物资

C. 委托其他单位加工、保管的材料物资

D. 存放在本单位的代销商品、材料物资等

5. 下列关于全面清查的说法中,正确的有(　　)。

A. 年终决算前,为了确保年终决算会计资料真实、正确,需进行一次全面清查

B. 单位成立、撤销、分立、合并或改变隶属关系,需进行全面清查

C. 开展清查核资,需要进行全面清查

D. 单位财务负责人调离工作,需要进行全面清查

6. 下列情况适用于全面清查的有(　　)。

A. 年终决算前　　B. 单位撤销、合并或改变隶属关系前

C. 全面清产核资、资产评估　　D. 单位主要负责人调离工作前

7. 在(　　)情况下,应进行不定期清查。

A. 发生非常损失　　B. 更换出纳员

C. 会计主体发生改变　　D. 清点库存现金

8. 定期清查的时间一般是(　　)。

A. 年末　　B. 单位合并

C. 月末　　D. 季末

9. 出纳人员每天工作结束前都要将库存现金日记账结清并与库存现金实存数核对,这种清查属于(　　)。

A. 全面清查　　B. 局部清查

C. 定期清查　　D. 不定期清查

10. 下列属于财产清查一般程序的有(　　)。

A. 建立财产清查小组　　B. 组织清查人员学习有关政策规定

C. 制定清查方案　　D. 填制盘存单和清查报告表

11. 下列可用作原始凭证,调整账簿记录的有(　　)。

A. 实存账存对比表　　B. 未达账项登记表

C. 现金盘点报告表　　D. 银行存款余额调节表

12. 下列各项中,企业进行局部财产清查时,正确的做法有(　　)。

A. 库存现金每月清点一次

B. 银行存款每月至少同银行核对一次

C. 贵重物品每月盘点一次

D. 债权债务每年至少核对一至两次

13. 关于库存现金的清查,下列说法正确的有(　　)。

A. 库存现金应该每日清点一次

B. 库存现金应该采用实地盘点法

C. 在清查过程中可以用借条、收据充抵库存现金

D. 要根据盘点结果编制"现金盘点报告表"

14. 现金清查的内容主要包括(　　)。

A. 是否有未达账项　　B. 是否有白条顶库

C. 是否超限额留存现金　　D. 往来款项是否相符

15. 库存现金盘亏的账务处理中可能涉及的科目有(　　)。

A. 库存现金　　B. 管理费用

C. 其他应收款　　D. 营业外支出

16. 银行存款的清查,需将(　　)相互进行逐笔核对。

A. 银行存款总账　　B. 银行对账单

C. 银行存款日记账　　D. 支票登记表

17. 银行存款的清查步骤有(　　)。

A. 将本单位银行存款日记账与银行对账单逐日逐笔核对,凡双方都有记录的,用铅笔在金额旁打"√"

B. 找出未标记"√"的未达账项

C. 将日记账和对账单的月末余额及未达账项填入"银行存款余额调节表",计算调整后的余额

D. 调整平衡的"银行存款余额调节表",经主管会计签章后,呈报开户银行

18. 关于银行存款的清查,下列说法正确的是(　　)。

A. 不需要根据"银行存款余额调节表"进行任何账务处理

B. 对于未达账项,等以后有关原始凭证到达后再进行账务处理

C. 如果调整之后双方的余额不相等,则说明银行或企业记账有误

D. 调节后的余额相等,表示企业可以实际动用的银行存款数额

19. "银行存款余额调节表"是(　　)。

A. 原始凭证　　B. 调节账面记录的原始依据

C. 只起到对账作用　　D. 用于检查企业与银行账目的差错

20. 产生未达账项的情况有(　　)。

A. 企业已收款入账,而银行尚未收款入账

B. 企业已付款入账,而银行尚未付款入账

C. 银行已收款入账,而企业尚未收款入账

D. 银行已付款入账,而企业尚未付款入账

21. 编制"银行存款余额调节表"时,应调整银行对账单余额的业务是(　　)。

A. 企业已收,银行未收　　B. 企业已付,银行未付

C. 银行已收,企业未收　　D. 银行已付,企业未付

22. 下列项目中属于调增项目的是(　　)。

A. 企业已收,银行未收　　B. 企业已付,银行未付

C. 银行已收,企业未收　　D. 银行已付,企业未付

23. 银行存款日记账余额与银行对账单余额不一致,原因可能有(　　)。

A. 银行存款日记账记账有误

B. 银行记账有误

C. 存在未达账项

D. 存在企业与银行均未付的某一笔款项

24. 关于往来款项和库存现金的清查，下列说法正确的有（　　）。

A. 往来款项的清查一般采用实地盘点法

B. 往来款项的清查要按每一个经济往来单位填制“往来款项对账单”

C. 采用发函询证法，对方单位经过核对相符后，在回联单上加盖公章退回，表示已经核对

D. “现金盘点报告表”不能作为调整账簿记录的原始凭证，不能根据“现金盘点报告表”进行账务处理

25. 下列不适于采用实地盘点法清查的是（　　）。

A. 原材料　　B. 固定资产

C. 露天堆放的沙石　　D. 露天堆放的煤

26. 下列各项应在“待处理财产损溢”科目贷方登记的是（　　）。

A. 财产物资盘亏、毁损的金额

B. 财产物资盘盈的金额

C. 财产物资盘盈的转销额

D. 财产物资盘亏的转销额

27. 下列存货盘亏损失，报经批准后，可转做管理费用的有（　　）。

A. 保管中产生的定额内自然损耗　　B. 自然灾害所造成的毁损净损失

C. 管理不善所造成的毁损净损失　　D. 计量不准确所造成的短缺净损失

28. 财产清查中查明的各种财产物资的盘亏，根据不同的原因，报经审批后可能列入的账户有（　　）。

A. 营业外支出　　B. 其他应收款

C. 管理费用　　D. 营业外收入

29. 某机械制造企业在财产清查中，发现账外原材料一批，估计价值为 80 000 元，并按规定报经批准。会计机构对此应做的会计分录有（　　）。

A. 借：待处理财产损溢　80 000
　　贷：原材料　80 000

B. 借：待处理财产损溢　80 000
　　贷：营业外收入　80 000

C. 借：原材料　80 000
　　贷：待处理财产损溢　80 000

D. 借：待处理财产损溢　80 000
　　贷：管理费用　80 000

30. 对于盘亏、毁损的存货，经批准后进行账务处理时，可能涉及的借方账户是（　　）。

A. 其他应收款　　B. 营业外支出

C. 营业外收入　　D. 原材料

31. 某企业发现账外设备一台，该设备全新的市场价值为 5 000 元，经评估该设备六成新，下列账务处理中不正确的有（　　）。

A. 借:固定资产 3 000
　　贷:待处理财产损溢 3 000
B. 借:固定资产 5 000
　　贷:待处理财产损溢 3 000
　　　　累计折旧 2 000
C. 借:固定资产 3 000
　　贷:以前年度损益调整 3 000
D. 借:待处理财产损溢 3 000
　　贷:营业外收入 3 000

(三)判断题

1. 财产清查是通过对各项财产物资、货币资金和往来款项的盘点和核对,确定其实存数,并查明其实存数与账存数是否相符的一种专门方法,也是一种会计核算方法。( )

2. 财产清查既是会计核算的一种专门方法,又是财产物资管理的一项重要制度。( )

3. 永续盘存制的计算公式为:期初结存数 + 本期收入数 - 期末实存数 = 本期发出数。( )

4. 永续盘存制要求平时只根据会计凭证在账簿中登记财产物资的增加数,不登记减少数。( )

5. 造成账实不符的原因肯定是人为的。( )

6. 财产不定期清查可以是全面清查也可以是局部清查。( )

7. 全面清查一般为定期清查,临时清查一般为局部清查。( )

8. 企业单位主要领导人离任时,需要进行全面清查。( )

9. 更换财产和现金保管员时,应进行定期全面的财产清查。( )

10. 现金应该每月清查一次。( )

11. 库存现金的清查包括出纳人员每日的清点核对和清查小组定期和不定期的清查。( )

12. 在进行库存现金清查时,不仅要查明账实是否相符,而且还应检查有无白条抵充现金的情况。( )

13. 盘点现金时,出纳人员必须在场,以明确经济责任。( )

14. 现金清查中发现长款,如果无法查明原因,经批准应当冲减当期管理费用。( )

15. 企业在银行的实有存款应是银行对账单上列明的余额。( )

16. 银行对账单和银行存款余额调节表,可以作为原始凭证调节登记银行存款的日记账。( )

17. 未达账项是指由于存款单位和银行之间对于同一项业务,由于取得凭证的时间不同,导致记账时间不一致,而发生的一方已取得结算凭证而登记入账,但另一方由于尚

未取得结算凭证而尚未入账的款项。 ( )

18. 对于未达账项应编制银行存款余额调节表进行调节，同时将未达账项编制记账凭证调整入账。 ( )

19. 凡有几个银行户头及开设有外币存款户头的单位，应分别按存款户头开设“银行存款日记账”。每月月底，应分别将各户头的“银行存款日记账”汇总后与汇总的“银行对账单”核对，编制“银行存款余额调节表”。 ( )

20. 在进行实物清查时，实物保管人员与清查人员必须同时在场。 ( )

21. “账存实存对照表”是资产负债表的附表之一。 ( )

22. 非正常原因造成的存货盘亏损失经批准后应该计入营业外支出。 ( )

23. 对于存货的盘盈一般冲减管理费用，固定资产盘盈作为前期差错更正。 ( )

24. 对于财产清查结果，一般分审批前和审批后两步进行会计处理。 ( )

25. 财产清查中发现的盘盈、盘亏，在报经有关领导审批之前，会计无须编制分录，等相关管理机构批准后，再根据财产盘盈、盘亏的数字，编制会计分录。 ( )

26. “待处理财产损溢”账户是损益类账户。 ( )

27. “待处理财产损溢”科目的借方余额表示尚待批准处理的财产物资的盘亏及毁损。 ( )

28. 在财产清查中属于应由责任者个人赔偿的盘亏、损毁财产物资的数额，应计入“其他应付款”账户。 ( )

（四）账务处理

1. 账务处理一：练习银行存款余额调节表的编制方法

资料一：

美华公司 2014 年 9 月 20 日至月末的银行存款日记账所记录的经济业务如下。

(1)20 日，收到销货款转账支票 6 500 元；

(2)21 日，开出支票#0130，用以支付购入材料的货款 12 000 元；

(3)23 日，开出支票#0131，支付购料的运杂费 2 500 元；

(4)26 日，收到销货款转账支票 3 200 元；

(5)28 日，开出支票#0132，公司日常办公费用 4 800 元；

(6)30 日，开出支票#0133，用以支付下半年的房租 24 000 元；

(7)30 日，银行存款日记账的账面余额为 168 000 元。

银行对账单所列美华公司 9 月 20 日至月末的经济业务如下。

(1)20 日，结算美华公司的银行存款利息 1 523 元；

(2)22 日，收到销售款转账支票 6 500 元；

(3)23 日，收到美华公司开出的支票#0130，金额为 12 000 元；

(4)25 日，银行为美华公司代付水电费 2 900 元；

(5)26 日，收到美华司开出的支票#0131，金额为 2 500 元；

(6)29 日，为美华公司代收外地购货方汇来的货款 10 600 元；

(7)30 日，银行对账单的存款金额为 202 823 元。

要求:根据资料一,代美华公司完成表8.1银行存款余额调节表的编制。

表8.1 银行存款余额调节表

编制单位:美华公司　　2014年9月30日　　单位:元

项目	金额	项目	金额
企业银行存款日记账余额	(1)	银行对账单余额	(5)
加:银行已收企业未收的款项合计	(2)	加:企业已收银行未收的款项合计	(6)
减:银行已付企业未付的款项合计	(3)	减:企业已付银行未付的款项合计	(7)
调节后余额	(4)	调节后余额	(8)

资料二:

美华公司2014年10月末银行存款日记账的余额如下。

日期	摘要	金额
10月29日	因销售商品收到76#转账支票一张	7 600
10月29日	开出45#现金支票一张	3 500
10月30日	收到甲公司交来的112#转账支票一张	3 800
10月30日	开出105 #转账支票以支付货款	1 170
10月31日	开出106#转账支票支付明年报刊阅费	1 000
	月末余额	66 500

银行对账单的记录(假定银行记录无误)如下。

日期	摘要	金额
10月29日	支付45#现金支票	3 500
10月30日	收到76#转账支票	7 600
10月30日	收到托收的货款	25 000
10月30日	支付105#转账支票	11 700
10月31日	结转银行结算手续费工	320
	月末余额	77 850

要求:

(1)根据资料二,回答美华公司错账应采用何种方法更正,并进行更正;

(2)完成表8.2错账更正后的银行存款余额调节表的编制。

表8.2 银行存款余额调节表

编制单位:美华公司　　2014年10月31日　　单位:元

项目	金额	项目	金额
企业银行存款日记账余额	(1)	银行对账单余额	(5)
加:银行已收企业未收的款项合计	(2)	加:企业已收银行未收的款项合计	(6)
减:银行已付企业未付的款项合计	(3)	减:企业已付银行未付的款项合计	(7)
调节后余额	(4)	调节后余额	(8)

2. 账务处理二:练习财产清查结果的核算

要求:根据甲公司某年清查业务资料,编制审批前后的相关会计分录。

(1)甲公司在财产清查中盘盈 A 材料 1 000 千克,实际单位成本 60 元,经查属于材料收发计量方面的错误。

(2)甲公司在财产清查中发现盘亏 B 材料 500 千克,实际单位成本 200 元,经查属于一般经营损失。

(3)甲公司在财产清查中发现毁损 C 材料 300 千克,实际单位成本 100 元,经查属于材料保管员的过失造成的,按规定由其个人赔偿 20 000 元,残料已办理入库手续,价值 2 000元。

(4)甲公司因台风造成一批库存商品毁损,实际成本 70 000 元,根据保险责任范围及保险合同规定,应由保险公司赔偿 50 000 元。

(5)甲公司在财产清查过程中,发现一台未入账的设备,按同类或类似商品市场价格,减去按该项资产的新旧程度估计的价值损耗后的余额为 30 000 元。根据《企业会计准则第 28 号——会计政策、会计估计变更和差错更正》规定,该盘盈固定资产作为前期会计差错进行处理。假定甲公司适用的所得税税率为 25%,按净利润的 10% 计提法定盈余公积。

(6)甲公司进行财产清查时发现短缺一台笔记本电脑,原价为 10 000 元,已计提折旧 7 000 元。

3. 账务处理三:综合练习

2015 年 11 月 30 日,祁隆公司按照预定的清查计划,对货币资金、实物进行清查,详细情况如下。

(1)清查小组采用实地盘点法清查现金,在清查人员的监督下,出纳张某经手盘点出金额 32 000 元,清查人员审核相关凭证和账簿后,发现账簿记录的金额 30 000 元,账实不符的原因是出纳应支付职工许某差旅费 2000 元,该职工未领取。清查小组组长为李某,盘点人为王某。

(2)清查小组通过与开户银行转来的对账单进行银行存款核对,银行对账单余额为 350 000 元,而企业账上记录银行存款余额为 280 000 元。经查,差额是由于以下未达账项引起的:

①11 月 28 日,企业支付水电费,计 8 000 元,已开出支票并已编制会计凭证且登记入账,银行尚未处理。

②11 月 28 日,银行将借给企业的 130 000 元划入企业的存款账户,企业未收到入账通知。

③企业因开空头支票,被银行罚款 18 000 元。11 月 29 日,银行将款项从企业账户划出,企业尚未处理。

④11 月 29 日,企业收到转账支票一张,金额为 50 000 元,是上个月赊销的货款,企业已入账,但未将支票带去银行办理手续。

(3)清查小组采用实地盘点法确定了设备 Y 的实存数,发现账上多记了一台设备,账面原价为 28 000 元,已折旧 10 000 元。清查小组未查明原因。清查小组将盘点结果填制盘存单及实存账存对比表,相关人员已将处理意见(作为非常损失)报请领导批示,领导同意该处理方法。

要求:根据上述资料,完成表 8.3 和表 8.4 及会计分录。

(1)填制库存现金盘点报告表(表 8.3)。

表 8.3 库存现金盘点报告表

2015 年 11 月 30 日

实存金额/元	账存金额/元	对比结果(打"√")		备注(处理意见)
		溢余	短缺	
( )	( )	( )	( )	( )

负责人签章:李某　　　　盘点人签章:( )　　　　出纳人签章:( )

(2)填制银行存款余额调节表(表 8.4),在项目栏括号内填上相应的计算符号,在金额栏内填上相应的数字。

表 8.4 银行存款余额调节表

2015 年 11 月 30 日　　　　单位:元

项目	金额	项目	金额
企业银行存款日记账余额	( )	银行对账单余额	( )
( )银行已收,企业未收	( )	( )企业已收,银行未收	( )
( )银行已付,企业未付	( )	( )企业已付,银行未付	( )
调节后存款余额	( )	调节后存款余额	( )

(3)根据事项(3)的清查结果编制处理意见报批前和报批后的会计分录。

第九章　财务会计报告

一、重点与难点

通过本章学习,重点掌握财务报表不同标准下的分类,资产负债表的基本设计原理、格式构成及编制方法,编制利润表的意义,利润表的设计原理、格式构成及编制方法,现金流量表的编制原理等。难点是准确把握资产负债表的编制方法。

本章知识要点如下:

(1)财务报表是指企业对外提供的反映企业某一特定日期财务状况和某一会计期间经营成果、现金流量等会计信息的书面文件。企业对外提供的财务报表一般包括资产负债表、利润表、现金流量表和所有者权益变动表及附注等。财务报表的主要作用就是向财务报表使用者提供真实、公允的信息,用于落实和考核企业管理者经济责任的履行情况,并有助于包括所有者在内的财务报表使用者的经济决策。编制财务报表时应按照如下程序进行:清查资产、账项调整、核对账目、试算平衡、结账、编表。

(2)资产负债表是指反映企业在某一特定日期财务状况的财务报表。它反映企业在某一特定日期所拥有或控制的经济资源、所承担的现时义务和所有者对净资产的要求权。它根据"资产 = 负债 + 所有者权益"这一基本公式,按照一定的分类标准和一定的次序,把企业在某一特定日期的资产、负债和所有者权益项目予以适当排列编制而成。

(3)利润表是反映企业在一定会计期间的经营成果的会计报表。它根据"收入 - 费用 = 利润"这一平衡公式,依照一定的标准和次序,把企业一定时期内的收入、费用和利润项目予以适当排列编制而成。利润表的列报必须充分反映企业经营业绩的主要来源和构成,其各项目的填列主要以相关损益账户的发生额为依据,有助于使用者判断净利润的质量及其风险,有助于使用者预测净利润的持续性,从而做出正确的决策。

(4)现金流量表是反映企业一定会计期间现金和现金等价物流入和流出的会计报表。其编制基础是现金及现金等价物。现金流量分为经营活动产生的现金流量、投资活动产生的现金流量及筹资活动产生的现金流量。编制现金流量表可以使企业掌握现金流量的信息,搞好资金调度,提高资金使用效率,并使企业的投资者和债权人了解企业如何使用现金及提高以后获得现金的能力,更有利于准确预测企业未来的偿债能力和支付能力。

(5)所有者权益变动表是反映构成所有者权益各个组成部分当期的增减变动情况的报表。它应当全面反映企业一定时期所有者权益变动情况,不仅包括所有者权益总量的增减变动,还包括所有者权益增减变动的重要结构性信息,特别是要反映直接计入所有者权益的利得和损失,让报表使用者准确理解所有者权益增减变动的根源。所有者权益变动表在一定程度上体现了企业的综合收益。

(6)附注是指对在资产负债表、利润表、现金流量表和所有者权益变动表等报表中列示项目的文字描述或明细资料,以及对未能在这些报表中列示项目的说明等。它是企业财务报表不可缺少的组成部分。

二、知识拓展

(一)会计报表的审核

会计报表编制完毕后,应由单位会计机构负责人(或会计主管人员)进行审核。会计报表之间、会计报表各项目之间,各对应关系的数字应当相互一致,会计报表中本期与上期的有关数字,应当相互衔接。

会计报表、附注应按照会计法规的规定,对会计报表中需要说明的事项做出真实、完整、清楚的说明。

对外报送的财务会计报告的格式应当符合国家的有关规定,对外报送的财务会计报告应当由单位负责人和主管会计工作的负责人、会计机构负责人(会计主管人员)签名并盖章;设置总会计师的企业,还应由总会计师签名并盖章方可生效。财务会计报告要按照会计法规的规定及有关管理部门的要求,加具封面和封底并装订成册,由上述各有关负责人签名并盖章,最后加盖单位公章后方能对外报送。

(二)相关规定

《企业会计准则第 30 号——财务报表列报》

第一章 总 则

第一条 为了规范财务报表的列报,保证同一企业不同期间和同一期间不同企业的财务报表相互可比,根据《企业会计准则——基本准则》,制定本准则。

第二条 财务报表是对企业财务状况、经营成果和现金流量的结构性表述。财务报表至少应当包括下列组成部分:

(一)资产负债表;

(二)利润表;

(三)现金流量表;

(四)所有者权益(或股东权益,下同)变动表;

(五)附注。

财务报表上述组成部分具有同等的重要程度。

第三条 本准则适用于个别财务报表和合并财务报表,以及年度财务报表和中期财务报表,《企业会计准则第 32 号——中期财务报告》另有规定的除外。合并财务报表的编制和列报,还应遵循《企业会计准则第 33 号——合并财务报表》;现金流量表的编制和列报,还应遵循《企业会计准则第 31 号——现金流量表》;其他会计准则的特殊列报要求,适用其他相关会计准则。

第二章 基本要求

第四条 企业应当以持续经营为基础，根据实际发生的交易和事项，按照《企业会计准则——基本准则》和其他各项会计准则的规定进行确认和计量，在此基础上编制财务报表。企业不应以附注披露代替确认和计量，不恰当的确认和计量也不能通过充分披露相关会计政策而纠正。

如果按照各项会计准则规定披露的信息不足以让报表使用者了解特定交易或事项对企业财务状况和经营成果的影响时，企业还应当披露其他的必要信息。

第五条 在编制财务报表的过程中，企业管理层应当利用所有可获得信息来评价企业自报告期末起至少12个月的持续经营能力。

评价时需要考虑宏观政策风险、市场经营风险、企业目前或长期的盈利能力、偿债能力、财务弹性以及企业管理层改变经营政策的意向等因素。

评价结果表明对持续经营能力产生重大怀疑的，企业应当在附注中披露导致对持续经营能力产生重大怀疑的因素以及企业拟采取的改善措施。

第六条 企业如有近期获利经营的历史且有财务资源支持，则通常表明以持续经营为基础编制财务报表是合理的。

企业正式决定或被迫在当期或将在下一个会计期间进行清算或停止营业的，则表明以持续经营为基础编制财务报表不再合理。在这种情况下，企业应当采用其他基础编制财务报表，并在附注中声明财务报表未以持续经营为基础编制的事实、披露未以持续经营为基础编制的原因和财务报表的编制基础。

第七条 除现金流量表按照收付实现制原则编制外，企业应当按照权责发生制原则编制财务报表。

第八条 财务报表项目的列报应当在各个会计期间保持一致，不得随意变更，但下列情况除外：

（一）会计准则要求改变财务报表项目的列报。

（二）企业经营业务的性质发生重大变化或对企业经营影响较大的交易或事项发生后，变更财务报表项目的列报能够提供更可靠、更相关的会计信息。

第九条 性质或功能不同的项目，应当在财务报表中单独列报，但不具有重要性的项目除外。

性质或功能类似的项目，其所属类别具有重要性的，应当按其类别在财务报表中单独列报。某些项目的重要性程度不足以在资产负债表、利润表、现金流量表或所有者权益变动表中单独列示，但对附注却具有重要性，则应当在附注中单独披露。

第十条 重要性，是指在合理预期下，财务报表某项目的省略或错报会影响使用者据此做出经济决策的，该项目具有重要性。

重要性应当根据企业所处的具体环境，从项目的性质和金额两方面予以判断，且对各项目重要性的判断标准一经确定，不得随意变更。判断项目性质的重要性，应当考虑该项目在性质上是否属于企业日常活动、是否显著影响企业的财务状况、经营成果和现金流量等因素；判断项目金额大小的重要性，应当考虑该项目金额占资产总额、负债总额、所有者权益总额、营业收入总额、营业成本总额、净利润、综合收益总额等直接相关项目金额的比重或所属报表单列项目金额的比重。

第十一条 财务报表中的资产项目和负债项目的金额、收入项目和费用项目的金额、直接计入当期利润的利得项目和损失项目的金额不得相互抵销,但其他会计准则另有规定的除外。

一组类似交易形成的利得和损失应当以净额列示,但具有重要性的除外。

资产或负债项目按扣除备抵项目后的净额列示,不属于抵销。

非日常活动产生的利得和损失,以同一交易形成的收益扣减相关费用后的净额列示更能反映交易实质的,不属于抵销。

第十二条 当期财务报表的列报,至少应当提供所有列报项目上一个可比会计期间的比较数据,以及与理解当期财务报表相关的说明,但其他会计准则另有规定的除外。

根据本准则第八条的规定,财务报表的列报项目发生变更的,应当至少对可比期间的数据按照当期的列报要求进行调整,并在附注中披露调整的原因和性质,以及调整的各项目金额。对可比数据进行调整不切实可行的,应当在附注中披露不能调整的原因。

不切实可行,是指企业在做出所有合理努力后仍然无法采用某项会计准则规定。

第十三条 企业应当在财务报表的显著位置至少披露下列各项:

(一)编报企业的名称;

(二)资产负债表日或财务报表涵盖的会计期间;

(三)人民币金额单位;

(四)财务报表是合并财务报表的,应当予以标明。

第十四条 企业至少应当按年编制财务报表。年度财务报表涵盖的期间短于一年的,应当披露年度财务报表的涵盖期间、短于一年的原因以及报表数据不具可比性的事实。

第十五条 本准则规定在财务报表中单独列报的项目,应当单独列报。其他会计准则规定单独列报的项目,应当增加单独列报项目。

第三章 资产负债表

第十六条 资产和负债应当分别流动资产和非流动资产、流动负债和非流动负债列示。

金融企业等销售产品或提供服务不具有明显可识别营业周期的企业,其各项资产或负债按照流动性列示能够提供可靠且更相关信息的,可以按照其流动性顺序列示。从事多种经营的企业,其部分资产或负债按照流动和非流动列报、其他部分资产或负债按照流动性列示能够提供可靠且更相关信息的,可以采用混合的列报方式。

对于同时包含资产负债表日后一年内(含一年,下同)和一年之后预期将收回或清偿金额的资产和负债单列项目,企业应当披露超过一年后预期收回或清偿的金额。

第十七条 资产满足下列条件之一的,应当归类为流动资产:

(一)预计在一个正常营业周期中变现、出售或耗用;

(二)主要为交易目的而持有;

(三)预计在资产负债表日起一年内变现;

(四)自资产负债表日起一年内,交换其他资产或清偿负债的能力不受限制的现金或现金等价物。

正常营业周期，是指企业从购买用于加工的资产起至实现现金或现金等价物的期间。正常营业周期通常短于一年。因生产周期较长等导致正常营业周期长于一年的，尽管相关资产往往超过一年才变现、出售或耗用，仍应当划分为流动资产。正常营业周期不能确定的，应当以一年(12 个月)作为正常营业周期。

第十八条　流动资产以外的资产应当归类为非流动资产，并应按其性质分类列示。被划分为持有待售的非流动资产应当归类为流动资产。

第十九条　负债满足下列条件之一的，应当归类为流动负债：

(一)预计在一个正常营业周期中清偿。

(二)主要为交易目的而持有。

(三)自资产负债表日起一年内到期应予以清偿。

(四)企业无权自主地将清偿推迟至资产负债表日后一年以上。负债在其对手方选择的情况下可通过发行权益进行清偿的条款与负债的流动性划分无关。

企业对资产和负债进行流动性分类时，应当采用相同的正常营业周期。企业正常营业周期中的经营性负债项目即使在资产负债表日后超过一年才予清偿的，仍应当划分为流动负债。经营性负债项目包括应付账款、应付职工薪酬等，这些项目属于企业正常营业周期中使用的营运资金的一部分。

第二十条　流动负债以外的负债应当归类为非流动负债，并应当按其性质分类列示。被划分为持有待售的非流动负债应当归类为流动负债。

第二十一条　对于在资产负债表日起一年内到期的负债，企业有意图且有能力自主地将清偿义务展期至资产负债表日后一年以上的，应当归类为非流动负债；不能自主地将清偿义务展期的，即使在资产负债表日后、财务报告批准报出日前签订了重新安排清偿计划协议，该项负债仍应当归类为流动负债。

第二十二条　企业在资产负债表日或之前违反了长期借款协议，导致贷款人可随时要求清偿的负债，应当归类为流动负债。

贷款人在资产负债表日或之前同意提供在资产负债表日后一年以上的宽限期，在此期限内企业能够改正违约行为，且贷款人不能要求随时清偿的，该项负债应当归类为非流动负债。

其他长期负债存在类似情况的，比照上述第一款和第二款处理。

第二十三条　资产负债表中的资产类至少应当单独列示反映下列信息的项目：

(一)货币资金；

(二)以公允价值计量且其变动计入当期损益的金融资产；

(三)应收款项；

(四)预付款项；

(五)存货；

(六)被划分为持有待售的非流动资产及被划分为持有待售的处置组中的资产；

(七)可供出售金融资产；

(八)持有至到期投资；

(九)长期股权投资;

(十)投资性房地产;

(十一)固定资产;

(十二)生物资产;

(十三)无形资产;

(十四)递延所得税资产。

第二十四条 资产负债表中的资产类至少应当包括流动资产和非流动资产的合计项目,按照企业的经营性质不切实可行的除外。

第二十五条 资产负债表中的负债类至少应当单独列示反映下列信息的项目:

(一)短期借款;

(二)以公允价值计量且其变动计入当期损益的金融负债;

(三)应付款项;

(四)预收款项;

(五)应付职工薪酬;

(六)应交税费;

(七)被划分为持有待售的处置组中的负债;

(八)长期借款;

(九)应付债券;

(十)长期应付款;

(十一)预计负债;

(十二)递延所得税负债。

第二十六条 资产负债表中的负债类至少应当包括流动负债、非流动负债和负债的合计项目,按照企业的经营性质不切实可行的除外。

第二十七条 资产负债表中的所有者权益类至少应当单独列示反映下列信息的项目:

(一)实收资本(或股本,下同);

(二)资本公积;

(三)盈余公积;

(四)未分配利润。

在合并资产负债表中,应当在所有者权益类单独列示少数股东权益。

第二十八条 资产负债表中的所有者权益类应当包括所有者权益的合计项目。

第二十九条 资产负债表应当列示资产总计项目,负债和所有者权益总计项目。

第四章 利润表

第三十条 企业在利润表中应当对费用按照功能分类,分为从事经营业务发生的成本、管理费用、销售费用和财务费用等。

第三十一条 利润表至少应当单独列示反映下列信息的项目,但其他会计准则另有规定的除外:

(一)营业收入;

(二)营业成本；

(三)营业税金及附加；

(四)管理费用；

(五)销售费用；

(六)财务费用；

(七)投资收益；

(八)公允价值变动损益；

(九)资产减值损失；

(十)非流动资产处置损益；

(十一)所得税费用；

(十二)净利润；

(十三)其他综合收益各项目分别扣除所得税影响后的净额；

(十四)综合收益总额。

金融企业可以根据其特殊性列示利润表项目。

第三十二条　综合收益,是指企业在某一期间除与所有者以其所有者身份进行的交易之外的其他交易或事项所引起的所有者权益变动。综合收益总额项目反映净利润和其他综合收益扣除所得税影响后的净额相加后的合计金额。

第三十三条　其他综合收益,是指企业根据其他会计准则规定未在当期损益中确认的各项利得和损失。

其他综合收益项目应当根据其他相关会计准则的规定分为下列两类列报：

(一)以后会计期间不能重分类进损益的其他综合收益项目,主要包括重新计量设定受益计划净负债或净资产导致的变动、按照权益法核算的在被投资单位以后会计期间不能重分类进损益的其他综合收益中所享有的份额等；

(二)以后会计期间在满足规定条件时将重分类进损益的其他综合收益项目,主要包括按照权益法核算的在被投资单位以后会计期间在满足规定条件时将重分类进损益的其他综合收益中所享有的份额、可供出售金融资产公允价值变动形成的利得或损失、持有至到期投资重分类为可供出售金融资产形成的利得或损失、现金流量套期工具产生的利得或损失中属于有效套期的部分、外币财务报表折算差额等。

第三十四条　在合并利润表中,企业应当在净利润项目之下单独列示归属于母公司所有者的损益和归属于少数股东的损益,在综合收益总额项目之下单独列示归属于母公司所有者的综合收益总额和归属于少数股东的综合收益总额。

第五章　所有者权益变动表

第三十五条　所有者权益变动表应当反映构成所有者权益的各组成部分当期的增减变动情况。综合收益和与所有者(或股东,下同)的资本交易导致的所有者权益的变动,应当分别列示。

与所有者的资本交易,是指企业与所有者以其所有者身份进行的、导致企业所有者权益变动的交易。

第三十六条　所有者权益变动表至少应当单独列示反映下列信息的项目：

（一）综合收益总额，在合并所有者权益变动表中还应单独列示归属于母公司所有者的综合收益总额和归属于少数股东的综合收益总额；

（二）会计政策变更和前期差错更正的累积影响金额；

（三）所有者投入资本和向所有者分配利润等；

（四）按照规定提取的盈余公积；

（五）所有者权益各组成部分的期初和期末余额及其调节情况。

第六章 附 注

第三十七条 附注是对在资产负债表、利润表、现金流量表和所有者权益变动表等报表中列示项目的文字描述或明细资料，以及对未能在这些报表中列示项目的说明等。

第三十八条 附注应当披露财务报表的编制基础，相关信息应当与资产负债表、利润表、现金流量表和所有者权益变动表等报表中列示的项目相互参照。

第三十九条 附注一般应当按照下列顺序至少披露：

（一）企业的基本情况。

1. 企业注册地、组织形式和总部地址；

2. 企业的业务性质和主要经营活动；

3. 母公司以及集团最终母公司的名称；

4. 财务报告的批准报出者和财务报告批准报出日，或者以签字人及其签字日期为准；

5. 营业期限有限的企业，还应当披露有关其营业期限的信息。

（二）财务报表的编制基础。

（三）遵循企业会计准则的声明。

企业应当声明编制的财务报表符合企业会计准则的要求，真实、完整地反映了企业的财务状况、经营成果和现金流量等有关信息。

（四）重要会计政策和会计估计。

重要会计政策的说明，包括财务报表项目的计量基础和在运用会计政策过程中所做的重要判断等。重要会计估计的说明，包括可能导致下一个会计期间内资产、负债账面价值重大调整的会计估计的确定依据等。

企业应当披露采用的重要会计政策和会计估计，并结合企业的具体实际披露其重要会计政策的确定依据和财务报表项目的计量基础，及其会计估计所采用的关键假设和不确定因素。

（五）会计政策和会计估计变更以及差错更正的说明。

企业应当按照《企业会计准则第 28 号——会计政策、会计估计变更和差错更正》的规定，披露会计政策和会计估计变更以及差错更正的情况。

（六）报表重要项目的说明。

企业应当按照资产负债表、利润表、现金流量表、所有者权益变动表及其项目列示的顺序，对报表重要项目的说明采用文字和数字描述相结合的方式进行披露。报表重要项目的明细金额合计，应当与报表项目金额相衔接。

企业应当在附注中披露费用按照性质分类的利润表补充资料，可将费用分为耗用的原材料、职工薪酬费用、折旧费用、摊销费用等。

（七）或有和承诺事项、资产负债表日后非调整事项、关联方关系及其交易等需要说明的事项。

（八）有助于财务报表使用者评价企业管理资本的目标、政策及程序的信息。

第四十条　企业应当在附注中披露下列关于其他综合收益各项目的信息：

（一）其他综合收益各项目及其所得税影响；

（二）其他综合收益各项目原计入其他综合收益、当期转出计入当期损益的金额；

（三）其他综合收益各项目的期初和期末余额及其调节情况。

第四十一条　企业应当在附注中披露终止经营的收入、费用、利润总额、所得税费用和净利润，以及归属于母公司所有者的终止经营利润。

第四十二条　终止经营，是指满足下列条件之一的已被企业处置或被企业划归为持有待售的、在经营和编制财务报表时能够单独区分的组成部分：

（一）该组成部分代表一项独立的主要业务或一个主要经营地区；

（二）该组成部分是拟对一项独立的主要业务或一个主要经营地区进行处置计划的一部分；

（三）该组成部分是仅仅为了再出售而取得的子公司。

同时满足下列条件的企业组成部分（或非流动资产，下同）应当确认为持有待售：该组成部分必须在其当前状况下仅根据出售此类组成部分的惯常条款即可立即出售；企业已经就处置该组成部分做出决议，如按规定需得到股东批准的，应当已经取得股东大会或相应权力机构的批准；企业已经与受让方签订了不可撤销的转让协议；该项转让将在一年内完成。

第四十三条　企业应当在附注中披露在资产负债表日后、财务报告批准报出日前提议或宣布发放的股利总额和每股股利金额（或向投资者分配的利润总额）。

第七章　衔接规定

第四十四条　在本准则施行日之前已经执行企业会计准则的企业，应当按照本准则调整财务报表的列报项目；涉及有关报表和附注比较数据的，也应当做相应调整，调整不切实可行的除外。

第八章　附　则

第四十五条　本准则自2014年7月1日起施行。

（三）案例：这样编制会计报表对吗

【案情】

华发先生在2004年6月成立的××实业股份有限公司中担任财务总监。在2005年1月25日召开的董事会上提交了资产负债表和利润表，董事会对于华发先生的工作非常不满意，主要批评他的地方有以下几点：(1)编制会计报表前没有编制工作底稿；(2)年底在编制会计报表前没有进行存货盘点；(3)会计报表的实际截止日是12月25日；(4)没有报表附注和财务状况说明书；(5)没有编制现金流量表；(6)利润表与资产负债表中的“未分配利润”数字不相符。华发先生非常不服气。你认为董事会对华发先生的批评是否都对？为什么？

【评析】

(1)编制工作底稿是会计资料由账簿向报表过渡的一项重要会计核算工作。为了避免差错，防止忙中出错，并能尽快了解本期的经营状况和经营成果，及时报送报表，可以先通过编制工作底稿的办法，把基本资料算出来，再根据工作底稿的资料编制调账、结账的会计分录，把账簿记录补齐。编制工作底稿，是检查账簿记录是否正确的一种方法。

(2)为了保证账实相符，年底在编制会计报表前必须进行财产清查，存货盘点是重点。

(3)会计报表的截止日应为12月31日，提前结账是不对的。

(4)附注是对在资产负债表、利润表、现金流量表和所有者权益变动表中列示项目的文字描述或明细资料，以及对未能在这些报表中列示项目的说明等。附注应当披露财务报表的编制基础，相关信息应当与资产负债表、利润表、现金流量表和所有者权益变动表等报表中列示的项目相互参照。

(5)现金流量表在对外披露时应该编制。

(6)根据企业会计制度的规定，资产负债表中的"未分配利润"项目反映企业期末尚未分配的利润数额。而：期末未分配利润＝期初未分配利润＋本期实现的净利润－本期分配的利润(含提取的各项盈余公积、分配的股息红利等)。因此，资产负债表中的期末未分配利润，并不能直接与利润表中的本期净利润核对相符，但是，与利润分配表中的期末未分配利润应当核对相符。

对于本期无利润分配业务的企业，资产负债表中期末期初未分配利润之差，与利润表本期净利润核对相符；同时，如果该企业期初未分配利润为零(如当期新办企业)，此时，资产负债表中期末未分配利润，方能与利润表本期净利润核对相符。即当企业在期初没有未分配利润，也没有未弥补亏损，并且当期未进行任何的利润分配业务(包括提取各项盈余公积、向股东分配股息红利等)时，资产负债表中的未分配利润项目才能与利润表本期净利润相等。由于华发先生所在的该公司于2004年6月刚刚成立，如果该公司2004年末未进行利润分配的话，那么该公司2004年末的资产负债表中的未分配利润应该和利润表中的净利润相等。

资料来源：本案例根据百度文库"初级会计学案例"整理。

三、同步练习

(一)单项选择题

1. 将零星分散的日常会计资料归纳整理为更集中、更系统、更概括的会计资料，以总括反映企业财务状况和经营成果的核算方法是(　　)。

A. 编制会计凭证　　B. 编制记账凭证

C. 编制会计报表　　D. 登记会计账薄

2. 外部信息使用者了解一个企业会计信息最主要的途径是(　　)。

A. 财务报告　　B. 会计账簿

C. 财产清查　　D. 会计凭证

3. 会计报表中项目的数字的直接来源是(　　)。

A. 原始凭证　　B. 记账凭证

C. 日记账　　D. 账簿记录

4. 下列报表中属于静态报表的(　　)。

A. 资产负债表　　B. 利润表

C. 现金流量表　　D. 利润分配表

5. (　　)是反映企业在一定时期内经营成果的会计报表。

A. 资产负债表　　B. 利润表

C. 会计报表　　D. 现金流量表

6. 资产负债表是反映企业财务状况的财务报告，它的时间特征是(　　)。

A. 某一特定的日期　　B. 一定时期内

C. 某一年份内　　D. 某一月份内

7. 资产负债表中资产的排列顺序是按(　　)。

A. 项目收益性　　B. 项目重要性

C. 项目流动性　　D. 项目时间性

8. 资产负债表中所有者权益的排列顺序是(　　)。

A. 未分配利润—盈余公积—资本公积—实收资本

B. 实收资本—资本公积—盈余公积—未分配利润

C. 实收资本—盈余公积—实收资本—未分配利润

D. 资本公积—盈余公积—未分配利润—实收资本

9. 下列项目中不属于流动资产的是(　　)。

A. 货币资金　　B. 应收账款

C. 预付账款　　D. 累计折旧

10. 下列项目中属于非流动负债项目的是(　　)。

A. 应付票据　　B. 长期借款

C. 应付股利　　D. 应付职工薪酬

11. 资产负债表中，货币资金项目根据(　　)填制。

A. 库存现金和银行存款期末余额汇总

B. 库存现金、银行存款和其他货币资金的期末余额汇总

C. 库存现金的期末余额

D. 银行存款的期末余额

12. 资产负债表中的“存货”项目，应根据(　　)。

A. “存货”科目的期末借方余额直接填列

B. “原材料”科目的期末借方余额直接填列

C. “原材料”“生产成本”和“库存商品”等科目的期末借方余额之和减去“存货跌价准备”等账户期末余额后的金额填列

D. “原材料”“工程物资”和“库存商品”等科目的期末借方余额之和填列

13. 2013年年末,某公司结账后部分科目余额如下:"在途物资"为2万元,"原材料"为10万元,"周转材料"为1万元,"库存商品"为20万元,"生产成本"为10万元,"委托代销商品"为10万元,"存货跌价准备"为1万元,"工程物资"为15万元。该企业2013年12月31日资产负债表中的"存货"项目金额为(　　)万元。

A. 50　　B. 52

C. 51　　D. 53

14. 企业持有一年内到期的持有至到期投资应在资产负债表的(　　)项目列示。

A. 其他非流动资产

B. 持有至到期投资

C. 流动资产类下单设"一年内到期的非流动资产"

D. 交易性金融资产

15. 资产负债表的下列项目中,需要根据几个总账科目的期末余额进行汇总填列的是(　　)。

A. 应付职工薪酬　　B. 短期借款

C. 货币资金　　D. 资本公积

16. "应收账款"科目所属明细科目如有贷方余额,应在资产负债表(　　)项目中反映。

A. 应收账款　　B. 预收账款

C. 预付账款　　D. 应付账款

17. 某企业"应付账款"明细账期末余额情况如下:应付甲企业贷方余额为200 000元,应付乙企业借方余额为180 000元,应付丙企业贷方余额为300 000元,假如该企业"预付账款"明细账均为借方余额,则根据以上数据计算的反映在资产负债表上"应付账款"项目的金额为(　　)元。

A. 680 000　　B. 320 000

C. 500 000　　D. 80 000

18. 资产负债表中,平时的未分配利润项目根据(　　)填列。

A. 企业所实现的利润

B. 企业的利润分配数

C. "本年利润"账户期末余额

D. "本年利润"和"利润分配"账户期末余额抵减后的差额

19. 公司年初未分配利润为100万元,本年净利润为1 000万元,按10%计提法定盈余公积,按5%计提任意盈余公积,宣告发放现金股利80万元,该企业期末未分配利润为(　　)万元。

A. 855　　B. 867

C. 870　　D. 874

20. 按照我国现行会计制度规定,企业编制资产负债表的时限是(　　)。

A. 月末　　B. 一个季

C. 半年　　D. 一年

21. 某公司经营第一年末时，应收账款账面余额为500 000元，当年计提的坏账准备共计80 000元，则年末资产负债表上所列示的“应收账款”为(　　)。

A. 500 000元　　B. 520 000元

C. 420 000元　　D. 580 000元

22. 下列对资产流动性描述正确的是(　　)。

A. 现金的流动性强于固定资产

B. 交易性金融资产的流动性强于银行存款

C. 固定资产的流动性强于存货

D. 应收账款的流动性强于货币资金

23. 资产负债表中，“应收账款”项目应填列的根据是(　　)。

A. “应收账款”总分类账户所属各明细分类账户的期末借方余额合计

B. “应收账款”和“应付账款”总分类账所属各明细分类账的期末借方余额合计

C. “应收账款”和“预收账款”总分类账所属各明细分类账的期末借方余额合计

D. “应收账款”和“预付账款”总分类账所属各明细分类账的期末余额合计

24. “累计折旧”项目在资产负债表上的列示是(　　)。

A. 列入流动资产类，作为固定资产的抵减项目

B. 列入固定资产类，作为固定资产的抵减项目

C. 列在流动负债类

D. 列在所有者权益类

25. 资产负债表“期末余额”栏各项数字，根据有关科目余额减去其备抵账户余额后净额列示的项目是(　　)。

A. 交易性金融资产　　B. 银行存款

C. 短期借款　　D. 长期股权投资

26. 不能通过资产负债表了解的会计信息是(　　)。

A. 企业固定资产的价值

B. 企业资金的来源渠道和构成

C. 企业所掌握的经济资源及其分布状况

D. 企业在一定时期内资金流入和流出的信息及现金增减变动的原因

27. 编制利润表所依据的会计等式是(　　)。

A. 收入 - 费用 = 利润

B. 资产 = 负债 + 所有者权益

C. 借方发生额 = 贷方发生额

D. 期初余额 + 本期借方发生额 - 本期贷方发生额 = 期末余额

28. 我国的利润表采用(　　)。

A. 单步式　　B. 多步式

C. 账户式　　D. 报告式

29. 多步式利润表中的利润总额是以(　　)为基础来计算的。

A. 营业收入　　B. 营业成本

C. 投资收益　　D. 营业利润

30. 可以反映企业某一特定日期财务状况的报表是(　　)。

A. 利润表　　B. 利润分配表

C. 资产负债表　　D. 现金流量表

31. 某公司本会计期间的主营业务收入为 1 700 万元,主营业务成本为 1 190 万元,税金及附加为 170 万元,销售费用为 110 万元,管理费用为 100 万元,财务费用为 19 万元,营业外收入为 16 万元,营业外支出为 25 万元,其他业务收入为 200 万元,其他业务成本为 100 万元,应交所得税按利润总额 25% 计算,其营业利润、利润总额、企业净利润分别为(　　)万元。

A. 111,232,174　　B. 211,202,151.5

C. 356,232,74　　D. 111,202,151.5

32. 利润表中的"净利润"是根据企业的利润总额扣除(　　)后的净额。

A. 所得税费用　　B. 盈余公积

C. 应付利润　　D. 营业利润

33. 现金流量表的编制基础是(　　)。

A. 现金　　B. 货币资金

C. 流动资金　　D. 现金流量

34. 根据《中华人民共和国会计法》的规定,单位负责人、主管会计工作的负责人、会计机构负责人在财务会计报告上的签章的下列做法中,符合规定的是(　　)。

A. 签名　　B. 盖章

C. 签名或盖章　　D. 签名并盖章

(二)多项选择题

1. 财务报告的目标是(　　)。

A. 向财务会计报告使用者提供与企业财务状况、经营成果和现金流量等有关的会计信息

B. 反映企业管理层受托责任履行情况

C. 有助于财务会计报告使用者做出经济决策

D. 提供内部管理所需的一切信息

2. 企业提供的财务会计报告的使用者有(　　)。

A. 投资者　　B. 债权人

C. 政府及相关机构　　D. 企业管理人员、职工和社会公众等

3. 根据《会计法》和《企业财务报告条例》规定,下列各项中,属于财务报告组成部分的有(　　)。

A. 会计报表　　B. 会计报表附注

C. 财务报告说明书　　D. 注册会计师出具的审核报告

4. 反映了企业财务和经营状况的核心信息,构成了企业对外报送的基本会计报表的是(　　)。

A. 资产负债表　B. 所有者权益变动表
C. 现金流量表　D. 利润表
5. 财务会计报告编制前的准备工作包括(　　)。
A. 全面清查资产、核实债务　B. 核对会计凭证和会计账簿
C. 结账　D. 检查相关会计核算的合规性
6. 会计报表的编制必须做到(　　)。
A. 数字真实　B. 计算准确
C. 内容完整　D. 编报及时
7. 下列关于会计报告的报出时间符合及时性要求规定的是(　　)。
A. 季度财务报告于季度终了 15 日内报出
B. 月度财务报告于月份终了 6 日内报出
C. 半年度财务报告于中期结束后 60 天内报出
D. 年度财务报告于年度终了后 4 个月内报出
8. 会计报表按编制的主体分,有(　　)。
A. 个别报表　B. 汇总报表
C. 合并报表　D. 内部报表
9. 按照《企业会计制度》规定,每月终了都需编制和报送的会计报表有(　　)。
A. 资产负债表　B. 利润表
C. 现金流量表　D. 报表附注
10. 下列有关资产负债表项目的填列,符合会计准则与会计制度规定的有(　　)。
A. 一年内到期的长期负债在流动负债项目下列示
B. 固定资产项目应以固定资产减去累计折旧再减去固定资产减值准备的净额列示
C. 应收账款项目所属明细有贷方余额,应在预收账款下列示
D. 应付账款科目所属明细有借方余额,应在预收账款下列示
11. 动态报表有(　　)。
A. 资产负债表　B. 利润表
C. 现金流量表　D. 利润分配表
12. 季度和月度的财务报告通常仅指会计报表,会计报表至少应当包括(　　)。
A. 资产负债表　B. 所有者权益变动表
C. 现金流量表　D. 利润表
13. 资产负债表的格式有(　　)。
A. 单步式　B. 报告式
C. 多步式　D. 账户式
14. 资产负债表(　　)。
A. 以"资产 = 负债 + 所有者权益"为基础
B. 反映企业财务状况变动
C. 反映企业静态财务状况
D. 是月报表

15. 资产负债表中“期末数”的来源是(　　)。

A. 总账余额　　B. 明细账余额

C. 会计凭证　　D. 备查登记账簿记录

16. 下列账户中,可能影响资产负债表中“预付款项”项目金额的有(　　)。

A. 预收账款　　B. 应收账款

C. 应付账款　　D. 预付账款

17. 下列资产项目中,属于流动资产项目的是(　　)。

A. 应收票据　　B. 长期股权投资

C. 制造费用　　D. 存货

18. 资产负债表中“预收款项”项目,应根据(　　)之和来填列。

A.“预收账款”明细科目的借方余额

B.“预收账款”明细科目的贷方余额

C.“应收账款”明细科目的借方余额

D.“应收账款”明细科目的贷方余额

19. 下列属于非流动负债的是(　　)。

A. 长期借款　　B. 应付债券

C. 应交税费　　D. 长期应付款

20. 下列在报表中属于所有者权益项目的是(　　)。

A. 实收资本　　B. 资本公积

C. 未分配利润　　D. 留存收益

21. 利润表的特点是(　　)。

A. 根据相关账户的本期发生额编制

B. 根据相关账户的期末余额编制

C. 属于静态报表

D. 属于动态报表

22. 利润表反映的内容包括(　　)。

A. 主营业务利润　　B. 营业利润

C. 利润总额　　D. 净利润

23. 下列各项中,影响营业利润的账户有(　　)。

A. 主营业务收入　　B. 其他业务成本

C. 营业外支出　　D. 税金及附加

24. 下列等式正确的有(　　)。

A. 营业利润 = 营业收入 - 营业成本 - 税金及附加 - 期间费用 - 资产减值损失 + 公允价值变动收益(- 公允价值变动损失) + 投资收益(- 投资损失)

B. 期间费用 = 管理费用 + 销售费用 + 财务费用

C. 利润总额 = 营业利润 + 营业外收入 - 营业外支出

D. 净利润 = 利润总额 - 所得税费用

25. 在利润表中,一般应列入“税金及附加”项目中的税金有(　　)。

A. 增值税　　B. 消费税

C. 城市维护建设税　　D. 资源税

26. 现金等价物的特点(　　)。

A. 期限短　　B. 流动性强

C. 易转换为已知金额的现金　　D. 价值变动风险小

(三)判断题

1. 会计报表按照编制单位不同,可以分为个别会计报表和合并会计报表。(　　)

2. 对内报送的会计报表是由主表、附表和会计报表附注组成的。(　　)

3. 我国《财务会计报告条例》规定,年度结账日为公历 12 月 31 日;半年度、季度、月度结账日分别为公历年度每半年、每季、每月的最后一天。(　　)

4. 对于企业集团,除了母公司编制个别会计报表外,还应当编制集团的合并会计报表。(　　)

5. 会计报表附注是财务会计报告的有机组成部分。(　　)

6. 会计报表的附表主要有资产减值准备明细表、利润分配表、股东权益增减变动表、分布表等,是对主要报表的必要补充。(　　)

7. 财务报表附注是对在资产负债表、利润表、所有者权益变动表和现金流量表等报表中列示项目的文字描述或明细资料,以及对未能在这些报表中列示项目的说明等。(　　)

8. 企业对会计记录进行试算平衡后,就可依据账簿记录编制各种会计报表。(　　)

9. 为了保证编报的及时性,企业可以先编制会计报表后结账。(　　)

10. 为了保证会计报表的及时性可能提前结账。(　　)

11. 企业在编制会计报表前,一般应该进行账证、账账、账实核对,并进行期末账项调整,以保证会计信息的可靠性。(　　)

12. 资产负债表属于静态报表,利润表属于动态报表。(　　)

13. 资产负债表中,资产的排列顺序是根据重要性原则确定的。(　　)

14. 资产负债表的格式有单步式和多步式。(　　)

15. 资产负债表中“期末数”栏内各项目金额指的是总账账户的期末余额。(　　)

16. 账户式资产负债表分左右两方,左方为资产项目,右方为负债及所有者权益项目。资产和负债一般按照流动性大小排列。(　　)

17. 资产负债表的格式主要有账户式和报告式两种,我国采用的是报告式,因此才出现财务会计报告一词。(　　)

18. 在我国,资产负债表的年初数栏内各项目数字,应根据上年年末资产负债表期末数栏内所列数字填写。(　　)

19. 资产负债表中“货币资金”项目反映企业库存现金、银行结算户存款、外埠存款、银行汇票存款和银行本票存款等货币资金的合计数,因此本项目应根据现金、银行存款账户的期末余额合计数填列。(　　)

20. 如果“应付职工薪酬”账户为借方余额,则应将其披露在资产负债表中资产方。(　　)

21. 利润表是反映企业在一定期间的经营成果的报表。 ( )

22. 企业年度利润表中"利润总额"项目应该和年末、年初净资产的差额相等。 ( )

23. 作为利润表编制基础的平衡公式是"收入 - 费用 = 利润"。 ( )

24. 目前国际上比较普遍的利润表的格式主要有多步式利润表和单步式利润表两种。为了简便明晰起见,我国企业采用的是单步式利润表格式。 ( )

25. 利润表的编制基础为权责发生制。 ( )

26. 利润表根据各账户的期末余额填列。 ( )

27. 营业利润是以主营业务利润为基础,加上其他业务利润,减去销售费用、管理费用和财务费用,再加上营业外收入减去营业外支出计算出来的。 ( )

28. 利润表中收入类项目大多是根据收入类账户期末结转前借方发生额减去贷方发生额后的差额填列,若差额为负数,则以" - "号填列。 ( )

29. 利润表中"主营业务成本"项目,反映企业销售产品和提供劳务等主要经营业务的各项销售费用和实际成本。 ( )

30. 通过利润表提供的不同时期的比较数字,可以分析企业的获利能力及利润的未来发展趋势,了解投资者投入资本的保值增值情况。 ( )

31. 现金流量表是时点报表。 ( )

32. 现金流量表中现金的概念与库存现金的概念是相同的。 ( )

33. 所有者权益变动表是静态报表。 ( )

(四)账务处理

1. 请根据中海公司 2015 年 4 月的余额试算平衡表(表 9.1)及补充资料,代中海公司完成资产负债表(表 9.2)的编制。

表 9.1 中海公司余额试算平衡表

2015 年 4 月 30 日

单位:元

会计科目	期末余额	
	借方	贷方
库存现金	740	
银行存款	168 300	
应收账款	85 460	
坏账准备		6 500
原材料	66 500	
库存商品	101 200	
存货跌价准备		1 200
固定资产	468 900	
累计折旧		3 350
固定资产清理		5 600

续表 9.1

会计科目	期末余额	
	借方	贷方
长期待摊费用	14 500	
应付账款		93 000
预收账款		10 000
长期借款		250 000
实收资本		500 000
盈余公积		4 500
利润分配		19 300
本年利润		12 150
合计	905 600	905 600

补充资料：

(1)应收账款有关明细账期末余额情况为：

应收账款——长城公司　借方余额　98 000

应收账款——海天公司　贷方余额　12 540

(2)长期待摊费用中含将于一年内摊销的金额 8 000 元。

(3)应付账款有关明细账期末余额情况为：

应付账款——白云公司　借方余额　5 000

应付账款——文创公司　贷方余额　98 000

(4)预收账款有关明细账期末余额情况为：

预收账款——方元公司　借方余额　2 000

预收账款——华裕公司　贷方余额　12 000

(5)长期借款期末余额中将于一年内到期归还的长期借款数为 100 000 元。

表 9.2　资产负债表(简表)

制表单位:中海公司　　2015 年 4 月 30 日　　单位:元

资产	期初数	期末数	负债及所有者权益	期初数	期末数
流动资产:	(略)		流动负债:	(略)	
货币资金		(1)	应付账款		(9)
应收账款		(2)	预收款项		(10)
预付款项		(3)	一年内到期的非流动负债		(11)
存货		(4)	流动负债合计		(12)
一年内到期的非流动资产		8 000	非流动负债:		
流动资产合计		(5)	长期借款		150 000

续表 9.2

资产	期初数	期末数	负债及所有者权益	期初数	期末数
非流动资产：			非流动负债合计		150 000
固定资产		(6)	负债合计		(13)
固定资产清理		-5600	所有者权益：		
长期待摊费用		(7)	实收资本		500 000
非流动资产合计		466 450	盈余公积		4 500
			未分配利润		(14)
			所有者权益合计		(15)
资产合计		(8)	负债及所有者权益总计		908 490

2. 海阔公司 2013 年 11 月有关账户发生额如表 9.3 所示，根据资料编制利润表(表 9.4，只填列本月数)。

表 9.3　海阔公司有关账户发生额汇总表

2013 年 11 月　　单位：元

账户名称	借方	贷方
主营业务收入		18 000
主营业务成本	6 500	
销售费用	1 200	
营业税金及附加	3 000	
其他业务收入		2 800
其他业务成本	800	
管理费用	1 200	
财务费用	800	
投资收益		1 200
营业外收入		1 000
营业外支出	1 500	
所得税费用	2 000	

表9.4　利润表(简表)

编制单位:海阔公司　　2013 年 11 月　　单位:元

项目	本月数	本年累计数
一、营业收入	略	
减:营业成本		
营业税金及附加		
销售费用		
管理费用		
财务费用		
资产减值损失		
加:公允价值变动收益		
投资收益		
二、营业利润(损失以“-”号填列)		
加:营业外收入		
减:营业外支出		
三、利润总额(损失以“-”号填列)		
减:所得税费用		
四、净利润(亏损以“-”号填列)		

第十章　会计法规体系和会计工作组织

一、重点与难点

通过本章学习，重点掌握我国会计法规体系的内容、会计基础工作规范的内容及会计档案的管理等。难点是准确把握我国会计规范体系及其内容。

本章知识要点如下：

(1)会计法规是国家规定的有关会计业务必须遵守的法律、法规。会计法规是规范会计工作的依据和标准，它以一定的会计理论为基础，以国家的强制力保证实施。我国企业会计法规体系是由《中华人民共和国会计法》为主法形成的一个比较完整的法规体系，主要包括会计法律、会计行政法规、会计规章制度等。

(2)我国会计准则是由财政部以部长令和通知的形式公布的。会计准则具有会计行政规章的法律效力，主要借助于国家的行政权力推行。

(3)会计机构是从事、组织和领导会计工作的职能部门。会计人员的任职资格是会计人员业务素质的基本规定。对不同层次的会计人员的任职资格要求不同。

(4)会计档案是指会计凭证、会计账簿和财务会计报告等会计核算专业材料，它是记录和反映单位经济业务的重要史料和证据。会计档案是会计事项的历史记录，是经济决策者进行决策的重要依据，同时也是进行会计检查的重要资料。会计档案还是国家档案的重要组成部分，是各个企事业单位的重要档案之一。《会计档案管理办法》建立了会计档案的立卷、归档、保管、查阅和销毁等管理制度，保证了企业会计档案的妥善保管、有序存放、方便查阅。

二、知识拓展

中华人民共和国会计法

第一章　总　　则

第一条　为了规范会计行为，保证会计资料真实、完整，加强经济管理和财务管理，提高经济效益，维护社会主义市场经济秩序，制定本法。

第二条　国家机关、社会团体、公司、企业、事业单位和其他组织(以下统称单位)必须依照本法办理会计事务。

第三条　各单位必须依法设置会计账簿，并保证其真实、完整。

第四条　单位负责人对本单位的会计工作和会计资料的真实性、完整性负责。

第五条　会计机构、会计人员依照本法规定进行会计核算，实行会计监督。

任何单位或者个人不得以任何方式授意、指使、强令会计机构、会计人员伪造、变造会计凭证、会计账簿和其他会计资料，提供虚假财务会计报告。

任何单位或者个人不得对依法履行职责、抵制违反本法规定行为的会计人员实行打击报复。

第六条 对认真执行本法，忠于职守，坚持原则，做出显著成绩的会计人员，给予精神的或者物质的奖励。

第七条 国务院财政部门主管全国的会计工作。

县级以上地方各级人民政府财政部门管理本行政区域内的会计工作。

第八条 国家实行统一的会计制度。国家统一的会计制度由国务院财政部门根据本法制定并公布。

国务院有关部门可以依照本法和国家统一的会计制度制定对会计核算和会计监督有特殊要求的行业实施国家统一的会计制度的具体办法或者补充规定，报国务院财政部门审核批准。

中国人民解放军总后勤部可以依照本法和国家统一的会计制度制定军队实施国家统一的会计制度的具体办法，报国务院财政部门备案。

第二章 会计核算

第九条 各单位必须根据实际发生的经济业务事项进行会计核算，填制会计凭证，登记会计账簿，编制财务会计报告。

任何单位不得以虚假的经济业务事项或者资料进行会计核算。

第十条 下列经济业务事项，应当办理会计手续，进行会计核算：

（一）款项和有价证券的收付；

（二）财物的收发、增减和使用；

（三）债权债务的发生和结算；

（四）资本、基金的增减；

（五）收入、支出、费用、成本的计算；

（六）财务成果的计算和处理；

（七）需要办理会计手续、进行会计核算的其他事项。

第十一条 会计年度自公历1月1日起至12月31日止。

第十二条 会计核算以人民币为记账本位币。

业务收支以人民币以外的货币为主的单位，可以选定其中一种货币作为记账本位币，但是编报的财务会计报告应当折算为人民币。

第十三条 会计凭证、会计账簿、财务会计报告和其他会计资料，必须符合国家统一的会计制度的规定。

使用电子计算机进行会计核算的，其软件及其生成的会计凭证、会计账簿、财务会计报告和其他会计资料，也必须符合国家统一的会计制度的规定。

任何单位和个人不得伪造、变造会计凭证、会计账簿及其他会计资料，不得提供虚假的财务会计报告。

第十四条 会计凭证包括原始凭证和记账凭证。

办理本法第十条所列的经济业务事项，必须填制或者取得原始凭证并及时送交会计机构。

会计机构、会计人员必须按照国家统一的会计制度的规定对原始凭证进行审核，对不真实、不合法的原始凭证有权不予接受，并向单位负责人报告；对记载不准确、不完整的原始凭证予以退回，并要求按照国家统一的会计制度的规定更正、补充。

原始凭证记载的各项内容均不得涂改；原始凭证有错误的，应当由出具单位重开或者更正，更正处应当加盖出具单位印章。原始凭证金额有错误的，应当由出具单位重开，不得在原始凭证上更正。

记账凭证应当根据经过审核的原始凭证及有关资料编制。

第十五条　会计账簿登记，必须以经过审核的会计凭证为依据，并符合有关法律、行政法规和国家统一的会计制度的规定。会计账簿包括总账、明细账、日记账和其他辅助性账簿。

会计账簿应当按照连续编号的页码顺序登记。会计账簿记录发生错误或者隔页、缺号、跳行的，应当按照国家统一的会计制度规定的方法更正，并由会计人员和会计机构负责人（会计主管人员）在更正处盖章。

使用电子计算机进行会计核算的，其会计账簿的登记、更正，应当符合国家统一的会计制度的规定。

第十六条　各单位发生的各项经济业务事项应当在依法设置的会计账簿上统一登记、核算，不得违反本法和国家统一的会计制度的规定私设会计账簿登记、核算。

第十七条　各单位应当定期将会计账簿记录与实物、款项及有关资料相互核对，保证会计账簿记录与实物及款项的实有数额相符、会计账簿记录与会计凭证的有关内容相符、会计账簿之间相对应的记录相符、会计账簿记录与会计报表的有关内容相符。

第十八条　各单位采用的会计处理方法，前后各期应当一致，不得随意变更；确有必要变更的，应当按照国家统一的会计制度的规定变更，并将变更的原因、情况及影响在财务会计报告中说明。

第十九条　单位提供的担保、未决诉讼等或有事项，应当按照国家统一的会计制度的规定，在财务会计报告中予以说明。

第二十条　财务会计报告应当根据经过审核的会计账簿记录和有关资料编制，并符合本法和国家统一的会计制度关于财务会计报告的编制要求、提供对象和提供期限的规定；其他法律、行政法规另有规定的，从其规定。

财务会计报告由会计报表、会计报表附注和财务情况说明书组成。向不同的会计资料使用者提供的财务会计报告，其编制依据应当一致。有关法律、行政法规规定会计报表、会计报表附注和财务情况说明书须经注册会计师审计的，注册会计师及其所在的会计师事务所出具的审计报告应当随同财务会计报告一并提供。

第二十一条　财务会计报告应当由单位负责人和主管会计工作的负责人、会计机构负责人（会计主管人员）签名并盖章；设置总会计师的单位，还须由总会计师签名并盖章。

单位负责人应当保证财务会计报告真实、完整。

第二十二条　会计记录的文字应当使用中文。在民族自治地方，会计记录可以同时使用当地通用的一种民族文字。在中华人民共和国境内的外商投资企业、外国企业和其他外国组织的会计记录可以同时使用一种外国文字。

第二十三条　各单位对会计凭证、会计账簿、财务会计报告和其他会计资料应当建立档案,妥善保管。会计档案的保管期限和销毁办法,由国务院财政部门会同有关部门制定。

第三章　公司、企业会计核算的特别规定

第二十四条　公司、企业进行会计核算,除应当遵守本法第二章的规定外,还应当遵守本章规定。

第二十五条　公司、企业必须根据实际发生的经济业务事项,按照国家统一的会计制度的规定确认、计量和记录资产、负债、所有者权益、收入、费用、成本和利润。

第二十六条　公司、企业进行会计核算不得有下列行为:

(一)随意改变资产、负债、所有者权益的确认标准或者计量方法,虚列、多列、不列或者少列资产、负债、所有者权益;

(二)虚列或者隐瞒收入,推迟或者提前确认收入;

(三)随意改变费用、成本的确认标准或者计量方法,虚列、多列、不列或者少列费用、成本;

(四)随意调整利润的计算、分配方法,编造虚假利润或者隐瞒利润;

(五)违反国家统一的会计制度规定的其他行为。

第四章　会计监督

第二十七条　各单位应当建立、健全本单位内部会计监督制度。单位内部会计监督制度应当符合下列要求:

(一)记账人员与经济业务事项和会计事项的审批人员、经办人员、财物保管人员的职责权限应当明确,并相互分离、相互制约;

(二)重大对外投资、资产处置、资金调度和其他重要经济业务事项的决策和执行的相互监督、相互制约程序应当明确;

(三)财产清查的范围、期限和组织程序应当明确;

(四)对会计资料定期进行内部审计的办法和程序应当明确。

第二十八条　单位负责人应当保证会计机构、会计人员依法履行职责,不得授意、指使、强令会计机构、会计人员违法办理会计事项。

会计机构、会计人员对违反本法和国家统一的会计制度规定的会计事项,有权拒绝办理或者按照职权予以纠正。

第二十九条　会计机构、会计人员发现会计账簿记录与实物、款项及有关资料不相符的,按照国家统一的会计制度的规定有权自行处理的,应当及时处理;无权处理的,应当立即向单位负责人报告,请求查明原因,做出处理。

第三十条　任何单位和个人对违反本法和国家统一的会计制度规定的行为,有权检举。收到检举的部门有权处理的,应当依法按照职责分工及时处理;无权处理的,应当及时移送有权处理的部门处理。收到检举的部门、负责处理的部门应当为检举人保密,不得将检举人姓名和检举材料转给被检举单位和被检举人个人。

第三十一条　有关法律、行政法规规定,须经注册会计师进行审计的单位,应当向受委托的会计师事务所如实提供会计凭证、会计账簿、财务会计报告和其他会计资料以及有关情况。

任何单位或者个人不得以任何方式要求或者示意注册会计师及其所在的会计师事务所出具不实或者不当的审计报告。

财政部门有权对会计师事务所出具审计报告的程序和内容进行监督。

第三十二条　财政部门对各单位的下列情况实施监督:

(一)是否依法设置会计账簿;

(二)会计凭证、会计账簿、财务会计报告和其他会计资料是否真实、完整;

(三)会计核算是否符合本法和国家统一的会计制度的规定;

(四)从事会计工作的人员是否具备从业资格。

在对前款第(二)项所列事项实施监督,发现重大违法嫌疑时,国务院财政部门及其派出机构可以向与被监督单位有经济业务往来的单位和被监督单位开立账户的金融机构查询有关情况,有关单位和金融机构应当给予支持。

第三十三条　财政、审计、税务、人民银行、证券监管、保险监管等部门应当依照有关法律、行政法规规定的职责,对有关单位的会计资料实施监督检查。

前款所列监督检查部门对有关单位的会计资料依法实施监督检查后,应当出具检查结论。有关监督检查部门已经做出的检查结论能够满足其他监督检查部门履行本部门职责需要的,其他监督检查部门应当加以利用,避免重复查账。

第三十四条　依法对有关单位的会计资料实施监督检查的部门及其工作人员对在监督检查中知悉的国家秘密和商业秘密负有保密义务。

第三十五条　各单位必须依照有关法律、行政法规的规定,接受有关监督检查部门依法实施的监督检查,如实提供会计凭证、会计账簿、财务会计报告和其他会计资料以及有关情况,不得拒绝、隐匿、谎报。

第五章　会计机构和会计人员

第三十六条　各单位应当根据会计业务的需要,设置会计机构,或者在有关机构中设置会计人员并指定会计主管人员;不具备设置条件的,应当委托经批准设立从事会计代理记账业务的中介机构代理记账。

国有的和国有资产占控股地位或者主导地位的大、中型企业必须设置总会计师。总会计师的任职资格、任免程序、职责权限由国务院规定。

第三十七条　会计机构内部应当建立稽核制度。

出纳人员不得兼任稽核、会计档案保管和收入、支出、费用、债权债务账目的登记工作。

第三十八条　从事会计工作的人员,必须取得会计从业资格证书。

担任单位会计机构负责人(会计主管人员)的,除取得会计从业资格证书外,还应当具备会计师以上专业技术职务资格或者从事会计工作三年以上经历。

会计人员从业资格管理办法由国务院财政部门规定。

第三十九条　会计人员应当遵守职业道德,提高业务素质。对会计人员的教育和培训工作应当加强。

第四十条　因有提供虚假财务会计报告,做假账,隐匿或者故意销毁会计凭证、会计账簿、财务会计报告,贪污,挪用公款,职务侵占等与会计职务有关的违法行为被依法追究刑事责任的人员,不得取得或者重新取得会计从业资格证书。

除前款规定的人员外,因违法违纪行为被吊销会计从业资格证书的人员,自被吊销会计从业资格证书之日起五年内,不得重新取得会计从业资格证书。

第四十一条　会计人员调动工作或者离职,必须与接管人员办清交接手续。

一般会计人员办理交接手续,由会计机构负责人(会计主管人员)监交;会计机构负责人(会计主管人员)办理交接手续,由单位负责人监交,必要时主管单位可以派人会同监交。

第六章　法律责任

第四十二条　违反本法规定,有下列行为之一的,由县级以上人民政府财政部门责令限期改正,可以对单位并处三千元以上五万元以下的罚款;对其直接负责的主管人员和其他直接责任人员,可以处二千元以上二万元以下的罚款;属于国家工作人员的,还应当由其所在单位或者有关单位依法给予行政处分:

(一)不依法设置会计账簿的;

(二)私设会计账簿的;

(三)未按照规定填制、取得原始凭证或者填制、取得的原始凭证不符合规定的;

(四)以未经审核的会计凭证为依据登记会计账簿或者登记会计账簿不符合规定的;

(五)随意变更会计处理方法的;

(六)向不同的会计资料使用者提供的财务会计报告编制依据不一致的;

(七)未按照规定使用会计记录文字或者记账本位币的;

(八)未按照规定保管会计资料,致使会计资料毁损、灭失的;

(九)未按照规定建立并实施单位内部会计监督制度或者拒绝依法实施的监督或者不如实提供有关会计资料及有关情况的;

(十)任用会计人员不符合本法规定的。

有前款所列行为之一,构成犯罪的,依法追究刑事责任。

会计人员有第一款所列行为之一,情节严重的,由县级以上人民政府财政部门吊销会计从业资格证书。

有关法律对第一款所列行为的处罚另有规定的,依照有关法律的规定办理。

第四十三条　伪造、变造会计凭证、会计账簿,编制虚假财务会计报告,构成犯罪的,依法追究刑事责任。

有前款行为,尚不构成犯罪的,由县级以上人民政府财政部门予以通报,可以对单位并处五千元以上十万元以下的罚款;对其直接负责的主管人员和其他直接责任人员,可以处三千元以上五万元以下的罚款;属于国家工作人员的,还应当由其所在单位或者有关单位依法给予撤职直至开除的行政处分;对其中的会计人员,并由县级以上人民政府财政部门吊销会计从业资格证书。

第四十四条　隐匿或者故意销毁依法应当保存的会计凭证、会计账簿、财务会计报告，构成犯罪的，依法追究刑事责任。

有前款行为，尚不构成犯罪的，由县级以上人民政府财政部门予以通报，可以对单位并处五千元以上十万元以下的罚款；对其直接负责的主管人员和其他直接责任人员，可以处三千元以上五万元以下的罚款；属于国家工作人员的，还应当由其所在单位或者有关单位依法给予撤职直至开除的行政处分；对其中的会计人员，并由县级以上人民政府财政部门吊销会计从业资格证书。

第四十五条　授意、指使、强令会计机构、会计人员及其他人员伪造、变造会计凭证、会计账簿，编制虚假财务会计报告或者隐匿、故意销毁依法应当保存的会计凭证、会计账簿、财务会计报告，构成犯罪的，依法追究刑事责任；尚不构成犯罪的，可以处五千元以上五万元以下的罚款；属于国家工作人员的，还应当由其所在单位或者有关单位依法给予降级、撤职、开除的行政处分。

第四十六条　单位负责人对依法履行职责、抵制违反本法规定行为的会计人员以降级、撤职、调离工作岗位、解聘或者开除等方式实行打击报复，构成犯罪的，依法追究刑事责任；尚不构成犯罪的，由其所在单位或者有关单位依法给予行政处分。对受打击报复的会计人员，应当恢复其名誉和原有职务、级别。

第四十七条　财政部门及有关行政部门的工作人员在实施监督管理中滥用职权、玩忽职守、徇私舞弊或者泄露国家秘密、商业秘密，构成犯罪的，依法追究刑事责任；尚不构成犯罪的，依法给予行政处分。

第四十八条　违反本法第三十条规定，将检举人姓名和检举材料转给被检举单位和被检举人个人的，由所在单位或者有关单位依法给予行政处分。

第四十九条　违反本法规定，同时违反其他法律规定的，由有关部门在各自职权范围内依法进行处罚。

第七章　附　则

第五十条　本法下列用语的含义：

单位负责人，是指单位法定代表人或者法律、行政法规规定代表单位行使职权的主要负责人。

国家统一的会计制度，是指国务院财政部门根据本法制定的关于会计核算、会计监督、会计机构和会计人员以及会计工作管理的制度。

第五十一条　个体工商户会计管理的具体办法，由国务院财政部门根据本法的原则另行规定。

第五十二条　本法自 2000 年 7 月 1 日起施行。

会计档案管理办法

第一条　为了加强会计档案管理，有效保护和利用会计档案，根据《中华人民共和国会计法》《中华人民共和国档案法》等有关法律和行政法规，制定本办法。

第二条　国家机关、社会团体、企业、事业单位和其他组织（以下统称单位）管理会计档案适用本办法。

第三条　本办法所称会计档案是指单位在进行会计核算等过程中接收或形成的，记录和反映单位经济业务事项的,具有保存价值的文字、图表等各种形式的会计资料,包括通过计算机等电子设备形成、传输和存储的电子会计档案。

第四条 财政部和国家档案局主管全国会计档案工作,共同制定全国统一的会计档案工作制度,对全国会计档案工作实行监督和指导。

县级以上地方人民政府财政部门和档案行政管理部门管理本行政区域内的会计档案工作,并对本行政区域内会计档案工作实行监督和指导。

第五条 单位应当加强会计档案管理工作,建立和完善会计档案的收集、整理、保管、利用和鉴定销毁等管理制度,采取可靠的安全防护技术和措施,保证会计档案的真实、完整、可用、安全。

单位的档案机构或者档案工作人员所属机构(以下统称单位档案管理机构)负责管理本单位的会计档案。单位也可以委托具备档案管理条件的机构代为管理会计档案。

第六条 下列会计资料应当进行归档:

(一)会计凭证,包括原始凭证、记账凭证;

(二)会计账簿,包括总账、明细账、日记账、固定资产卡片及其他辅助性账簿;

(三)财务会计报告,包括月度、季度、半年度、年度财务会计报告;

(四)其他会计资料,包括银行存款余额调节表、银行对账单、纳税申报表、会计档案移交清册、会计档案保管清册、会计档案销毁清册、会计档案鉴定意见书及其他具有保存价值的会计资料。

第七条 单位可以利用计算机、网络通信等信息技术手段管理会计档案。

第八条 同时满足下列条件的,单位内部形成的属于归档范围的电子会计资料可仅以电子形式保存,形成电子会计档案:

(一)形成的电子会计资料来源真实有效,由计算机等电子设备形成和传输;

(二)使用的会计核算系统能够准确、完整、有效接收和读取电子会计资料,能够输出符合国家标准归档格式的会计凭证、会计账簿、财务会计报表等会计资料,设定了经办、审核、审批等必要的审签程序;

(三)使用的电子档案管理系统能够有效接收、管理、利用电子会计档案,符合电子档案的长期保管要求,并建立了电子会计档案与相关联的其他纸质会计档案的检索关系;

(四)采取有效措施,防止电子会计档案被篡改;

(五)建立电子会计档案备份制度,能够有效防范自然灾害、意外事故和人为破坏的影响;

(六)形成的电子会计资料不属于具有永久保存价值或者其他重要保存价值的会计档案。

第九条 满足本办法第八条规定条件,单位从外部接收的电子会计资料附有符合《中华人民共和国电子签名法》规定的电子签名的,可仅以电子形式归档保存,形成电子会计档案。

第十条 单位的会计机构或会计人员所属机构(以下统称单位会计管理机构)按照归档范围和归档要求,负责定期将应当归档的会计资料整理立卷,编制会计档案保管清册。

第十一条　当年形成的会计档案，在会计年度终了后，可由单位会计管理机构临时保管一年，再移交单位档案管理机构保管。因工作需要确需推迟移交的，应当经单位档案管理机构同意。

单位会计管理机构临时保管会计档案最长不超过三年。临时保管期间，会计档案的保管应当符合国家档案管理的有关规定，且出纳人员不得兼管会计档案。

第十二条　单位会计管理机构在办理会计档案移交时，应当编制会计档案移交清册，并按照国家档案管理的有关规定办理移交手续。

纸质会计档案移交时应当保持原卷的封装。电子会计档案移交时应当将电子会计档案及其元数据一并移交，且文件格式应当符合国家档案管理的有关规定。特殊格式的电子会计档案应当与其读取平台一并移交。

单位档案管理机构接收电子会计档案时，应当对电子会计档案的准确性、完整性、可用性、安全性进行检测，符合要求的才能接收。

第十三条　单位应当严格按照相关制度利用会计档案，在进行会计档案查阅、复制、借出时履行登记手续，严禁篡改和损坏。

单位保存的会计档案一般不得对外借出。确因工作需要且根据国家有关规定必须借出的，应当严格按照规定办理相关手续。

会计档案借用单位应当妥善保管和利用借入的会计档案，确保借入会计档案的安全完整，并在规定时间内归还。

第十四条　会计档案的保管期限分为永久、定期两类。定期保管期限一般分为10年和30年。

会计档案的保管期限，从会计年度终了后的第一天算起。

第十五条　各类会计档案的保管期限原则上应当按照本办法附表执行，本办法规定的会计档案保管期限为最低保管期限。

单位会计档案的具体名称如有同本办法附表所列档案名称不相符的，应当比照类似档案的保管期限办理。

第十六条　单位应当定期对已到保管期限的会计档案进行鉴定，并形成会计档案鉴定意见书。经鉴定，仍需继续保存的会计档案，应当重新划定保管期限；对保管期满，确无保存价值的会计档案，可以销毁。

第十七条　会计档案鉴定工作应当由单位档案管理机构牵头，组织单位会计、审计、纪检监察等机构或人员共同进行。

第十八条　经鉴定可以销毁的会计档案，应当按照以下程序销毁：

（一）单位档案管理机构编制会计档案销毁清册，列明拟销毁会计档案的名称、卷号、册数、起止年度、档案编号、应保管期限、已保管期限和销毁时间等内容。

（二）单位负责人、档案管理机构负责人、会计管理机构负责人、档案管理机构经办人、会计管理机构经办人在会计档案销毁清册上签署意见。

（三）单位档案管理机构负责组织会计档案销毁工作，并与会计管理机构共同派员监销。监销人在会计档案销毁前，应当按照会计档案销毁清册所列内容进行清点核对；在会计档案销毁后，应当在会计档案销毁清册上签名或盖章。

电子会计档案的销毁还应当符合国家有关电子档案的规定,并由单位档案管理机构、会计管理机构和信息系统管理机构共同派员监销。

第十九条 保管期满但未结清的债权债务会计凭证和涉及其他未了事项的会计凭证不得销毁,纸质会计档案应当单独抽出立卷,电子会计档案单独转存,保管到未了事项完结时为止。

单独抽出立卷或转存的会计档案,应当在会计档案鉴定意见书、会计档案销毁清册和会计档案保管清册中列明。

第二十条 单位因撤销、解散、破产或其他原因而终止的,在终止或办理注销登记手续之前形成的会计档案,按照国家档案管理的有关规定处置。

第二十一条 单位分立后原单位存续的,其会计档案应当由分立后的存续方统一保管,其他方可以查阅、复制与其业务相关的会计档案。

单位分立后原单位解散的,其会计档案应当经各方协商后由其中一方代管或按照国家档案管理的有关规定处置,各方可以查阅、复制与其业务相关的会计档案。

单位分立中未结清的会计事项所涉及的会计凭证,应当单独抽出由业务相关方保存,并按照规定办理交接手续。

单位因业务移交其他单位办理所涉及的会计档案,应当由原单位保管,承接业务单位可以查阅、复制与其业务相关的会计档案。对其中未结清的会计事项所涉及的会计凭证,应当单独抽出由承接业务单位保存,并按照规定办理交接手续。

第二十二条 单位合并后原各单位解散或者一方存续其他方解散的,原各单位的会计档案应当由合并后的单位统一保管。单位合并后原各单位仍存续的,其会计档案仍应当由原各单位保管。

第二十三条 建设单位在项目建设期间形成的会计档案,需要移交给建设项目接受单位的,应当在办理竣工财务决算后及时移交,并按照规定办理交接手续。

第二十四条 单位之间交接会计档案时,交接双方应当办理会计档案交接手续。

移交会计档案的单位,应当编制会计档案移交清册,列明应当移交的会计档案名称、卷号、册数、起止年度、档案编号、应保管期限和已保管期限等内容。

交接会计档案时,交接双方应当按照会计档案移交清册所列内容逐项交接,并由交接双方的单位有关负责人负责监督。交接完毕后,交接双方经办人和监督人应当在会计档案移交清册上签名或盖章。

电子会计档案应当与其元数据一并移交,特殊格式的电子会计档案应当与其读取平台一并移交。档案接受单位应当对保存电子会计档案的载体及其技术环境进行检验,确保所接收电子会计档案的准确、完整、可用和安全。

第二十五条 单位的会计档案及其复制件需要携带、寄运或者传输至境外的,应当按照国家有关规定执行。

第二十六条 单位委托中介机构代理记账的,应当在签订的书面委托合同中,明确会计档案的管理要求及相应责任。

第二十七条 违反本办法规定的单位和个人,由县级以上人民政府财政部门、档案行政管理部门依据《中华人民共和国会计法》《中华人民共和国档案法》等法律法规处理处罚。

第二十八条　预算、计划、制度等文件材料，应当执行文书档案管理规定，不适用本办法。

第二十九条　不具备设立档案机构或配备档案工作人员条件的单位和依法建账的个体工商户，其会计档案的收集、整理、保管、利用和鉴定销毁等参照本办法执行。

第三十条　各省、自治区、直辖市、计划单列市人民政府财政部门、档案行政管理部门，新疆生产建设兵团财务局、档案局，国务院各业务主管部门，中国人民解放军总后勤部，可以根据本办法制定具体实施办法。

第三十一条　本办法由财政部、国家档案局负责解释，自 2016 年 1 月 1 日起施行。1998 年 8 月 21 日财政部、国家档案局发布的《会计档案管理办法》（财会字〔1998〕32 号）同时废止。

附表：1. 企业和其他组织会计档案保管期限表（如表 10.1 所示）。

2. 财政总预算、行政单位和税收会计档案保管期限表（略）。

表 10.1　企业和其他组织会计档案保管期限表

序号	档案名称	保管期限	备注
一	**会计凭证**		
1	原始凭证	30 年	
2	记账凭证	30 年	
二	**会计账簿**		
3	总账	30 年	
4	明细账	30 年	
5	日记账	30 年	
6	固定资产卡片		固定资产报废清理后保管 5 年
7	其他辅助性账簿	30 年	
三	**财务会计报告**		
8	月度、季度、半年度财务会计报告	10 年	
9	年度财务会计报告	永久	
四	**其他会计资料**		
10	银行存款余额调节表	10 年	
11	银行对账单	10 年	
12	纳税申报表	10 年	
13	会计档案移交清册	30 年	
14	会计档案保管清册	永久	
15	会计档案销毁清册	永久	
16	会计档案鉴定意见书	永久	

三、同步练习

(一)单项选择题

1. 全国的会计工作由(　　)主管。

A. 全国人民代表大会常务委员会　　B. 国务院财政部

C. 县级以上地方各级人民政府财政部门　　D. 会计师事务所

2.《会计法》规定了会计工作由(　　)管理的体制。

A. 各级财政部门　　B. 各级税务部门

C. 各级审计部门　　D. 各级证券监管部门

3. 中国人民解放军总后勤部可以依照《会计法》和国家统一的会计制度制定军队实施国家统一的会计制度的具体办法,报(　　)备案。

A. 国务院　　B. 中央军委

C. 国务院财政部门　　D. 国家审计部门

4.《企业会计准则》属于(　　)。

A. 会计法律　　B. 国家统一的会计制度

C. 会计规章　　D. 会计规范性文件

5. 我国会计管理体制是(　　)。

A. 统一领导　　B. 统一领导,分级管理

C. 分级管理　　D. 统一领导,集中管理

6. 根据《会计法》的规定,从事会计工作的人员必须取得(　　)。

A. 会计师资格证书　　B. 会计从业资格证书

C. 中专及以上毕业证书　　D. 注册会计师资格证书

7. 单位会计机构负责人,除了取得会计从业资格证书以外,还应当具备会计师以上专业技术职务资格或从事会计工作(　　)年以上经历。

A. 2　　B. 1

C. 3　　D. 5

8. (　　)应当担保会计机构、会计人员依法履行职责,不得授意、指使、强令会计人员违法办理会计事项。对本单位财务会计报告的真实性、完整性承担法律责任。

A. 会计主管人员　　B. 单位负责人

C. 总会计师　　D. 会计机构负责人

9. 关于总会计师,下列说法中表述错误的是(　　)。

A. 总会计师不是单位的行政领导成员

B. 总会计师是主管经济核算和财务会计工作的负责人

C. 总会计师直接对单位主要领导人负责

D. 总会计师参与单位的重大经营决策活动

10. 会计工作的政府监督中,下列无权代表国家对各单位的财务会计工作实行监督的机关是(　　)。

A. 财政部门　　B. 工商部门
C. 税务部门　　D. 审计部门

11. 下列有权对会计师事务所出具的审计报告程序和内容进行监督的部门是(　　)。
A. 县级以上人民政府　　B. 县级以上财政部门
C. 审计部门　　D. 被审计单位的主管部门

12. 某公司的下列人员中,按照《会计法》的规定应当属于本单位会计责任主体的是(　　)。
A. 董事长　　B. 总经理
C. 总会计师　　D. 财务处长

13. 根据我国《会计法》的规定,国家统一的会计制度的制定部门是(　　)。
A. 省级人民政府财政部门　　B. 国务院金融助管部门
C. 国务院税务主管部门　　D. 国务院财政部门

14. 下列各项中不属于会计档案的是(　　)。
A. 会计档案移交清册　　B. 会计档案保管清册
C. 会计档案销毁清册　　D. 月度财务计划

15. 下列属于永久性保管的会计档案为(　　)。
A. 年度财务报告　　B. 原始凭证
C. 银行存款日记账　　D. 月度财务报告

16. 按照财政部的规定,会计凭证应(　　)。
A. 保管 10 年　　B. 保管 15 年
C. 保管 30 年　　D. 永久保管

17. 根据《会计档案管理办法》规定,单位合并后原单位解散或一方存续其他方解散的,各原单位的会计档案应由(　　)保管。
A. 合并后单位　　B. 档案局
C. 合并前单位的主管部门　　D. 财政部门

18. 各单位形成的会计档案,都应由(　　)按照归档的要求,负责整理立卷,装订成册,编制会计档案保管清册。
A. 单位的会计机构或会计人员所属机构
B. 单位的档案机构或档案人员所属机构
C. 档案管理部门
D. 总会计师

19. 某企业 2005 年 10 月 1 日形成的会计档案,可暂由本单位财务部门保管到(　　),期满后,原则上须移交档案管理部门保管。
A. 2005 年 10 月 1 日　　B. 2005 年 12 月 31 日
C. 2006 年 10 月 1 日　　D. 2006 年 12 月 31 日

20. 按照新《会计档案管理办法》的规定,会计移交清册的保管期限为(　　)。
A. 10 年　　B. 25 年

C. 30 年　　D. 永久保存

21. 单位会计管理机构临时保管会计档案最长不超过(　　)年。

A. 1 年　　B. 2 年

C. 3 年　　D. 5 年

22. 会计档案销毁清册也是一种重要的会计档案,它的编制部门是(　　)。

A. 单位会计机构　　B. 单位行政办公室

C. 单位人力资源部门　　D. 单位档案管理机构

23. 根据规定,负责组织会计档案销毁工作的部门应是(　　)。

A. 单位会计机构　　B. 单位办公室

C. 单位人力资源部门　　D. 单位档案管理机构

24. 单位负责人、(　　)、会计管理机构负责人、档案管理机构经办人、会计管理机构经办人在会计档案销毁清册上签署意见。

A. 档案管理机构负责人　　B. 出纳

C. 记账人员　　D. 审计人员

25. 关于电子会计档案,以下说法错误的是(　　)。

A. 电子会计档案移交时应当将电子会计档案及其元数据一并移交

B. 属于归档范围的电子会计资料,必须是具有永久保存价值或者其他重要保存价值的会计档案

C. 电子会计档案的销毁应当由单位档案管理机构、会计管理机构和信息系统管理机构共同派员监销

D. 档案接受单位应当对保存电子会计档案的载体及其技术环境进行检验,确保所接收电子会计档案的准确、完整、可用和安全

(二) 多项选择题

1. 我国的会计法律制度包括(　　)。

A. 会计法律　　B. 会计行政法规

C. 地方性法规　　D. 会计规章和规范性文件

2. 在我国会计法规体系中,《会计法》是(　　)。

A. 调整我国经济生活中会计关系的法律总规范

B. 会计法律制度中层次最高的法律规范

C. 制定其他会计法规的依据

D. 指导会计工作的最高准则

3.《会计法》的意义主要有(　　)。

A. 保证会计资料真实、完整

B. 加强经济管理和财务管理

C. 发挥注册会计师在社会经济活动中的鉴证和服务作用

D. 加强对注册会计师的管理

4. 会计准则体系包括(　　)。

A. 会计法　　B. 基本会计准则
C. 具体会计准则　　D. 会计准则应用指南
5. 下列各项中,属于会计规范性文件的是(　　)。
A. 企业会计准则　　B. 企业会计制度
C. 财政部门实施会计监督办法　　D. 会计基础工作规范
6. 按规定,(　　)必须依照《会计法》办理会计事务。
A. 国家机关　　B. 事业单位
C. 公司企业　　D. 社会团体
7. 根据《会计法》及有关法规的规定,财政部门负责会计人员的业务管理,包括(　　)等。
A. 会计从业资格管理　　B. 会计专业技术资格管理
C. 岗位会计人员评优表彰　　D. 会计人员继续教育
8. 一个单位是否单独设置会计机构,取决于(　　)。
A. 单位规模大小　　B. 企业生产类型
C. 经营业务和财务收支的简繁　　D. 经营管理要求
9.《会计法》规定单位负责人必须保证会计资料(　　)。
A. 合理　　B. 真实
C. 全面　　D. 完整
10. 财务报告应有(　　)签名且盖章,才能对外报告。
A. 主管会计工作的负责人　　B. 会计机构的负责人
C. 总会计师　　D. 稽核人
11. 会计监督分为(　　)。
A. 单位内部会计监督　　B. 会计工作的政府监督
C. 会计工作的社会监督　　D. 单位和个人的监督
12. 按规定,各单位有义务接受依照法律和国家有关规定进行的(　　)监督。
A. 财政　　B. 审计
C. 税务　　D. 银行
13. 下列事项中,属于财政部门对各单位实施监督的事项有(　　)。
A. 是否依法设立会计机构
B. 会计凭证、会计账簿、财务会计报告和其他会计资料是否真实、完整
C. 会计核算是否符合《会计法》和国家统一的会计制度的规定
D. 从事会计工作的人员是否具备会计从业资格
14. 下列符合《会计法》对各国家机关、企事业单位、社会团体设置会计机构所做规定的有(　　)。
A. 单独设置会计机构
B. 不单独设置会计机构,在有关机构中设置会计人员并指定会计主管人员
C. 委托中介机构代理记账
D. 不具备设置条件不记账

15. 下列各项中，必须取得会计从业资格，持有会计从业资格证书方能从事的工作岗位是（ ）。

A. 出纳 B. 稽核

C. 单位内部审计 D. 会计机构内会计档案保管

16. 以下关于会计人员违反会计法律制度规定，应当承担的法律责任中，说法正确的有（ ）。

A. 只有企业的领导人对依法履行职责、抵制违反《会计法》规定行为的会计人员实行打击报复，情节恶劣的，才会构成打击报复会计人员罪

B. 故意销毁依法应当保存的会计凭证、会计账簿、财务会计报表，尚不构成犯罪的会计人员予以罚款的最高金额是五万元

C. 对授意、指使、强令会计机构、会计人员及其他人员伪造、变造会计凭证、会计账簿，编制虚假财务会计报告尚不构成犯罪的，可以处以五万元以下的罚款

D. 对犯打击报复会计人员罪的，可以处七年以下有期徒刑

17. 下列各项，属于《会计法》规定的"单位负责人"的是（ ）。

A. 有限责任公司的董事长

B. 国有企业的厂长

C. 个人独资企业的投资人

D. 代表合伙企业执行合伙事务的合伙人

18. 下列各项中，属于国家统一的会计制度内容的是（ ）。

A. 会计核算制度 B. 会计监督制度

C. 会计机构和会计人员管理制度 D. 会计工作管理制度

19. 在实际工作中会计工作的组织形式通常有（ ）。

A. 内部核算 B. 外部核算

C. 集中核算 D. 分散核算

20. 会计档案可分为（ ）。

A. 会计凭证类 B. 会计账簿类

C. 财务报告类 D. 其他类

21. 会计交接工作的基本程序有（ ）。

A. 交接前的准备工作 B. 移交点收与监交

C. 专人监交 D. 移交点收后事项处理

22. 在办理会计工作交接时，交接双方要按照移交清册列明的内容，进行逐项交接，具体要求是（ ）。

A. 现金要根据会计账簿记录余额进行当面点交，不得短缺

B. 有价证券的数量要与会计账簿记录一致，由于一些有价证券如债券、国库券等面额与发行价格可能会不一致，因此也可以与账簿记录不一致

C. 移交人员经管的票据、印章及其他会计用品等，也必须交接清楚

D. 所有会计资料必须完整无缺

23. 下列各项中，属于会计档案销毁程序的是（ ）。

A. 编制会计档案的销毁清册　　B. 单位负责人签署意见

C. 专人负责监销　　D. 报告监销情况

24. 下列(　　)情况下,不得销毁会计档案。

A. 保管期未满

B. 正在项目建设期间的建设单位其保管期已满的会计档案

C. 未结清的债权债务的原始凭证

D. 未了事项的原始凭证

25. 可以对本单位的档案负责管理的机构有(　　)。

A. 单位的档案机构　　B. 单位档案管理机构

C. 具备档案管理条件的机构　　D. 单位会计机构

26. 会计档案的保管期限分为永久、定期两类。其中定期保管期限一般分为(　　)。

A. 10 年　　B. 25 年

C. 30 年　　D. 永久保存

27. 下列人员需要在会计档案销毁清册上签署意见的有(　　)。

A. 单位负责人

B. 档案管理机构负责人

C. 会计管理机构负责人

D. 档案管理机构和会计管理机构经办人

(三)判断题

1. 全国的会计工作由国务院财政部门管理。(　　)

2. 会计行政法规是国务院制定的会计行政条例,其效力低于会计法律,高于会计规章。(　　)

3. 单位不依法设置会计账簿的行为属于违法会计行为。(　　)

4. 采用电子计算机进行会计核算的单位,可以不保管打印出的纸质会计档案。(　　)

5. 在分散核算组织形式下,会计机构设置和分工的基本原则应遵循与经营体制相一致的会计责任体系。(　　)

6. 在企业集中核算形式下,企业内部各部门可以设置有关的明细账进行登记。(　　)

7. 会计机构和会计人员依法进行会计核算和会计监督时,还需要单位负责人的保障和支持,这说明单位负责人有权干涉会计机构和会计人员依法行使职权。(　　)

8. 会计监督体系只包括通过注册会计师进行的社会监督。(　　)

9. 单位和个人对违反《会计法》和国家统一的会计制度规定行为的检举属于会计工作社会监督的范畴。(　　)

10. 任何单位不得对依法履行职责、抵制违反会计法规行为的会计人员实行报复打击。(　　)

11. 根据《会计法》规定,各单位都必须单独设置会计机构。(　　)

12. 实行定岗定编是设置会计机构的具体要求。（　　）

13. 从事会计工作的人员，必须取得会计专业中专以上学历证书。（　　）

14.《会计法》规定，从事会计工作的人员，必须取得会计从业资格证书。（　　）

15. 各单位可以暂时聘请没有会计从业资格证书的人员从事会计工作，但事后该人员必须于半年内补考会计从业资格证书。（　　）

16.《会计法》中的单位负责人一定是法人代表。（　　）

17. 单位负责人为单位会计责任主体，这就是说如果一个单位会计工作中出现违法违纪行为，单位负责人应当承担全部责任。（　　）

18. 国家统一的会计制度由国务院制定和公布。（　　）

19. 国家统一的会计制度，是指国务院财政部门根据我国《会计法》制定的关于会计核算、会计监督、会计机构和会计人员及会计工作管理的制度。（　　）

20. 各单位制定的内部会计制度，也是国家统一的会计制度的重要组成部分。（　　）

21. 会计人员办理工作交接后，接管人员可另立账簿，不必使用移交前的账簿。（　　）

22. 会计档案的保管期限分为永久和定期两类。（　　）

23. 会计凭证按规定保管期满后，可由财会人员销毁。（　　）

24. 会计档案的保管期限，从会计年度终了后的第一天算起。（　　）

25. 销毁会计档案时，应由单位档案机构和会计机构共同派员监销。（　　）

第二部分
会计实训

第十一章　会计实训基本规范和要求

一、会计书写基本规范

会计工作离不开书写，书写的内容主要有阿拉伯数码字、数字中文大写及汉字等。规范的书写可以保证会计信息被准确地读取，保证会计工作的质量，规范的书写也是会计工作的门面，体现了会计工作者的职业素养。会计书写的基本规范是正确、规范、清晰、整洁。

（1）正确，是指对经济业务发生的过程中的数字和文字进行准确、完整的记载。它是会计书写的最基本的规范要求。

（2）规范，是指记载各项经济业务的书写必须符合财经法规和会计制度的各项规定。从记账、核算、分析，到编制财务报告，都力求书写规范，文字表述精辟，同时要严格按书写格式写。

（3）清晰，是指书写字迹清楚，容易辨认，账目条理清理，令人一目了然。

（4）整洁，是指无论凭证、账簿，还是报表，都必须干净、清洁、整齐分明，无参差不齐及涂改现象。

（一）数码字书写规范

数码字的书写规范，即阿拉伯数字的书写规范是应当一个一个地写，不得连笔写。

1. 数码字书写要求

（1）书写顺序。阿拉伯数字书写顺序是从左到右，从高位到低位。

（2）斜度。阿拉伯数字在书写时应有一定的斜度。倾斜角度的大小应以笔顺书写方便，好看易认为准。不宜过大或过小，一般可掌握在60°左右，即数码的中心斜线与底平线为60°的夹角。

（3）高度。数码字书写应紧靠横格底线，其上方留出全格的1/2，即数码字沿底线占全格的1/2。另外，“6”的上端比其他数码字高出1/4，“7”和“9”的下端比其他数码字伸出1/4。

（4）间距。每个数码字要大小一致，每一格只能写一个数码字，数码字的排列要整齐，数码字之间的空隙应均匀。

数码字书写规范示例：

【例11.1】　123 456 789 000 应书写为*123 456 789 000*

2. 数码字书写错误的更正方法

有些数码字出现书写错误，是不允许更正的，只能作废重填，如从外单位取得的原始凭证等。如果数码字错误可以更正,则一般采用划线更正法。如写错一个数字,或位置登错,一律用红线全部划掉,在原数字的上半部分或正确位置写上正确数字。

(二)文字书写规范

会计书写中的文字包括数字的大写和会计科目、费用项目、计量单位及摘要、财务分析报表的书写等。

1. 文字书写的基本要求

(1)内容简明扼要、准确。要用精简的文字把业务的内容表述清楚、完整,不超过栏格。另外,账户名称要写全称,细目也要求准确。

(2)字迹工整、易认。书写须用楷书或行书,不能用草书,字的大小要一致、协调,让人易辨认清楚。

2. 汉字大写数字的书写要求

汉字大写数字用于填写需要防止涂改的销货发票、银行结算凭证、收据等重要原始凭证,在书写时不能写错,如大写出错,则本张凭证作废,重新填制。

(1)大写金额前要加“人民币”字样,“人民币”与首位数字之间不留空位,写数与读数顺序要一致。

(2)人民币以元为单位。大写金额数字到元或角为止的,在“元”或“角”字之后应当写“整”字或“正”字,大写金额数字有分的,分字后不写“整”字或“正”字。

(3)“零”字的写法。阿拉伯金额数字中间有“0”时,汉字大写金额要写“零”字;阿拉伯数字金额中间连续有几个“0”时,汉字大写金额中可以只写一个“零”字,阿拉伯金额数字元位是“0”,或者数字中间连续有几个“0”,元位也是“0”时,汉字大写金额可以只写一个“零”字,也可以不写“零”字。

(4)表示位的文字前必须有数字,如10元应写作壹拾元整。

(5)不能用不规范的简化字代替,如以“另”代“零”,以“两”代“贰”,以“廿”代“贰拾”等。

大写金额写法规范示例:

【例11.2】 人民币104 786元,应写成:人民币壹拾万零肆仟柒佰捌拾陆元正。

【例11.3】 人民币5 000 846元,应写成:人民币伍佰万零捌佰肆拾陆元正。

【例11.4】 人民币2 860.99元,可以写成:人民币贰仟捌佰陆拾元零玖角玖分,也可以写成:人民币贰仟捌佰陆拾元玖角玖分。

【例11.5】 人民币37 000.20元,可以写成:人民币叁万柒仟元零贰角整。也可以写成:人民币叁万柒仟贰角正。

二、会计摘要书写规范

会计凭证中有关经济业务的内容摘要的书写虽不能像会计科目那样规范标准,但作为会计人员,也应努力提高自已对会计业务事项的表达和概括能力,力求使摘要的书写标准化、规范化,使“摘要”能够正确地、完整地反映经济活动和资金变化的来龙去脉,切忌含糊不清。

(1)简单明了,一目了然。对收付款业务,摘要应写明收付款的性质,即写明收什么款、付什么款,如写成“收新华厂销货款”“收大成公司投资款”;“付包装物押金”“付购料款”“付商业汇票款”等。对于转账业务,应写明转账内容,如写“结转材料差异”“转入库材料成本”“转出库材料成本”“转产品销售成本”“收入转本年利润”“购设备未付款”等。收、付款凭证,不能只写“收款”“付款”二字;转账凭证,不能只写“转成本”“调整科目”等,不能只单纯追求“简单”,但却不明了。

(2)字迹清楚,语法通顺。

(3)内容要与附件相符,但不能照抄。附件能真正表明业务的发生及完成情况,但不能照抄原始凭证,导致过账时摘要内容过多,应根据附件的内容总结业务的性质,概括其业务内容。

(4)摘要中需要必要的数字。

①业务所属时间。为有效防止漏记、重记的发生,便于单位间的账务查询,在摘要中务必注明经济业务所属的时间。如:收到上级部门拨入某月经费;交纳某月水电费、各项保险金和税费等。

②冲账业务的时间和凭证号。对记账后的记账凭证,发现错误,用红字冲销原错误凭证时的摘要为“注销某月某日某号凭证”,同时,用蓝字编写正确的记账凭证时摘要为“更正某月某日某号凭证”。对只有金额错误的会计分录,在编制调整数字差额凭证时摘要为“调整某月某日某号凭证”。如果所修改的是往年的错误凭证,那么,在“某月某日”前务必加上“某年”字样。在此说明一点,在注销、更正或调整某张错误凭证的同时,应在被修改的记账凭证摘要的下面手工注明“该凭证在某月某日某号凭证已更正”的标记,表示该凭证已被修改完毕。

三、建账的基本要求和程序

建账就是根据企业具体行业要求和将来可能发生的会计业务情况,购置所需要的账簿,然后根据企业日常发生的业务情况和会计处理程序登记账簿。

(一)建账的基本要求

建账要合法。各单位必须按照《会计法》和国家统一会计制度的规定设置会计账簿,包括总账、明细账、日记账和其他辅助性账簿,不允许不建账、不允许在法定的会计账簿之外另外建账。

建账要实用。一方面企业建账必须以满足企业管理需要为前提,为企业管理提供有用的会计信息,避免重复设账、记账。另一方面企业建账要结合企业的规模。企业规模与业务量是成正比的,规模大的企业,业务量大,分工也复杂,会计账簿需要的册数也多。企业业务量大小不同,所采用的账务处理程序也不同。企业一旦选择了账务处理程序,也就选择了账簿的设置。企业建账要能够反映企业经济活动的全貌,要科学实用。

(二)建账的基本程序

第一步:按照需要的各种账簿的格式要求,预备各种账页,并将活页的账页用账夹装订成册。

第二步:在账簿的“启用表”上,写明单位名称、账簿名称、册数、编号、起止页数、启用日期及记账人员和会计主管人员姓名,并加盖名章和单位公章。记账人员或会计主管人员在本年度调动工作时,应注明交接日期、接办人员和监交人员姓名,并由交接双方签名或盖章,以明确经济责任。

第三步:按照会计科目表的顺序、名称,在总账账页上建立总账账户;并根据总账账户明细核算的要求,在各个所属明细账户上建立二、三级明细账户。原有单位在年度开始建立各级账户的同时,应将上年账户余额结转过来。

第四步:启用订本式账簿,应从第一页起到最后一页止顺序编定号码,不得跳页、缺号;使用活页式账簿,应按账户顺序编列本账户页次号码。各账户编列号码后,应填“账户目录”,将账户名称页次登入目录内,并粘贴索引纸(账户标签),写明账户名称,以利检索。

第十二章　会计单项实训

单项实训一：记账凭证的填制

（一）资料

明珠股份有限公司 2015 年 5 月发生的经济业务如下。

(1)2 日，向光明股份有限公司购入材料，货款 5 000 元，增值税（进项税额）850 元，材料已验收入库，款项尚未支付；

(2)3 日，以银行存款支付应交增值税 4 000 元；

(3)4 日，以现金预付车间职工张明探亲差旅费 200 元；

(4)5 日，从银行存款中提取现金 500 元；

(5)5 日，以现金 150 元购买公司的办公用品；

(6)6 日，生产车间制造产品领用材料 45 000 元，领用车间一般性消耗材料1 000元；

(7)8 日，以银行存款支付前欠益民股份有限公司款项 20 000 元；

(8)10 日，售给嘉丰股份有限公司产品 100 件，每件售价 350 元，增值税率 17%，款项尚未收到；

(9)15 日，采购员赵鑫出差回来，报销差旅费 450 元，原预支 500 元，现交来现金 50 元；

(10)20 日，销售给飞天股份有限公司材料 15 000 元，增值税（销项税额）2 550 元，飞天公司以转账支票支付了价税款；

(11)24 日，收到嘉丰股份有限公司所欠款项 40 950 元，存入银行；

(12)31 日，按规定计提本月固定资产折旧 15 000 元，其中车间用固定资产折旧为 12 000元，公司用固定资产折旧为 3 000 元。

（二）要求

根据以上经济业务分别填制收款凭证、付款凭证和转账凭证。

收 款 凭 证

借方科目： 20 年 月 日 字第 号

摘要	贷方科目		金额											记账√
	总账科目	明细科目	亿	千	百	十	万	千	百	十	元	角	分	
附件 张	合计													

会计主管： 记账： 出纳： 复核： 制单：

收 款 凭 证

借方科目： 20 年 月 日 字第 号

摘要	贷方科目		金额											记账√
	总账科目	明细科目	亿	千	百	十	万	千	百	十	元	角	分	
附件 张	合计													

会计主管： 记账： 出纳： 复核： 制单：

收 款 凭 证

借方科目： 20 年 月 日 字第 号

摘要	贷方科目		金额											记账√
	总账科目	明细科目	亿	千	百	十	万	千	百	十	元	角	分	
附件 张	合计													

会计主管： 记账： 出纳： 复核： 制单：

付　款　凭　证

贷方科目：　　　　　　　　20　　年　　月　　日　　　　　　　字第　号

摘要	借方科目		金额											记账
	总账科目	明细科目	亿	千	百	十	万	千	百	十	元	角	分	√
附件　张	合计													

会计主管：　　　　记账：　　　　出纳：　　　　复核：　　　　制单：

付　款　凭　证

贷方科目：　　　　　　　　20　　年　　月　　日　　　　　　　字第　号

摘要	借方科目		金额											记账
	总账科目	明细科目	亿	千	百	十	万	千	百	十	元	角	分	√
附件　张	合计													

会计主管：　　　　记账：　　　　出纳：　　　　复核：　　　　制单：

付　款　凭　证

贷方科目：　　　　　　　　20　　年　　月　　日　　　　　　　字第　号

摘要	借方科目		金额											记账
	总账科目	明细科目	亿	千	百	十	万	千	百	十	元	角	分	√
附件　张	合计													

会计主管：　　　　记账：　　　　出纳：　　　　复核：　　　　制单：

付 款 凭 证

贷方科目：　　　　　　20　　年　　月　　日　　　　　　字第　号

摘要	借方科目		金额											记账
	总账科目	明细科目	亿	千	百	十	万	千	百	十	元	角	分	√
附件　张	合计													

会计主管：　　记账：　　出纳：　　复核：　　制单：

付 款 凭 证

贷方科目：　　　　　　20　　年　　月　　日　　　　　　字第　号

摘要	借方科目		金额											记账
	总账科目	明细科目	亿	千	百	十	万	千	百	十	元	角	分	√
附件　张	合计													

会计主管：　　记账：　　出纳：　　复核：　　制单：

转 账 凭 证

20　　年　　月　　日　　　　　　字第　号

摘要	会计科目		借方金额											贷方金额											记账
	总账科目	明细科目	亿	千	百	十	万	千	百	十	元	角	分	亿	千	百	十	万	千	百	十	元	角	分	√
附件　张	合计																								

会计主管：　　记账：　　复核：　　制单：

转 账 凭 证

20 年 月 日 字第 号

摘要	会计科目		借方金额											贷方金额											记账
	总账科目	明细科目	亿	千	百	十	万	千	百	十	元	角	分	亿	千	百	十	万	千	百	十	元	角	分	√
附件 张	合计																								

会计主管： 记账： 复核： 制单：

转 账 凭 证

20 年 月 日 字第 号

摘要	会计科目		借方金额											贷方金额											记账
	总账科目	明细科目	亿	千	百	十	万	千	百	十	元	角	分	亿	千	百	十	万	千	百	十	元	角	分	√
附件 张	合计																								

会计主管： 记账： 复核： 制单：

转 账 凭 证

20 年 月 日 字第 号

摘要	会计科目		借方金额											贷方金额											记账
	总账科目	明细科目	亿	千	百	十	万	千	百	十	元	角	分	亿	千	百	十	万	千	百	十	元	角	分	√
附件 张	合计																								

会计主管： 记账： 复核： 制单：

转 账 凭 证

20　年　月　日　　　　　　　　字第　号

摘要	会计科目		借方金额											贷方金额											记账
	总账科目	明细科目	亿	千	百	十	万	千	百	十	元	角	分	亿	千	百	十	万	千	百	十	元	角	分	√
附件　张	合计																								

会计主管：　　　　记账：　　　　复核：　　　　制单：

单项实训二：日记账的登记

(一)资料

广州太阳公司2017年6月1日“库存现金”借方余额3 200元,“银行存款”借方余额45 000元。6月发生以下经济业务。

(1)2日,向银行借入为期6个月的借款100 000元,存入银行;

(2)3日,向本市红光公司购进甲材料60吨,单价400元,货款24 000元,货款已用支票支付,材料已验收入库;

(3)4日,以银行存款14 600元偿还前欠红星公司货款;

(4)5日,用现金支付3日所购材料的运杂费400元;

(5)6日,职工王放出差借差旅费2 000元,经审核开出现金支票;

(6)8日,从银行提取现金15 000元,以备发放职工工资;

(7)10日,以现金15 000元发放职工工资;

(8)12日,以现金500元支付职工困难补助;

(9)15日,销售商品40吨,单价800元,货款已收到;

(10)18日,用银行存款支付销售商品所发生的费用600元;

(11)25日,收到华夏公司前欠货款18 000元,存入银行;

(12)26日,职工王放出差回来报销差旅费1 900元,余额退回;

(13)30日,用银行存款28 000元交纳税金。

(二)要求

(1)根据资料编制会计分录,并按经济业务的顺序编号(为简化核算,不考虑增值税);

(2)设置“现金日记账”和“银行存款日记账”,登记并结出发生额和余额。

总第____页
分第____页
编号____页

现 金 日 记 账

年		凭证号	摘要	对方会计科目名称	借方(增)金额											贷方(减)金额											余额											记账√
月	日				亿	千	百	十	万	千	百	十	元	角	分	亿	千	百	十	万	千	百	十	元	角	分	亿	千	百	十	万	千	百	十	元	角	分	

银行存款日记账

总页数	
本户页次	

币种：________　　开户银行：________　　银行账户：________

年		凭证号	摘要	支票		对方科目	借方											贷方											借或贷	余额											核对号
月	日			种类	号数		亿	千	百	十	万	千	百	十	元	角	分	亿	千	百	十	万	千	百	十	元	角	分		亿	千	百	十	万	千	百	十	元	角	分	

单项实训三:分类账的登记

(一)要求

(1)根据资料1设置总分类账户和明细分类账户;

(2)根据资料2编制通用记账凭证;

(3)根据编制的通用记账凭证登记总分类账并结出各账户的本期发生额及期末余额;

(4)根据编制的通用记账凭证登记明细分类账并结出各账户的本期发生额及期末余额(原材料、库存商品、材料采购、生产成本和制造费用)。

(二)资料

1.丰裕工厂2012年11月1日总分类账户期初余额(表12.1)

表12.1 丰裕工厂2012年11月总分类账期初余额表 单位:元

账户	借方余额	账户	贷方余额
库存现金	1 000.00	应付账款	30 000.00
银行存款	270 000.00	累计折旧	151 000.00
原材料	20 000.00	实收资本	1 100 000.00
库存商品	380 000.00	资本公积	90 000.00
固定资产	700 000.00		
合计	1 371 000.00	合计	1 371 000.00

有关明细账户期初余额资料如下。

原材料:

甲材料 100吨 单价150元 计15 000元

乙材料 50吨 单价100元 计5 000元

库存商品:

A产品 400件 单价500元 计200 000元

B产品 600件 单价300元 计180 000元

2.丰裕工厂2012年11月发生的经济业务如下。

(1)3日,向云海公司购入甲材料300吨,单价150元,增值税进项税额为7 650元,甲材料已经验收入库,款项以银行存款支付。

记 账 凭 证

年　　月　　日　　　　　　　　　　　　　　　　字第　　号

摘要	会计科目		√	借方金额								贷方金额							
	总账科目	明细科目		十	万	千	百	十	元	角	分	十	万	千	百	十	元	角	分
合计																			

会计主管：　　　　记账：　　　　出纳：　　　　复核：　　　　制单：

(2)7 日，向五星工厂购入乙材料 500 吨，单价 100 元，该厂代垫运杂费 400 元，增值税进项税额为 8 500 元。材料尚未到达，款项以银行存款支付。

记 账 凭 证

年　　月　　日　　　　　　　　　　　　　　　　字第　　号

摘要	会计科目		√	借方金额								贷方金额							
	总账科目	明细科目		十	万	千	百	十	元	角	分	十	万	千	百	十	元	角	分
合计																			

会计主管：　　　　记账：　　　　出纳：　　　　复核：　　　　制单：

(3)8 日，开出支票，支付前欠远东公司账款 30 000 元。

记 账 凭 证

年　　月　　日　　　　　　　　　　　　　　　　字第　　号

摘要	会计科目		√	借方金额								贷方金额							
	总账科目	明细科目		十	万	千	百	十	元	角	分	十	万	千	百	十	元	角	分
合计																			

会计主管：　　　　记账：　　　　出纳：　　　　复核：　　　　制单：

(4)10 日,7 日购入的乙材料到达企业,验收入库,结转乙材料的实际采购成本。

记 账 凭 证

年　月　日　　　　字第　号

摘要	会计科目		√	借方金额								贷方金额							
	总账科目	明细科目		十	万	千	百	十	元	角	分	十	万	千	百	十	元	角	分
合计																			

会计主管:　　记账:　　出纳:　　复核:　　制单:

(5)12 日,本月仓库发出下列材料,供有关方面耗用:A 产品耗用甲材料 280 吨,单价 150 元,乙材料 80 吨,单价 100.80 元;B 产品领用甲材料 100 吨,单价 150 元,乙材料 400 吨,单价 100.80 元;车间一般耗用甲材料 40 吨,单价 150 元;管理部门耗用乙材料 10 吨,单价 100.80 元。

记 账 凭 证

年　月　日　　　　字第　号

摘要	会计科目		√	借方金额								贷方金额							
	总账科目	明细科目		十	万	千	百	十	元	角	分	十	万	千	百	十	元	角	分
合计																			

会计主管:　　记账:　　出纳:　　复核:　　制单:

(6)15 日,结算本月应付职工工资:生产 A 产品工人工资 35 000 元。生产 B 产品工人工资 45 000 元,车间管理人员工资 10 000 元,管理人员工资 9 500 元。

记 账 凭 证

年 月 日 字第 号

摘要	会计科目		√	借方金额								贷方金额							
	总账科目	明细科目		十	万	千	百	十	元	角	分	十	万	千	百	十	元	角	分
合计																			

会计主管: 记账: 出纳: 复核: 制单:

(7)15 日,提取现金并发放职工工资。

记 账 凭 证

年 月 日 字第 号

摘要	会计科目		√	借方金额								贷方金额							
	总账科目	明细科目		十	万	千	百	十	元	角	分	十	万	千	百	十	元	角	分
合计																			

会计主管: 记账: 出纳: 复核: 制单:

记 账 凭 证

年 月 日 字第 号

摘要	会计科目		√	借方金额								贷方金额							
	总账科目	明细科目		十	万	千	百	十	元	角	分	十	万	千	百	十	元	角	分
合计																			

会计主管: 记账: 出纳: 复核: 制单:

（8）20日，按规定的固定资产折旧率计提折旧，车间计提8 000元，厂部计提2 000元。

记 账 凭 证

年　月　日　　　　字第　号

<table>
<tr><td rowspan="2">摘要</td><td colspan="2">会计科目</td><td rowspan="2">√</td><td colspan="8">借方金额</td><td colspan="8">贷方金额</td></tr>
<tr><td>总账科目</td><td>明细科目</td><td>十</td><td>万</td><td>千</td><td>百</td><td>十</td><td>元</td><td>角</td><td>分</td><td>十</td><td>万</td><td>千</td><td>百</td><td>十</td><td>元</td><td>角</td><td>分</td></tr>
<tr><td></td><td></td><td></td><td></td><td></td><td></td><td></td><td></td><td></td><td></td><td></td><td></td><td></td><td></td><td></td><td></td><td></td><td></td><td></td><td></td></tr>
<tr><td></td><td></td><td></td><td></td><td></td><td></td><td></td><td></td><td></td><td></td><td></td><td></td><td></td><td></td><td></td><td></td><td></td><td></td><td></td><td></td></tr>
<tr><td></td><td></td><td></td><td></td><td></td><td></td><td></td><td></td><td></td><td></td><td></td><td></td><td></td><td></td><td></td><td></td><td></td><td></td><td></td><td></td></tr>
<tr><td>合计</td><td></td><td></td><td></td><td></td><td></td><td></td><td></td><td></td><td></td><td></td><td></td><td></td><td></td><td></td><td></td><td></td><td></td><td></td><td></td></tr>
</table>

会计主管：　　记账：　　出纳：　　复核：　　制单：

（9）23日，用现金购买办公用品150元。

记 账 凭 证

年　月　日　　　　字第　号

<table>
<tr><td rowspan="2">摘要</td><td colspan="2">会计科目</td><td rowspan="2">√</td><td colspan="8">借方金额</td><td colspan="8">贷方金额</td></tr>
<tr><td>总账科目</td><td>明细科目</td><td>十</td><td>万</td><td>千</td><td>百</td><td>十</td><td>元</td><td>角</td><td>分</td><td>十</td><td>万</td><td>千</td><td>百</td><td>十</td><td>元</td><td>角</td><td>分</td></tr>
<tr><td></td><td></td><td></td><td></td><td></td><td></td><td></td><td></td><td></td><td></td><td></td><td></td><td></td><td></td><td></td><td></td><td></td><td></td><td></td><td></td></tr>
<tr><td></td><td></td><td></td><td></td><td></td><td></td><td></td><td></td><td></td><td></td><td></td><td></td><td></td><td></td><td></td><td></td><td></td><td></td><td></td><td></td></tr>
<tr><td></td><td></td><td></td><td></td><td></td><td></td><td></td><td></td><td></td><td></td><td></td><td></td><td></td><td></td><td></td><td></td><td></td><td></td><td></td><td></td></tr>
<tr><td>合计</td><td></td><td></td><td></td><td></td><td></td><td></td><td></td><td></td><td></td><td></td><td></td><td></td><td></td><td></td><td></td><td></td><td></td><td></td><td></td></tr>
</table>

会计主管：　　记账：　　出纳：　　复核：　　制单：

（10）27日，用银行存款支付车间负担的水费3 000元。

记 账 凭 证

年　月　日　　　　字第　号

<table>
<tr><td rowspan="2">摘要</td><td colspan="2">会计科目</td><td rowspan="2">√</td><td colspan="8">借方金额</td><td colspan="8">贷方金额</td></tr>
<tr><td>总账科目</td><td>明细科目</td><td>十</td><td>万</td><td>千</td><td>百</td><td>十</td><td>元</td><td>角</td><td>分</td><td>十</td><td>万</td><td>千</td><td>百</td><td>十</td><td>元</td><td>角</td><td>分</td></tr>
<tr><td></td><td></td><td></td><td></td><td></td><td></td><td></td><td></td><td></td><td></td><td></td><td></td><td></td><td></td><td></td><td></td><td></td><td></td><td></td><td></td></tr>
<tr><td></td><td></td><td></td><td></td><td></td><td></td><td></td><td></td><td></td><td></td><td></td><td></td><td></td><td></td><td></td><td></td><td></td><td></td><td></td><td></td></tr>
<tr><td></td><td></td><td></td><td></td><td></td><td></td><td></td><td></td><td></td><td></td><td></td><td></td><td></td><td></td><td></td><td></td><td></td><td></td><td></td><td></td></tr>
<tr><td>合计</td><td></td><td></td><td></td><td></td><td></td><td></td><td></td><td></td><td></td><td></td><td></td><td></td><td></td><td></td><td></td><td></td><td></td><td></td><td></td></tr>
</table>

会计主管：　　记账：　　出纳：　　复核：　　制单：

(11)28 日,用银行存款 800 元支付广告费。

记 账 凭 证

年 月 日

字第 号

摘要	会计科目		√	借方金额								贷方金额							
	总账科目	明细科目		十	万	千	百	十	元	角	分	十	万	千	百	十	元	角	分
合计																			

会计主管: 记账: 出纳: 复核: 制单:

(12)30 日,将本月发生的制造费用总额,按生产工人工资比例分配计入产品生产成本。

记 账 凭 证

年 月 日

字第 号

摘要	会计科目		√	借方金额								贷方金额							
	总账科目	明细科目		十	万	千	百	十	元	角	分	十	万	千	百	十	元	角	分
合计																			

会计主管: 记账: 出纳: 复核: 制单:

(13)30 日,A 产品 200 件和 B 产品 400 件全部完工并验收入库,结转其实际生产成本。

记 账 凭 证

年 月 日

字第 号

摘要	会计科目		√	借方金额								贷方金额							
	总账科目	明细科目		十	万	千	百	十	元	角	分	十	万	千	百	十	元	角	分
合计																			

会计主管: 记账: 出纳: 复核: 制单:

(14)30 日,销售 A 产品 150 件,单价 800 元,销售 B 产品 300 件,单价 500 元,增值税额为销售额的 17%,货款已存入银行。

记　账　凭　证

年　　月　　日　　　　字第　号

摘要	会计科目		√	借方金额								贷方金额							
	总账科目	明细科目		十	万	千	百	十	元	角	分	十	万	千	百	十	元	角	分
合计																			

会计主管:　　记账:　　出纳:　　复核:　　制单:

(15)30 日,结转已销 A,B 产品的实际生产成本,A 产品单位成本为 511.95 元,B 产品单位成本为 306.49 元。

记　账　凭　证

年　　月　　日　　　　字第　号

摘要	会计科目		√	借方金额								贷方金额							
	总账科目	明细科目		十	万	千	百	十	元	角	分	十	万	千	百	十	元	角	分
合计																			

会计主管:　　记账:　　出纳:　　复核:　　制单:

总　账

第×页

科目

年		凭证		摘　要	借　方									贷　方									借或贷	余　额								
月	日	字	号		百	十	万	千	百	十	元	角	分	百	十	万	千	百	十	元	角	分		百	十	万	千	百	十	元	角	分
				过次页																												

总　账

科目　　　　　　　　　　　第×页

年		凭证		摘要	借方									贷方									借或贷	余额								
月	日	字	号		百	十	万	千	百	十	元	角	分	百	十	万	千	百	十	元	角	分		百	十	万	千	百	十	元	角	分
				过次页																												

总 账

科目 第×页

年		凭证		摘要	借方									贷方									借或贷	余额								
月	日	字	号		百	十	万	千	百	十	元	角	分	百	十	万	千	百	十	元	角	分		百	十	万	千	百	十	元	角	分
				过次页																												

总 账

科目 第×页

年		凭证		摘要	借方									贷方									借或贷	余额								
月	日	字	号		百	十	万	千	百	十	元	角	分	百	十	万	千	百	十	元	角	分		百	十	万	千	百	十	元	角	分
				过次页																												

总　账

科目　　　　　　　　　　　　　　　　　　　　　第×页

年		凭证		摘要	借方									贷方									借或贷	余额								
月	日	字	号		百	十	万	千	百	十	元	角	分	百	十	万	千	百	十	元	角	分		百	十	万	千	百	十	元	角	分
				过次页																												

总　账

科目　　　　　　　　　　　　第×页

年		凭证		摘　要	借　方									贷　方									借或贷	余　额								
月	日	字	号		百	十	万	千	百	十	元	角	分	百	十	万	千	百	十	元	角	分		百	十	万	千	百	十	元	角	分
				过次页																												

总　账

科目　　　　第×页

年		凭证		摘要	借方									贷方									借或贷	余额								
月	日	字	号		百	十	万	千	百	十	元	角	分	百	十	万	千	百	十	元	角	分		百	十	万	千	百	十	元	角	分
				过次页																												

总　账

科目　　　　　　　　　　　　第×页

年		凭证		摘　要	借　方									贷　方									借或贷	余　额								
月	日	字	号		百	十	万	千	百	十	元	角	分	百	十	万	千	百	十	元	角	分		百	十	万	千	百	十	元	角	分
				过次页																												

总　账

科目　　　　　　　　　　　　　　第×页

年		凭证		摘　要	借　方									贷　方									借或贷	余　额								
月	日	字	号		百	十	万	千	百	十	元	角	分	百	十	万	千	百	十	元	角	分		百	十	万	千	百	十	元	角	分
				过次页																												

总　账

科目　　　　　　　　　　　　第×页

年		凭证		摘　要	借　方									贷　方									借或贷	余　额								
月	日	字	号		百	十	万	千	百	十	元	角	分	百	十	万	千	百	十	元	角	分		百	十	万	千	百	十	元	角	分
				过次页																												

原材料明细账

明细科目：

品名： 存放地点： 计量单位： 编号：

年		凭证		摘要	收入									发出									结存								
月	日	字	号		数量	单价	金额							数量	单价	金额							数量	单价	金额						
							万	千	百	十	元	角	分			万	千	百	十	元	角	分			万	千	百	十	元	角	分

原材料明细账

明细科目：

品名：　　　　存放地点：　　　　计量单位：　　　　编号：

年		凭证		摘要	收入									发出									结存								
月	日	字	号		数量	单价	金额							数量	单价	金额							数量	单价	金额						
							万	千	百	十	元	角	分			万	千	百	十	元	角	分			万	千	百	十	元	角	分

库存商品明细账

明细科目：

品名：　　　　存放地点：　　　　计量单位：　　　　编号：

年		凭证		摘要	收入									发出									结存								
月	日	字	号		数量	单价	金额							数量	单价	金额							数量	单价	金额						
							万	千	百	十	元	角	分			万	千	百	十	元	角	分			万	千	百	十	元	角	分

库存商品明细账

明细科目：

品名：　　存放地点：　　计量单位：　　编号：

年		凭证		摘要	收入									发出									结存								
月	日	字	号		数量	单价	金额							数量	单价	金额							数量	单价	金额						
							万	千	百	十	元	角	分			万	千	百	十	元	角	分			万	千	百	十	元	角	分

生产成本明细账

产品名称：　　　　　　　　　　　　　　　　第　　页

年		凭证		摘　　要	直接材料									直接人工									制造费用									合计								
月	日	字	号		百	十	万	千	百	十	元	角	分	百	十	万	千	百	十	元	角	分	百	十	万	千	百	十	元	角	分	百	十	万	千	百	十	元	角	分

生产成本明细账

产品名称：　　　　　　　　　　　　　　第　　页

年		凭证		摘　要	直接材料									直接人工									制造费用									合计								
月	日	字	号		百	十	万	千	百	十	元	角	分	百	十	万	千	百	十	元	角	分	百	十	万	千	百	十	元	角	分	百	十	万	千	百	十	元	角	分

制造费用明细账

第　　页

年		凭证		摘要																													合计						
月	日	字	号		万	千	百	十	元	角	分	万	千	百	十	元	角	分	万	千	百	十	元	角	分	万	千	百	十	元	角	分	万	千	百	十	元	角	分

单项实训四:账务处理程序

(一)根据汇总记账凭证登记总账

1. 资料

瑞丽公司2017年3月末编制的汇总记账凭证如下。

汇总收款凭证

2017年3月

借方科目:库存现金　　　　第1号

贷方科目	金额				总账页数	
	自1日至10日	自11日至20日	自21日至31日	合计	借方	贷方
应收账款		1 470		1 470		
合计		1 470		1 470		

汇总收款凭证

2017年3月

借方科目:银行存款　　　　第2号

贷方科目	金额				总账页数	
	自1日至10日	自11日至20日	自21日至31日	合计	借方	贷方
实收资本	500 000			500 000		
主营业务收入			4 670	4 670		
合计	500 000		4 670	504 670		

汇总付款凭证

2017年3月

贷方科目:库存现金　　　　第1号

借方科目	金额				总账页数	
	自1日至10日	自11日至20日	自21日至31日	合计	借方	贷方
管理费用	280		50	330		
库存商品	410			410		
销售费用			284	284		
应付职工薪酬			3 754	3 754		
合计	690		4 088	4 778		

汇总付款凭证

2017 年 3 月

贷方科目：银行存款

第 2 号

借方科目	金额				总账页数	
	自 1 日至 10 日	自 11 日至 20 日	自 21 日至 31 日	合计	借方	贷方
库存现金	2 000		3 754	5 754		
固定资产	15 000			15 000		
管理费用		200		200		
合计	17 000	200	3 754	20 954		

汇总转账凭证

2017 年 3 月

贷方科目：应付账款

第 1 号

借方科目	金额				总账页数	
	自 1 日至 10 日	自 11 日至 20 日	自 21 日至 31 日	合计	借方	贷方
库存商品	817			817		
合计	817			817		

汇总转账凭证

2017 年 3 月

贷方科目：主营业务收入

第 2 号

借方科目	金额				总账页数	
	自 1 日至 10 日	自 11 日至 20 日	自 21 日至 31 日	合计	借方	贷方
应收账款	1 470			1 470		
合计	1 470			1 470		

汇总转账凭证

2017 年 3 月

贷方科目：库存商品

第 3 号

借方科目	金额				总账页数	
	自 1 日至 10 日	自 11 日至 20 日	自 21 日至 31 日	合计	借方	贷方
主营业务成本	150	530		680		
合计	150	530		680		

汇总转账凭证

2017 年 3 月

贷方科目:应付职工薪酬　　　　第 4 号

借方科目	金额				总账页数	
	自 1 日至 10 日	自 11 日至 20 日	自 21 日至 31 日	合计	借方	贷方
销售费用			2 360	2 360		
管理费用			1 394	1 394		
合计			3 754	3 754		

汇总转账凭证

2017 年 3 月

贷方科目:应交税费　　　　第 5 号

借方科目	金额				总账页数	
	自 1 日至 10 日	自 11 日至 20 日	自 21 日至 31 日	合计	借方	贷方
税金及附加			307	307		
合计			307	307		

汇总转账凭证

2017 年 3 月

贷方科目:本年利润　　　　第 6 号

借方科目	金额				总账页数	
	自 1 日至 10 日	自 11 日至 20 日	自 21 日至 31 日	合计	借方	贷方
主营业务收入			6 140	6 140		
合计			6 140	6 140		

汇总转账凭证

2017 年 3 月

贷方科目:主营业务成本　　　　第 7 号

借方科目	金额				总账页数	
	自 1 日至 10 日	自 11 日至 20 日	自 21 日至 31 日	合计	借方	贷方
本年利润			680	680		
合计			680	680		

汇总转账凭证

2017 年 3 月

贷方科目:销售费用　　　　第 8 号

借方科目	金额				总账页数	
	自 1 日至 10 日	自 11 日至 20 日	自 21 日至 31 日	合计	借方	贷方
本年利润			2 644	2 644		
合计			2 644	2 644		

汇总转账凭证

2017 年 3 月

贷方科目:管理费用　　　　第 9 号

借方科目	金额				总账页数	
	自 1 日至 10 日	自 11 日至 20 日	自 21 日至 31 日	合计	借方	贷方
本年利润			1 924	1 924		
合计			1 924	1 924		

汇总转账凭证

2017 年 3 月

贷方科目:税金及附加　　　　第 10 号

借方科目	金额				总账页数	
	自 1 日至 10 日	自 11 日至 20 日	自 21 日至 31 日	合计	借方	贷方
本年利润			307	307		
合计			307	307		

2. 要求

根据上面汇总记账凭证登记总账。

总分类账

会计科目:库存现金

2017 年		凭证号数	摘要	对方科目	借方	贷方	借或贷	余额
月	日							

总分类账

会计科目:银行存款

2017 年		凭证号数	摘要	对方科目	借方	贷方	借或贷	余额
月	日							

总分类账

会计科目:应收账款

2017 年		凭证号数	摘要	对方科目	借方	贷方	借或贷	余额
月	日							

总分类账

会计科目:库存商品

2017 年		凭证号数	摘要	对方科目	借方	贷方	借或贷	余额
月	日							

总分类账

会计科目:固定资产

2017年		凭证号数	摘要	对方科目	借方	贷方	借或贷	余额
月	日							

总分类账

会计科目:应付账款

2017年		凭证号数	摘要	对方科目	借方	贷方	借或贷	余额
月	日							

总分类账

会计科目:应付职工薪酬

2017年		凭证号数	摘要	对方科目	借方	贷方	借或贷	余额
月	日							

总分类账

会计科目:应交税费

2017年		凭证号数	摘要	对方科目	借方	贷方	借或贷	余额
月	日							

总分类账

会计科目:实收资本

2017年		凭证号数	摘要	对方科目	借方	贷方	借或贷	余额
月	日							

总分类账

会计科目:主营业务成本

2017年		凭证号数	摘要	对方科目	借方	贷方	借或贷	余额
月	日							

总分类账

会计科目:销售费用

2017年		凭证号数	摘要	对方科目	借方	贷方	借或贷	余额
月	日							

总分类账

会计科目:管理费用

2017年		凭证号数	摘要	对方科目	借方	贷方	借或贷	余额
月	日							

总分类账

会计科目:税金及附加

2017年		凭证号数	摘要	对方科目	借方	贷方	借或贷	余额
月	日							

总分类账

会计科目:主营业务收入

2017 年		凭证号数	摘要	对方科目	借方	贷方	借或贷	余额
月	日							

总分类账

会计科目:本年利润

2017 年		凭证号数	摘要	对方科目	借方	贷方	借或贷	余额
月	日							

(二)根据科目汇总表登记总账

1. 广信汽车服务公司 2017 年 3 月科目汇总表(表 12.2)

表 12.2　科目汇总表

2017 年 3 月

编制单位:广信汽车服务公司　　单位:元　科汇字 1 号

会计科目	本期发生额							
	1 日至 10 日		11 日至 20 日		21 日至 31 日		全月合计	
	借方	贷方	借方	贷方	借方	贷方	借方	贷方
库存现金	2 000	690	1 470		3 754	4 088	7 224	4 778
银行存款	500 000	17 000		200	4 670	3 754	504 670	20 954
实收资本		500 000						500 000

续表 12.2

会计科目	本期发生额							
	1 日至 10 日		11 日至 20 日		21 日至 31 日		全月合计	
	借方	贷方	借方	贷方	借方	贷方	借方	贷方
应收账款	1 470			1 470			1 470	1 470
库存商品	1 227	150				530	1 227	680
固定资产	15 000						15 000	
应付账款		817						817
应付职工薪酬					3 754	3 754	3 754	3 754
应交税费						307		307
管理费用	280		200		1 444	1 924	1 924	1 924
销售费用					2 644	2 644	2 644	2 644
主营业务收入		1 470			6 140	4 670	6 140	6 140
主营业务成本	150				530	680	680	680
税金及附加					307	307	307	307
本年利润					5 555	6 140	5 555	6 140
合计	520 127	520 127	1 670	1 670	28 798	28 798	550 595	550 595

2. 根据表 12.2 的科目汇总表登记总账

总分类账

会计科目:库存现金

2017 年		凭证号数	摘要	借方	贷方	借或贷	余额
月	日						

总分类账

会计科目:银行存款

2017 年		凭证号数	摘要	借方	贷方	借或贷	余额
月	日						

总分类账

会计科目:应收账款

2017 年		凭证号数	摘要	借方	贷方	借或贷	余额
月	日						

总分类账

会计科目:库存商品

2017 年		凭证号数	摘要	借方	贷方	借或贷	余额
月	日						

总分类账

会计科目:固定资产

2017 年		凭证号数	摘要	借方	贷方	借或贷	余额
月	日						

总分类账

会计科目:应付账款

2017 年		凭证号数	摘要	借方	贷方	借或贷	余额
月	日						

总分类账

会计科目:应付职工薪酬

2017 年		凭证号数	摘要	借方	贷方	借或贷	余额
月	日						

总分类账

会计科目:应交税费

2017 年		凭证号数	摘要	借方	贷方	借或贷	余额
月	日						

总分类账

会计科目:实收资本

2017 年		凭证号数	摘要	借方	贷方	借或贷	余额
月	日						

总分类账

会计科目:主营业务成本

2017 年		凭证号数	摘要	借方	贷方	借或贷	余额
月	日						

总分类账

会计科目:销售费用

2017年		凭证号数	摘要	借方	贷方	借或贷	余额
月	日						

总分类账

会计科目:管理费用

2017年		凭证号数	摘要	借方	贷方	借或贷	余额
月	日						

总分类账

会计科目:税金及附加

2017年		凭证号数	摘要	借方	贷方	借或贷	余额
月	日						

总分类账

会计科目:主营业务收入

2017年		凭证号数	摘要	借方	贷方	借或贷	余额
月	日						

总分类账

会计科目:本年利润

2017 年		凭证号数	摘要	借方	贷方	借或贷	余额
月	日						

单项实训五:会计报表的编制

(一)泰山公司 2015 年度发生以下经济业务

(1)从银行取得临时借款 500 000 元存入银行;

(2)接受投资人投入的设备 1 台,原价 100 000 元,双方确认估价为 80 000 元,已投入使用;

(3)接受某单位捐赠设备 1 台,价值 10 000 元;

(4)用银行存款 6 500 元上缴前欠税金;

(5)收回某单位所欠货款 8 000 元并存入银行;

(6)企业销售 A 产品含税总价款 292 500 元,增值税税率为 17%,款项已收到;

(7)采购甲材料,供应单位发来甲材料 38 000 元,增值税税额为 6 460 元,款项已经预付,材料验收入库;

(8)车间生产 A 产品领用甲材料 6 000 元,车间一般性消耗甲材料 1 200 元;

(9)车间设备发生修理费 800 元,用现金支付;

(10)通过银行转账直接发放工资 30 000 元;

(11)银行转来通知,支付企业职工药费 2 200 元;

(12)车间领用甲材料 5 000 元用于 B 产品的生产;

(13)通过银行支付产品广告费 1 000 元;

(14)销售 B 产品价款 50 000 元,增值税税率 17%,款项暂未收到;

(15)按 5% 的税率计算 B 产品的消费税;

(16)企业购买 1 台不需要安装的车床,买价 240 000 元,增值税税额 40 800 元,运杂费 1 000 元,款项暂未支付,设备交付使用;

(17)开出现金支票购买办公用品 780 元;

(18)提取固定资产折旧,其中车间折旧额为 8 100 元,厂部折旧额为 3 200 元;

(19)计提银行短期借款利息 980 元;

(20)分配本月工资费用,其中 A 产品工人工资 13 680 元,B 产品工人工资 11 400 元,车间管理人员工资 9 900 元;

(21)经批准将资本公积金 60 000 元转增资本;

(22)共发生制造费用 20 000 元,按生产工时比例(A 产品 6 000 工时,B 产品 4 000 工时)分配计入 A,B 产品生产成本;

(23)生产的 15 台 A 产品已完工,总成本 38 500 元,验收入库,并结转成本;

(24)用银行存款 9 700 元支付罚款支出;

(25)结转已销售产品成本 138 000 元;

(26)期末将各损益类账户转入"本年利润",计算利润总额;

(27)按 25% 的税率计算并结转所得税费用;

(28)按税后利润的 10% 计提法定盈余公积金;

(29)决定将税后利润的 40% 分配给投资人;

(30)年末结转本年净利润。

(二)要求

(1)编制上述业务的会计分录;

(2)登记总分类账户;

(3)编制该公司资产负债表(表 12.3);

(4)编制该公司利润表(表 12.4)。

总分类账

会计科目:银行存款

2015 年		凭证号数	摘要	借方	贷方	借或贷	余额
月	日						
			期初余额			借	540 000

总分类账

会计科目:库存现金

2015 年		凭证号数	摘要	借方	贷方	借或贷	余额
月	日						
			期初余额			借	9 254

总分类账

会计科目:应收账款

2015 年		凭证号数	摘要	借方	贷方	借或贷	余额
月	日						
			期初余额			借	342 260

总分类账

会计科目:预付账款

2015 年		凭证号数	摘要	借方	贷方	借或贷	余额
月	日						
			期初余额			借	126 280

总分类账

会计科目:原材料

2015 年		凭证号数	摘要	借方	贷方	借或贷	余额
月	日						
			期初余额			借	250 000

总分类账

会计科目:库存商品

2015 年		凭证号数	摘要	借方	贷方	借或贷	余额
月	日						
			期初余额			借	150 000

总分类账

会计科目:生产成本—A

2015 年		凭证号数	摘要	借方	贷方	借或贷	余额
月	日						
			期初余额			借	50 000

总分类账

会计科目:生产成本—B

2015 年		凭证号数	摘要	借方	贷方	借或贷	余额
月	日						
			期初余额			借	9 493.6

总分类账

会计科目:固定资产

2015 年		凭证号数	摘要	借方	贷方	借或贷	余额
月	日						
			期初余额			借	1 028 092

总分类账

会计科目:累计折旧

2015 年		凭证号数	摘要	借方	贷方	借或贷	余额
月	日						
			期初余额			贷	155 850

总分类账

会计科目:短期借款

2015年		凭证号数	摘要	借方	贷方	借或贷	余额
月	日						
			期初余额			贷	80 000

总分类账

会计科目:应付账款

2015年		凭证号数	摘要	借方	贷方	借或贷	余额
月	日						
			期初余额			贷	30 200

总分类账

会计科目:应付职工薪酬

2015年		凭证号数	摘要	借方	贷方	借或贷	余额
月	日						
			期初余额			贷	7 584

总分类账

会计科目:应付利息

2015年		凭证号数	摘要	借方	贷方	借或贷	余额
月	日						
			期初余额			贷	1 360

总分类账

会计科目:应付股利

2015年		凭证号数	摘要	借方	贷方	借或贷	余额
月	日						
			期初余额			贷	58 000

总分类账

会计科目:应交税费

2015年		凭证号数	摘要	借方	贷方	借或贷	余额
月	日						
			期初余额			贷	64 021

总分类账

会计科目:实收资本

2015年		凭证号数	摘要	借方	贷方	借或贷	余额
月	日						
			期初余额			贷	1 500 000

总分类账

会计科目:资本公积

2015年		凭证号数	摘要	借方	贷方	借或贷	余额
月	日						
			期初余额			贷	281 000

总分类账

会计科目:盈余公积

2015 年		凭证号数	摘要	借方	贷方	借或贷	余额
月	日						
			期初余额			贷	72 586.5

总分类账

会计科目:利润分配

2015 年		凭证号数	摘要	借方	贷方	借或贷	余额
月	日						
			期初余额			贷	237 078.5

总分类账

会计科目:

2015 年		凭证号数	摘要	借方	贷方	借或贷	余额
月	日						

总分类账

会计科目:

2015 年		凭证号数	摘要	借方	贷方	借或贷	余额
月	日						

总分类账

会计科目：

2015 年		凭证号数	摘要	借方	贷方	借或贷	余额
月	日						

总分类账

会计科目：

2015 年		凭证号数	摘要	借方	贷方	借或贷	余额
月	日						

总分类账

会计科目：

2015 年		凭证号数	摘要	借方	贷方	借或贷	余额
月	日						

总分类账

会计科目：

2015 年		凭证号数	摘要	借方	贷方	借或贷	余额
月	日						

总分类账

会计科目：

2015 年		凭证号数	摘要	借方	贷方	借或贷	余额
月	日						

总分类账

会计科目：

2015 年		凭证号数	摘要	借方	贷方	借或贷	余额
月	日						

表 12.3 资产负债表

会企 01 表

编制单位：泰山公司 2015 年 12 月 31 日 单位：元

资产	期初余额	年末余额	负债和所有者权益	期初余额	年末余额
流动资产：			流动负债：		
货币资金	549 254		短期借款	80 000	
应收票据	100 100		应付票据	40 950	
应收账款	342 260		应付账款	30 200	
预付账款	126 820		预收账款	75 500	
应收利息			应付职工薪酬	7 584	
应收股利			应交税费	64 021	
其他应收款	1 110.4		应付利息	1 360	
存货	459 493.6		应付股利	58 000	
一年内到期的非流动资产			其他应付款	3 000	
其他流动资产			一年内到期的非流动负债		
流动资产合计	1 579 038		其他流动负债		
非流动资产：			流动负债合计	360 615	

续表 12.3

资产	期初余额	年末余额	负债和所有者权益	期初余额	年末余额
固定资产	872 242		非流动负债：		
在建工程			长期借款		
无形资产			其他非流动负债		
其他非流动资产			非流动负债合计		
非流动资产合计	872 242		负债合计	360 615	
			所有者权益：		
			实收资本	1 500 000	
			资本公积	281 000	
			盈余公积	72 586.5	
			未分配利润	237 078.5	
			所有者权益合计	2 090 665	
资产总计	2 451 280		负债及所有者权益总计	2 451 280	

表 12.4　利润表

会企 02 表

编制单位：泰山公司　　2015 年度　　单位：元

项目	本期金额	上期金额
一、营业收入	300 000	
减：营业成本	138 000	
营业税金及附加	2 500	
销售费用	1 000	
管理费用	3 980	
财务费用	980	
资产减值损失		
加：投资收益（损失以“－”号填列）		
二、营业利润（亏损以“－”号填列）	153 540	
加：营业外收入	10 000	
减：营业外支出	9 700	
三、利润总额（亏损以“－”号填列）	153 840	
减：所得税费用	38 460	
四、净利润（亏损以“－”号填列）	115 380	

第十三章　综合实训

一、资料

(一)全兴公司2016年11月初有关科目的余额(表13.1)

表13.1　全兴公司会计科目余额表

2016年11月1日　　　　单位:元

会计科目	借方余额	贷方余额
库存现金	600.00	
银行存款	639 600.00	
应收账款	88 700.00	
其中:大发公司	48 700.00	
全顺公司	40 000.00	
其他应收款	680.00	
其中:王云	680.00	
原材料	86 700.00	
其中:甲材料6 000千克	61 500.00	
乙材料4 000千克	25 200.00	
库存商品	510 000.00	
其中:A产品3 000盒	330 000.00	
B产品2 000盒	180 000.00	
固定资产	690 000.00	
累计折旧		206 200.00
短期借款		450 000.00
应付账款		73 000.00
其中:西康工厂		73 000.00
应付职工薪酬		86 792.00
应交税费		84 000.00
应付利息		8 288.00
实收资本		862 000.00
盈余公积		109 000.00
本年利润		257 000.00
生产成本	120 000.00	
其中:A产品	78 000.00	
B产品	42 000.00	
合计	2 136 280.00	2 136 280.00

其中,“生产成本”明细账的期初余额如表13.2所示。

表13.2　全兴公司生产成本明细账余额表

单位:元

品名	直接材料	直接人工	制造费用	合计
A产品	34 000	29 000	15 000	78 000
B产品	17 000	16 000	9 000	4 200

(二)全兴公司2016年11月发生如下经济业务

(1)1日,取得短期借款150 000元,存入银行;

(2)2日,购进甲材料2 500千克,单价为10元,计25 000元,增值税率17%,全部款项以存款支付;

(3)2日,销售A产品1 200盒,单价为150元,计180 000元,增值税率17%,全部款项已收回入账;

(4)3日,通过银行发放职工工资70 000元;

(5)4日,李明因公出差预借差旅费1 000元,以现金支票付讫;

(6)5日,收回大发公司的货款48 700元,存入银行;

(7)6日,向全顺公司销售B产品500盒,单价为120元,计60 000元,增值税率17%,款项尚未收回;

(8)6日,从东丰工厂购进乙材料2 000千克,单价为6.20元,增值税率17%,款项尚未支付;

(9)7日,以存款支付修理费3 200元,其中,生产车间2 700元,行政管理部门500元;

(10)8日,以存款3 600元支付广告费用;

(11)9日,购进甲材料1 500千克,单价为11元,计16 500元,增值税率17%,全部款项以存款支付;

(12)10日,结转上述甲、乙材料的采购成本;

(13)12日,李明出差归来报销差旅费950元,退回剩余现金50元;

(14)13日,以存款支付前欠西康工厂的款项73 000元;

(15)14日,以存款支付电费2 600元,其中,生产车间1 680元,行政管理部门920元;

(16)18日,用银行存款购置设备一台,价值30 000元;

(17)19日,从银行提取现金800元备用;

(18)20日,以存款支付业务招待费12 000元;

(19)20日,接银行付息通知,第三季度应付短期借款利息12 800元,企业在7月和8月已预提利息共8 288元;

(20)22 日,以存款购办公用品 270 元,其中,生产车间 120 元,行政管理部门 150 元;

(21)25 日,以存款 5 000 元支付违约罚金;

(22)30 日,本月领用材料汇总如表 13.2 所示;

表 6 全兴公司 2016 年 11 月领用材料汇总表

部门	甲材料		乙材料	
	数量/千克	金额/元	数量/千克	金额/元
A 产品	4 272	44 000	3 015	18 900
B 产品	3 204	33 000	2 010	12 600
生产车间	854	8 800	805	5 040
行政管理部门	214	2 200		

(23)30 日,计提本月固定资产折旧 7 810 元,其中,生产车间 4 540 元,行政管理部门 3 270 元;

(24)30 日,分配本月职工工资,生产 A 产品工人工资 36 000 元、生产 B 产品工人工资 24 000 元、车间管理人员工资 4 000 元、行政管理人员工资 6 000 元;

(25)30 日,按工资总额的 14% 计提职工福利费;

(26)30 日,按 A,B 产品的生产工时比例分配结转本月的制造费用,其中,A 产品的生产工时为 700 小时,B 产品的生产工时为 300 小时;

(27)30 日,结转本月完工产品成本,其中,A 产品全部完工,产量 1 600 盒,B 产品尚未完工;

(28)30 日,结转本月销售产品的成本,其中,A 产品的单位生产成本 110 元,B 产品的单位生产成本 90 元;

(29)30 日,按规定计算本月销售税金 2 360 元;

(30)30 日,结转本期损益。

二、要求

(1)建账,包括总分类账和明细分类账,并登记各账户期初余额;

(2)填制各项经济业务的记账凭证;

(3)根据收付款凭证登记现金日记账和银行存款日记账;

(4)登记明细分类账;

(5)15 天一次根据记账凭证汇总各账户本期发生额(使用丁字账),编制科目汇总表;

(6)根据科目汇总表的数据登记总分类账;

(7)对账,并编制总分类账试算平衡表;

(8)结账,包括总分类账和明细分类账;

(9)编制全兴公司 2016 年 11 月的资产负债表和利润表。

三、说明

本综合实训共需收款凭证4张;付款凭证14张;转账凭证14张;总账25张;日记账页2张;明细账约14张(其中:三栏式6张,数量金额账4张,多栏式4张);科目汇总表1张;资产负债表1张;利润表1张(以上数量仅供参考,也可根据实训具体条件另行确定)。各业务中未给出具体资料的可由指导老师指定。

第三部分

同步练习及教材习题参考答案

第一章　绪　论

一、同步练习

(一)单项选择题

1. A　2. A　3. B　4. C　5. A　6. D　7. B　8. A　9. C　10. C　11. B　12. D　13. C　14. D　15. B　16. C　17. C　18. D　19. C　20. C　21. A　22. B　23. B　24. A　25. A　26. B　27. C　28. A　29. A　30. A　31. B　32. C　33. A　34. B　35. C　36. B　37. C　38. C　39. A　40. C　41. C　42. B　43. A　44. C　45. B　46. A　47. B　48. C

(二)多项选择题

1. ABCD　2. AC　3. ABD　4. ABCD　5. ABC　6. ABCD　7. BD　8. BCD　9. CD　10. AB　11. ABD　12. BCD　13. ABC　14. ABCD　15. CD　16. ABD　17. ACD　18. AD　19. ABC　20. ABCD　21. BCD　22. CD　23. ABCD　24. ABC　25. BD

(三)判断题

1. ×　2. ×　3. √　4. √　5. √　6. √　7. √　8. ×　9. ×　10. √　11. ×　12. ×　13. ×　14. ×　15. ×　16. √　17. ×　18. √　19. √　20. √　21. ×　22. ×　23. ×　24. √　25. ×　26. √　27. ×　28. √　29. ×　30. √

(四)账务处理

1.

表1.1　会计要素练习表

项目 / 序号	金额		
	资产	负债	所有者权益
(1)	12 000		
(2)			700 000
(3)		60 000	
(4)	150		
(5)		50 000	
(6)	51 900		
(7)		8 000	
(8)	250 000		
(9)	42 000		

续表 1.1

序号 \ 项目	金额		
	资产	负债	所有者权益
(10)	19 400		
(11)	10 000		
(12)			75 000
(13)	7 550		
(14)	500 000		

2.

表 1.2 权责发生制与收付实现制练习表

业务号	权责发生制		收付实现制	
	收入	费用	收入	费用
(1)			10 000	
(2)	30 000		15 000	
(3)		1 000		3 000
(4)	5 000		5 000	
(5)	10 000			
(6)			8 000	
(7)		400		
(8)		500		
合计	45 000	1 900	38 000	3 000
利润	43 100		35 000	

二、教材第一章课后习题及参考答案

1. 会计的定义与基本职能是什么？基本职能之间具有怎样的关系？

现代会计是以货币为主要计量单位，以提高经济效益为主要目标，运用专门的方法对企业、机关、事业单位和其他组织的经济活动进行全面、综合、连续、系统的核算和监督，并随着社会经济的日益发展，逐步开展预测、决策、控制和分析的一种经济管理活动，是经济管理的重要组成部分。

现代会计的基本职能可以概括为反映（核算）和监督（控制）。

会计的反映职能和监督职能是紧密结合、密不可分、相辅相成的，同时又是辩证统一的。反映职能是监督职能的基础，没有反映职能提供的信息，就不可能进行会计监督，没有会计反映提供可靠、完整的会计资料，会计监督就没有客观依据，也就无法进行会计监督；而监督职能又是反映职能的保证，没有监督职能进行控制、提供有力的保证，就不可能提供真实可靠的会计信息，也就不能发挥会计管理的能动作用，会计反映也就失去了存在的意义。

2. 什么是会计的对象和会计要素？

会计对象是指会计所反映和监督的内容，即会计的客体。会计对象在企业中可表现为企业再生产过程中能以货币表现的经济活动，也就是企业再生产过程中的资金及资金运动。

会计要素是对会计对象按其经济性质做出的进一步分类。会计要素分为资产、负债、所有者权益、收入、费用和利润六大项。

3. 六大会计要素的概念、特点和确认条件分别是什么？

资产是指企业拥有或者控制的、由过去的交易或事项形成的，并预期会给企业带来经济利益的各种经济资源。资产具有以下基本特征：(1)资产必须是企业拥有或控制的；(2)资产是过去的交易或事项形成的；(3)它必须能以货币计量；(4)资产是能为企业带来经济利益的资源。将一项资源确认为资产，需要符合资产的定义，并同时满足以下两个条件：(1)与该资源有关的经济利益很可能流入企业；(2)该资源的成本或者价值能够可靠地计量。

负债是过去的交易或事项形成的，预期会导致经济利益流出企业的现时义务。负债具有以下基本特征：(1)负债是由于过去的交易或事项形成的现时义务；(2)负债的本质是经济责任，其清偿会导致经济利益流出企业；(3)负债有确切的受款人和偿还日期。将一项义务确认为负债，需要符合负债的定义并同时满足以下两个条件：(1)与该义务有关的经济利益很可能流出企业；(2)未来流出的经济利益能够可靠地计量。

所有者权益是指所有者在企业资产中享有的经济利益，是企业资产扣除负债后，由所有者享有的剩余权益。所有者权益具有以下基本特征：(1)所有者权益是一种剩余权益，除非发生减资、清算，否则企业不需要偿还所有者权益；(2)所有者权益是对企业净资产的要求权，净资产是资产减去负债后的余额；(3)所有者能凭借所有者权益参与利润的分配。所有者权益的确认依赖于资产、负债的确认，因此，资产、负债的确认条件即为所有者权益的确认条件。

收入是指企业在日常活动中发生的、会导致所有者权益增加的、与所有者投入资本无关的经济利益的总流入。收入具有以下基本特征：(1)收入是指企业在日常活动中产生的经济利益流入；(2)形成实实在在的而不是名义的经济利益的流入；(3)收入的形成会导致所有者权益增加，但这里的所有者权益增加不是由投资者的投资形成的。收入在确认时，除了满足收入的定义外，还要满足以下三个条件：(1)收入只有在经济利益很可能流入企业时才能确认；(2)与收入有关的经济利益流入企业会导致资产的增加或者负债的减少；(3)经济利益的流入额能够可靠地进行计量。

费用是指企业在日常活动中发生的、会导致所有者权益减少的、与向所有者分配利润无关的经济利益的总流出。费用具有以下基本特征：(1)费用是日常活动中发生的。(2)费用可能表现为资产的减少或负债的增加，或者两者兼而有之。总之，会导致经济利益流出企业，但这种流出不包含向所有者分配的利润。(3)费用最终会引起所有者权益的减少。费用在确认时，除了满足费用的定义外，还要满足费用的确认条件：(1)与费用相关的经济利益很可能流出企业；(2)经济利益流出企业会导致资产的减少或者负债的增加;(3)经济利益的流出额能够可靠地进行计量。

利润是指企业在一定会计期间内的经营成果,全部收入减去全部费用的结果就是利润(如果是负数就是亏损)。利润的确认条件:利润的计量依赖于全部收入抵减全部费用后的余额,因此,收入、费用、利得、损失的确认条件即为利润的确认条件。

4. 会计的核算方法有哪些? 简述它们之间的关系。

会计核算方法由设置会计科目与账户、复式记账、填制和审核会计凭证、登记账簿、成本计算、财产清查和编制会计报表等具体方法构成。

会计核算的七种方法,虽各有特定的含义和作用,但并不是独立的,而是相互联系、相互依存、彼此制约的。它们构成了一个完整的会计核算方法体系。在会计核算中,应正确地运用这些方法。一般在经济业务发生后,不论是采用手工处理方式,还是使用计算机数据处理系统,首先要按规定的手续填制和审核凭证,并按照所设置的账户、应用复式记账法在有关账簿中进行登记;一定期末还要对生产经营过程中发生的费用进行成本计算和财产清查,在账证、账账、账实相符的基础上,根据账簿记录编制会计报表。

5. 什么是会计核算的基本前提? 其具体内容是什么?

会计核算的基本前提也称会计核算的基本假设,是会计人员对会计核算所处的变化不定的环境做出的合理判断,是会计核算的前提条件。会计核算的四个基本前提是:会计主体、持续经营、会计分期、货币计量。

6. 会计信息质量要求有哪些?

会计信息质量要求是对企业所提供的会计信息质量的基本要求,是会计信息对其使用者决策有用所应具备的基本特征。我国企业会计准则关于会计信息的质量要求共有八个方面:可靠性、相关性、可理解性、可比性、实质重于形式、重要性、谨慎性和及时性等。

第二章 会计科目、会计账户与复式记账

一、同步练习

(一)单项选择题

1. A 2. A 3. B 4. B 5. D 6. D 7. C 8. A 9. D 10. C 11. B 12. C 13. D 14. A 15. D 16. D 17. C 18. D 19. B 20. A 21. D 22. A 23. B 24. D 25. D 26. B 27. A 28. B 29. B 30. C 31. C 32. B 33. A 34. C 35. D 36. B 37. B 38. A 39. D 40. C 41. A 42. C 43. A 44. C 45. D 46. D 47. D 48. C 49. A 50. C

(二)多项选择题

1. AC 2. AC 3. AD 4. ABCD 5. CD 6. ABD 7. BCD 8. BC 9. AD 10. AC

11. BCD 12. ABC 13. AB 14. BC 15. AB 16. BC 17. BCD 18. ACD 19. ACD
20. ABCD 21. ABCD 22. ABC 23. ABC 24. ACD 25. ACD 26. ACD 27. AC
28. ABD 29. CD 30. AB

(三)判断题

1. √ 2. × 3. × 4. √ 5. × 6. × 7. √ 8. √ 9. × 10. × 11. ×
12. × 13. √ 14. √ 15. √ 16. × 17. √ 18. × 19. √ 20. ×

(四)账务处理

1. 表 2.1 企业经济业务类型练习表

类型	经济业务序号
1. 一项资产增加,另一项资产减少	(1)(8)
2. 一项负债增加,另一项负债减少	(9)
3. 一项所有者权益增加,另一项所有者权益减少	(12)
4. 一项资产增加,一项负债增加	(4)(6)
5. 一项资产增加,一项所有者权益增加	(5)
6. 一项资产减少,一项负债减少	(2)(7)
7. 一项资产减少,一项所有者权益减少	(10)
8. 一项负债减少,一项所有者权益增加	(11)
9. 一项负债增加,一项所有者权益减少	(3)

2. (1) 表 2.2 会计科目练习表

序号	会计科目	资产	负债	所有者权益
(1)	库存现金	500		
(2)	银行存款	144 500		
(3)	短期借款		600 000	
(4)	原材料	380 000		
(5)	库存商品	60 000		
(6)	生产成本	75 000		
(7)	长期借款		1 450 000	
(8)	固定资产	2 400 000		
(9)	实收资本			2 000 000
(10)	固定资产	750 000		
(11)	应收账款	140 000		
(12)	应付账款		120 000	

续表 2.2

序号	会计科目	资产	负债	所有者权益
(13)	利润分配			280 000
(14)	长期股权投资	500 000		
合计		4 450 000	2 170 000	2 280 000

(2)资产总额等于负债及所有者权益总额。

3.

表 2.3 账户期初、期末及本期发生额计算练习表

账户名称	期初余额		本期发生额		期末余额	
	借方	贷方	借方	贷方	借方	贷方
长期股权投资	400 000		220 000	10 000	(610 000)	
银行存款	60 000		(110 000)	80 000	90 000	
应付账款		80 000	70 000	60 000		(70 000)
短期借款		45 000	(25 000)	10 000		30 000
应收账款	(40 000)		30 000	50 000	20 000	
实收资本		350 000	—	(270 000)		620 000
其他应收款		25 000	25 000	—		(0)

4. 会计分录

(1)借:固定资产 10 000
　　贷:银行存款 10 000

(2)借:库存现金 1 000
　　贷:银行存款 1 000

(3)借:原材料 20 000
　　贷:实收资本 20 000

(4)借:生产成本 40 000
　　贷:原材料 40 000

(5)借:应付账款 22 500
　　贷:银行存款 22 500

(6)借:银行存款 150 000
　　贷:长期借款 150 000

(7)借:应交税费 9 000
　　贷:银行存款 9 000

(8)借:库存现金 5 000
　　贷:营业外收入 5 000

(9)借:银行存款 16 000
　　　库存现金 2 000
　　贷:应收账款 18 000

(10)借:短期借款 20 000

应付账款 28 000

贷:银行存款 48 000

发生额及余额试算平衡表略。

5. 要求(1)会计分录答案:

①借:应付账款——A公司 30 000

贷:银行存款 30 000

②借:原材料——甲材料 30 000

贷:银行存款 30 000

③借:生产成本 140 000

贷:原材料——甲材料 60 000

——乙材料 20 000

——丙材料 60 000

④借:应付账款——B公司 20 000

贷:银行存款 20 000

⑤借:原材料——乙材料 20 000

贷:应付账款——A公司 20 000

⑥借:原材料——丙材料 36 000

贷:应付账款——B公司 36 000

要求(2)(3)答案略。

二、教材第二章习题参考答案

1. 会计等式有哪几个?

会计等式有:(1)资产 = 负债 + 所有者权益;(2)收入 - 费用 = 利润;(3)资产 + 费用 = 负债 + 所有者权益 + 收入。

2. 经济业务包括哪几种类型?

经济业务包括以下九种类型:资产要素的一增一减;负债要素的一增一减;所有者权益要素的一增一减;资产、负债要素同时增加;资产负债要素同时减少;资产、所有者权益要素同时增加;资产、所有者权益要素同时减少;负债要素增加,所有者权益要素减少;负债要素减少,所有者权益要素增加。

3. 什么是账户? 账户和会计科目有什么联系和区别?

账户是对会计要素的增减变动及其结果进行分类记录、反映的工具。会计账户和会计科目是两个既有区别又相互联系的概念。两者的联系是:账户是根据会计科目设置的;会计科目就是账户的名称,设置会计科目和开设账户的目的都是为了分类提供会计信息,两者所反映的经济内容是一致的。两者区别是:会计科目仅是分类核算的项目,而账户既有名称又有具体结构;会计科目是进行分类核算的依据,而账户则是记录经济业务的载体。简言之,会计科目无结构,账户有结构。

4. 账户的基本构成要素是怎样的？

一个完整的账户结构应包括：账户名称，即会计科目；会计事项发生的日期；摘要，即经济业务的简要说明；凭证号数，即表明账户记录的依据；金额，即增加额、减少额和余额。

5. 简述借贷记账法的基本原理。

借贷记账法是以“资产 = 负债 + 所有者权益”为理论依据，以“借”和“贷”为记账符号，以“有借必有贷，借贷必相等”为记账规则，反映各种会计要素增减变动情况的一种复式记账法。

第三章　制造企业的生产经营业务核算

一、同步练习

（一）单项选择题

1. B　2. B　3. B　4. D　5. C　6. B　7. B　8. B　9. D　10. A　11. D　12. C　13. A　14. D　15. D　16. B　17. C　18. A　19. D　20. B　21. C　22. A　23. C　24. C　25. B

（二）多项选择题

1. ABC　2. ABD　3. AB　4. ACD　5. ABC　6. ABCD　7. ABC　8. BCD　9. AC　10. BC　11. CD　12. BCD　13. AB　14. AC　15. BCD　16. AB　17. ABCD　18. ABCD　19. BD　20. ABC

（三）判断题

1. ×　2. ×　3. ×　4. ×　5. ×　6. ×　7. √　8. ×　9. ×　10. ×　11. √　12. ×　13. √　14. ×　15. √　16. ×　17. √　18. ×　19. ×　20. ×　21. ×　22. √

（四）账务处理

1. 会计分录

（1）借：无形资产　　200 000
　　贷：实收资本　　200 000

（2）借：银行存款　　45 000 000
　　贷：实收资本　　5 000 000
　　　　资本公积　　40 000 000

（3）借：资本公积　　200 000
　　贷：实收资本　　200 000

（4）借：银行存款　　100 000

贷:短期借款 100 000

(5)借:财务费用 1 000

贷:应付利息 1 000

(6)借:短期借款 100 000

应付利息 3 000

贷:银行存款 103 000

2.会计分录

(1)借:在途物资——乙材料 5 000

应交税费——应交增值税(进项税额) 850

贷:应付账款——大达厂 5 850

(2)借:库存现金 300

贷:银行存款 300

(3)借:其他应收款——陈林 200

贷:库存现金 200

(4)借:在途物资——甲材料 50 000

应交税费——应交增值税(进项税额) 8 500

贷:银行存款 58 500

(5)分配率 = 1 500/1 500 = 1 元/千克

甲材料负担的运杂费 = 1 000 × 1 = 1 000 元

乙材料负担的运杂费 = 500 × 1 = 500 元

借:在途物资——甲材料 1 000

——乙材料 500

贷:库存现金 1 500

借:原材料——甲材料 51 000

——乙材料 5 500

贷:在途物资——甲材料 51 000

——乙材料 5 500

(6)借:在途物资——丙材料 250

应交税费——应交增值税(进项税额) 42.5

贷:银行存款 292.5

借:原材料——丙材料 250

贷:在途物资——丙材料 250

(7)借:应付账款——大达厂 5 850

贷:银行存款 5 850

(8)借:管理费用——差旅费 220

贷:其他应收款——陈林 200

库存现金 20

3. 会计分录

(1)借:库存现金 80 000
　　贷:银行存款 80 000

(2)借:应付职工薪酬 80 000
　　贷:库存现金 80 000

(3)借:生产成本——A 产品 289 200
　　贷:原材料——甲材料 264 000
　　　　　　——乙材料 7 200
　　　　　　——丙材料 18 000

(4)借:生产成本——B 产品 94 200
　　贷:原材料——甲材料 66 000
　　　　　　——乙材料 12 000
　　　　　　——丙材料 16 200

(5)借:生产成本——A 产品 38 000
　　　　　　——B 产品 29 000
　　制造费用 4 000
　　管理费用 9 000
　　贷:应付职工薪酬 80 000

(6)借:制造费用 12 000
　　管理费用 6 000
　　贷:累计折旧 18 000

(7)借:财务费用 1 800
　　贷:应付利息 1 800

(8)借:制造费用 1 000
　　贷:应付利息 1 000

(9)借:制造费用 2 000
　　库存现金 1 000
　　贷:其他应收款 3 000

(10)制造费用共 19 000 元,A 产品分配 10 000 元,B 产品分配 9 000 元。
　借:生产成本——A 产品 10 000
　　　　　　——B 产品 9 000
　　贷:制造费用 19 000

(11)借:库存商品——A 产品 337 200
　　　　　　——B 产品 131 700
　　贷:生产成本——A 产品 337 200
　　　　　　——B 产品 131 700

4. 会计分录

(1)借:银行存款 35 100

贷:主营业务收入 30 000

应交税费——应交增值税 5 100

(2)借:应收账款 52 650

贷:主营业务收入 45 000

应交税费——应交增值税 7 650

(3)借:税金及附加 1 000

贷:应交税费——应交消费税 1 000

(4)借:主营业务成本——A 产品 22 500

——B 产品 34 500

贷:库存商品——A 产品 22 500

——B 产品 34 500

(5)借:销售费用 1 000

贷:银行存款 1 000

(6)借:销售费用 1 140

贷:应付职工薪酬 1 140

(7)借:银行存款 1 404

贷:其他业务收入 1 200

应交税费——应交增值税 204

(8)借:其他业务成本 1 000

贷:原材料 1 000

5. 会计分录

(1)借:银行存款 58 500

贷:主营业务收入 50 000

应交税费——应交增值税 8 500

(2)借:主营业务成本 35 000

贷:库存商品 35 000

(3)借:销售费用 500

贷:库存现金 500

(4)借:管理费用 300

贷:银行存款 300

(5)借:财务费用 2 200

贷:银行存款 2 200

(6)借:营业外支出 500

贷:银行存款 500

(7)借:应付账款 300

贷:营业外收入 300

(8)结转收入:

借:主营业务收入 550 000

其他业务收入 6 000

营业外收入 4 300

贷:本年利润 560 300

结转费用:

借:本年利润 448 500

贷:主营业务成本 410 000

其他业务成本 3 500

销售费用 25 500

管理费用 3 300

财务费用 4 200

营业外支出 2 000

(9)利润总额 = 560 300 - 448 500 = 111 800

本期应交所得税额 = 111 800 × 25% = 27 950

借:所得税费用 27 950

贷:应交税费——应交所得税 27 950

借:本年利润 27 950

贷:所得税费用 27 950

(10)利润净额 = 111 800 - 27 950 = 83 850

借:本年利润 83 850

贷:利润分配 83 850

(11)借:利润分配 8 385

贷:盈余公积 8 385

借:利润分配 12 577.5

贷:盈余公积 12 577.5

(12)借:利润分配 8 385

贷:应付股利 8 385

6. 综合练习一:

(1)借: 固定资产 80 000

贷:实收资本 80 000

(2)借: 银行存款 200 000

贷:短期借款 200 000

(3)借:在途物资——甲材料 21 600

应交税费——应交增值税(进项税额) 3 400

贷:应付账款 25 000

(4)借:在途物资——乙材料 10 500

应交税费——应交增值税(进项税额) 1 700

贷:应付票据 12 200

(5)借:预付账款 18 000

贷:银行存款 18 000

(6)借:在途物资——丙材料 16 000

应交税费——应交增值税(进项税额) 2 550

贷:预付账款 18 000

银行存款 550

(7)借:原材料——甲材料 21 600

——丙材料 16 000

贷:在途物资——甲材料 21 600

——丙材料 16 000

(8)借:生产成本——A 产品 26 000

——B 产品 12 000

制造费用 3 000

贷:原材料 41 000

(9)借:生产成本——A 产品 2 400

——B 产品 1 600

制造费用 2 000

管理费用 3 000

贷:应付职工薪酬 9 000

(10)借:制造费用 3 500

管理费用 1 500

贷:累计折旧 5 000

(11)借:制造费用 1 100

贷:银行存款 1 100

(12)本月制造费用分配率 = (3 000 + 2 000 + 3 500 + 1 100)/(2 400 + 1 600) = 2.4

A 产品应负担的制造费用为 = 2 400 × 2.4 = 5 760 元

B 产品应负担的制造费用为 = 1 600 × 2.4 = 3 840 元

借:生产成本——A 产品 5 760

——B 产品 3 840

贷:制造费用 9 600

(13)借:库存商品——A 产品 34 160

贷:生产成本——A 产品 34 160

(14)借:管理费用 500

贷:库存现金 500

(15)借:预收账款 58 500

贷:主营业务收入 50 000

应交税费——应交增值税(销项税额) 8 500

(16)借:销售费用　12 000
　贷:库存现金　12 000
(17)借:主营业务成本　18 000
　贷:库存商品　18 000
(18)应交消费税 =50 000 ×10% =5 000 元
借:税金及附加　5 000
　贷:应交税费——应交消费税　5 000
(19)结转收入:
借:主营业务收入　50 000
　贷:本年利润　50 000
结转费用:
借:本年利润　40 000
　贷:主营业务成本　18 000
　　税金及附加　5 000
　　管理费用　5 000
　　销售费用　12 000
(20)本月应交所得税 =(50 000 -40 000) ×25% =2 500 元
借:所得税费用　2 500
　贷:应交税费——应交所得税　2 500
借:本年利润　2 500
　贷:所得税费用　2 500
(21)盈余公积金 =(50 000 -40 000 -2 500) ×10% =750 元
借:利润分配——提取法定盈余公积　750
　贷:盈余公积　750
(22)借:利润分配——应付现金股利或利润　1 250
　贷:应付股利　1 250

综合练习二:

(1)借:在途物资——A 材料　20 000
　　　　——B 材料　10 000
　应交税费——应交增值税　5 100
　贷:银行存款　35 100
借:在途物资——A 材料　500
　　　　——B 材料　200
　贷:银行存款　700
借:原材料——A 材料　20 500
　　　——B 材料　10 200
　贷:在途物资——A 材料　20 500
　　　　——B 材料　10 200

(2)借:生产成本——甲产品	8 100
——乙产品	9 000
贷:原材料——A 材料	8 100
——B 材料	9 000
(3)借:制造费用	600
贷:库存现金	600
(4)借:预收账款	128 700
贷:主营业务收入	110 000
应交税费——应交增值税	18 700
(5)借:销售费用	100
贷:库存现金	100
(6)借:银行存款	4 680
贷:其他业务收入	4 000
应交税费——应交增值税	680
借:其他业务成本	3 800
贷:原材料——B 材料	3 800
(7)借:固定资产清理	540
累计折旧	15 460
贷:固定资产	16 000
(8)借:固定资产清理	200
贷:银行存款	200
借:银行存款	1 000
贷:固定资产清理	1 000
借:固定资产清理	260
贷:营业外收入	260
(9)借:管理费用	300
贷:库存现金	300
(10)借:应交税费	5 000
贷:银行存款	5 000
(11)借:财务费用	800
在建工程	1 000
贷:银行存款	1 800
(12)借:制造费用	800
库存现金	200
贷:其他应收款	1 000
(13)借:营业外支出	2 000
贷:银行存款	2 000
(14)借:银行存款	8 000

贷:投资收益 8 000

(15)借:生产成本——甲产品 20 000

——乙产品 20 000

制造费用 3 000

管理费用 2 000

销售费用 1 000

贷:应付职工薪酬 46 000

(16)借:制造费用 660

管理费用 1 000

贷:累计折旧 1 660

(17)借:生产成本——甲产品 2 530

——乙产品 2 530

贷:制造费用 5 060

(18)借:库存商品——甲产品 30 630

贷:生产成本——甲产品 30 630

借:库存商品——乙产品 32 030

贷:生产成本——乙产品 32 030

(19)借:主营业务成本 80 000

贷:库存商品——甲产品 15 000

——乙产品 65 000

(20)借:主营业务收入 110 000

其他业务收入 4 000

营业外收入 260

投资收益 8 000

贷:本年利润 122 260

借:本年利润 91 000

贷:主营业务成本 80 000

其他业务成本 3 800

管理费用 3 300

销售费用 1 100

财务费用 800

营业外支出 2 000

利润总额 = 122 260 - 91 000 = 31 260 元

(21)应交所得税额 = 31 260 × 25% = 7 815 元

借:所得税费用 7 815

贷:应交税费——应交所得税 7 815

借:本年利润 7 815

贷:所得税费用 7 815

利润净额 = 31 260 - 7 815 = 23 445

(22)借:本年利润　　23 445
　　贷:利润分配　　23 445

(23)借:利润分配　　2 344.5
　　贷:盈余公积　　2 344.5

二、教材第三章习题参考答案

1. 制造企业的主要经济业务有哪些?

制造企业在经营过程中发生的主要经济业务内容为:(1)资金筹集业务;(2)供应过程业务;(3)生产过程业务;(4)销售过程业务;(5)财务成果形成与分配业务。其中,供应、生产和销售三个过程构成了制造企业的核心经济业务。

2. 材料采购成本由哪些项目构成?

购入的原材料,其实际采购成本由以下几项内容组成:

(1)购买价款,指购货发票所注明的货款金额;

(2)采购过程中发生的运杂费(包括运输费、包装费、装卸费、保险费、仓储费等,不包括按规定根据运输费的一定比例计算的可抵扣的增值税税额);

(3)材料在运输途中发生的合理损耗;

(4)材料入库之前发生的整理挑选费用(包括整理挑选中发生的人工费支出和必要的损耗,并减去回收的下脚废料价值);

(5)按规定应计入材料采购成本中的各项税金,如为国外进口材料支付的关税等;

(6)其他费用,如大宗物资的市内运杂费等(注意:市内零星运杂费、采购人员差旅费及采购机构的经费等不构成材料的采购成本,而是计入期间费用)。

3. 采用计划成本计价,"材料采购""原材料""材料成本差异"三个账户之间有何关系?

"材料采购"账户登记原材料的实际采购成本,原材料的日常收入、发出和结存均按预先制定的计划成本计价,在"原材料"账户中核算,实际成本与计划成本之间的差异在"材料成本差异"账户中反映,月末,再通过对原材料成本差异的分摊,将发出原材料的计划成本和结存原材料的计划成本调整为实际成本进行反映。

4. 产品生产成本包括哪些内容?如何计算和结转完工产品的生产成本?

产品生产成本包括:

(1)直接材料。直接材料指企业在生产产品和提供劳务的过程中所消耗的、直接用于产品生产,构成产品实体的各种原材料、主要材料、外购半成品及有助于产品形成的辅助材料等。

(2)直接人工。直接人工指企业在生产产品和提供劳务过程中,直接从事产品生产的工人工资、津贴、补贴和福利等。

(3)制造费用。制造费用指企业为生产产品和提供劳务而发生的各项间接费用,其构成内容比较复杂,包括间接的职工薪酬、折旧费、修理费、办公费、水电费、机物料消耗等。

当月完工产品的成本为当月发生的生产费用,加上月初在产品成本,然后再将其在当月完工产品和月末在产品之间进行分配,求出当月完工产品的生产成本。

结转的会计分录为:

借:库存商品——×产品

　贷:生产成本——×产品

5. 商品销售收入如何确认?

企业销售商品收入的确认,必须同时符合以下条件:

(1)企业已将商品所有权上的主要风险和报酬转移给购买方;

(2)企业既没有保留通常与所有权相联系的继续管理权,也没有对已售出的商品实施有效控制;

(3)收入的金额能够可靠计量;

(4)与交易相关的经济利益能够流入企业;

(5)相关的已发生或将发生的成本能够可靠计量。

6. 什么是财务成果? 反映企业财务成果的指标有哪些?

财务成果是企业在一定会计期间所实现的最终经营成果,是按照配比的要求,将一定时期内存在因果关系的收入与费用进行配比而产生的结果。收入大于费用的差额部分称为利润,反之称为亏损。

反映企业财务成果的指标有:营业利润、利润总额和净利润。

7. 企业进行利润分配的顺序如何?

分配顺序依次是:

(1)弥补以前年度亏损;

(2)提取法定盈余公积;

(3)提取任意盈余公积;

(4)向投资者分配利润或股利;

(5)保留一定量的未分配利润。

第四章　会计账户分类

一、同步练习

(一)单项选择题

1. C　2. A　3. A　4. D　5. C　6. D　7. B　8. D　9. C　10. D　11. B　12. D　13. D　14. C　15. B　16. B　17. B　18. C　19. B　20. C　21. B　22. C　23. C　24. D　25. B　26. B　27. A　28. D　29. C　30. B　31. A　32. A　33. B　34. C　35. D

(二)多项选择题

1. AC　2. ABCD　3. ABCD　4. BC　5. AC　6. ABCD　7. ABCD　8. BC　9. ABD

10. BD　11. AD　12. ABC　13. ABD　14. BC　15. ABCD　16. ABD　17. BD　18. BC
19. ACD　20. BD

(三)判断题

1. ×　2. √　3. ×　4. ×　5. √　6. ×　7. ×　8. √　9. √　10. √　11. √
12. √　13. ×　14. ×　15. ×　16. ×　17. ×　18. ×　19. ×　20. ×　21. ×　22. √
23. ×　24. ×　25. √

(四)账务处理

1. 略

2. 该资产现有实际数额:187 000 - 2 000 = 185 000

3. (1)72 500 + 1 500 = 74 000

(2)72 500 - 1 500 = 71 000

4. 要求(1)会计分录:

(1)借:生产成本——A 产品　40 000
　　　　　　——B 产品　20 000
　　制造费用　5 000
　　贷:原材料　65 000

(2)借:生产成本——A 产品　51 300
　　　　　　——B 产品　34 200
　　制造费用　3 420
　　贷:应付职工薪酬　88 920

(3)借:制造费用　5 000
　　贷:累计折旧　5 000

要求(2)制造费用总计及分配分录:

制造费用总计 = 5 000 + 3 420 + 5 000 = 13 420

A 产品应分配制造费用 = 13 420 × [51 300 ÷ (51 300 + 34 200)] = 8 052

B 产品应分配制造费用 = 13 420 × [34 200 ÷ (51 300 + 34 200)] = 5 368

分配分录:

借:生产成本——A 产品　8 052
　　生产成本——B 产品　5 368
　贷:制造费用　13 420

二、教材第四章习题参考答案

1. 账户按经济内容的不同分类,可以分为哪几个大类?

账户按其经济内容的不同可以分为资产类账户、负债类账户、所有者权益类账户、成本类账户和损益类账户五大类。

2. 账户按用途和结构划分，可以分为哪几个大类？

账户按照用途和结构的不同可以分为盘存类账户、结算类账户、跨期摊配类账户、资本类账户、调整类账户、集合分配类账户、成本计算类账户、配比类账户和财务成果类账户九类。

3. 什么是结算账户？债权结算账户主要有哪些？债务结算账户主要有哪些？

结算账户是用以核算和监督本企业同其他单位或个人之间及企业内部各部门之间发生的债权、债务结算情况的账户。债权结算账户主要包括“应收账款”“应收票据”“其他应收款”“预付账款”等。债务结算账户主要包括“应付账款”“应付票据”“其他应付款”“预收账款”“短期借款”“应交税费”等账户。

4. 备抵账户主要有哪些？举例说明设置备抵账户的作用。

备抵账户主要有资产备抵账户，如“累计折旧”“坏账准备”“长期股权投资减值准备”等；权益备抵账户，如“利润分配”账户。

在会计核算中，由于管理上的需要或其他原因，对于某些会计要素的具体项目，有时需要用两组不同的数字来记录和反映，并相应设置和运用两个账户。一个账户用来核算和监督会计要素的原始数字，另一个账户用来核算和监督原始数字的调整数字。将原始数字与调整数字相加或相减，就可以求得某项指标的实际数字，从而全面地反映会计内容，满足管理上对不同会计信息的需要。设置备抵账户（抵减账户），主要是用来抵减被调整账户的余额，以求得被调整账户的实际余额。例如，“累计折旧”是“固定资产”的备抵账户，“累计折旧”与“固定资产”从不同的方面描述了企业固定资产的现状，“固定资产”记录固定资产原始价值信息，用以揭示企业生产规模、生产能力大小；“累计折旧”记录固定资产磨损价值，与“固定资产”借方余额（原始价值）－“累计折旧”贷方余额＝固定资产实际价值相互对照，可以说明固定资产的新旧程度，为企业固定资产管理提供了全面、系统的信息。

5. 什么是财务成果计算账户？设置这类账户的主要目的是什么？

财务成果计算账户是用来计算并反映一定期间企业全部经营业务活动的最终成果，并确定企业利润或亏损数额的账户。这类账户主要有“本年利润”账户，它是一个汇总类账户，是连接收入和费用要素的纽带，设置这个账户主要是为了提供企业某个会计年度净利润（或净亏损），即企业从公历年 1 月至 12 月逐步累计而形成的、由企业利润组成内容计算确定的一个动态指标。

第五章 会计凭证

一、同步练习

（一）单项选择题

1. A 2. C 3. C 4. D 5. D 6. A 7. B 8. A 9. B 10. B 11. D 12. B 13. A

14. C 15. D 16. C 17. A 18. A 19. C 20. B 21. A 22. B 23. C 24. D 25. C
26. C 27. C 28. A 29. A 30. B 31. D 32. A 33. D 34. C 35. A 36. D 37. B
38. B 39. A 40. C 41. B 42. B 43. B 44. C 45. B 46. D 47. C 48. C 49. A
50. C 51. C 52. C 53. D

(二)多项选择题

1. ABC 2. ACD 3. CD 4. ABCD 5. AD 6. ABC 7. ABCD 8. BD 9. ABD
10. BD 11. AD 12. CD 13. ABCD 14. ABC 15. ABCD 16. AD 17. ABC 18. ACD
19. ABCD 20. ABCD 21. ABC 22. CD 23. ABCD 24. ABD 25. CD 26. ABCD
27. BC 28. AC 29. ABCD 30. BC 31. ACD 32. ABD 33. ABCD 34. ABCD 35. CD
36. ABCD 37. ABCD

(三)判断题

1. × 2. × 3. √ 4. × 5. × 6. √ 7. × 8. √ 9. × 10. × 11. ×
12. × 13. √ 14. √ 15. × 16. × 17. √ 18. √ 19. √ 20. × 21. √ 22. ×
23. √ 24. × 25. √ 26. √ 27. × 28. √ 29. × 30. × 31. √ 32. √ 33. ×
34. √ 35. × 36. √ 37. √ 38. √

二、教材第五章习题参考答案(略)

第六章 会计账簿

一、同步练习

(一)单项选择题

1. A 2. C 3. A 4. C 5. D 6. D 7. A 8. A 9. C 10. A 11. C 12. A 13. A
14. B 15. D 16. C 17. D 18. A 19. C 20. D 21. A 22. D 23. D 24. D 25. B
26. A 27. C 28. D 29. D 30. D 31. A 32. C 33. C 34. B 35. C 36. A 37. B
38. D 39. D 40. B 41. C 42. C 43. A 44. C 45. D 46. C 47. A

(二)多项选择题

1. ABCD 2. ABC 3. ABCD 4. CDE 5. ABC 6. AC 7. ACD 8. AB 9. BC
10. BCD 11. AD 12. AD 13. CD 14. ABD 15. ABD 16. BD 17. AB 18. ABCD
19. ABC 20. CD 21. ABD 22. ABCD 23. ABCD 24. ABCD 25. ABD 26. ABCD
27. ABCD 28. ABD 29. AC 30. CD 31. ABD 32. CD 33. BD 34. ABC 35. AB
36. ABCD 37. ABCD 38. ABCD 39. AD 40. ABC

（三）判断题

1. √ 2. √ 3. √ 4. × 5. √ 6. √ 7. √ 8. × 9. × 10. √ 11. √
12. √ 13. × 14. √ 15. × 16. √ 17. × 18. × 19. √ 20. √ 21. √ 22. √
23. √ 24. × 25. √ 26. × 27. × 28. √ 29. √ 30. × 31. × 32. √ 33. √
34. × 35. × 36. × 37. × 38. √ 39. √ 40. √ 41. √

（四）账务处理

（1）错，采用红字更正法：

借：管理费用 [1 000]

　贷：库存现金 [1 000]

借：其他应收款 1 000

　贷：库存现金 1 000

（2）错，采用划线更正法。

（3）错，采用补充登记法：

借：所得税费用 30 600

　贷：应交税费 30 600

（4）错，采用红字更正法：

借：管理费用 [200]

　贷：库存现金 [200]

借：管理费用 200

　贷：银行存款 200

（5）错，采用划线更正法。

（6）错，采用红字更正法。

借：库存商品 [45 000]

　贷：生产成本 [45 000]

（7）错，采用红字更正法。

借：管理费用 [1 400]

　贷：预提费用 [1 400]

借：管理费用 4 100

　贷：累计折旧 4 100

二、教材第六章习题参考答案（略）

第七章 账务处理程序

一、同步练习

(一)单项选择题

1. D 2. D 3. B 4. A 5. B 6. A 7. C 8. B 9. B 10. D 11. B 12. D 13. D 14. A 15. C 16. D 17. B 18. C 19. D 20. C 21. D 22. C 23. C

(二)多项选择题

1. ABC 2. ACD 3. ABC 4. BCD 5. ACD 6. ABC 7. BC 8. BC 9. ABD 10. AB 11. ABCD 12. ABC 13. ABCD 14. ABC 15. ABCD 16. BC 17. ABC 18. AB 19. CD 20. ABCD

(三)判断题

1. × 2. √ 3. × 4. × 5. × 6. √ 7. √ 8. × 9. √ 10. √ 11. × 12. √ 13. √ 14. √ 15. × 16. √ 17. √ 18. √ 19. × 20. √ 21. × 22. × 23. √ 24. √ 25. ×

二、教材第七章习题参考答案

1. 科学合理地设计账务处理程序有何意义?

每个企业在进行会计核算前,都要根据自身的实际条件,建立对应的账务处理程序,这对提高会计信息质量、充分发挥会计职能具有重要的意义。

(1)可以提高会计信息核算质量,为企业相关利益主体利用会计核算数据提供了方便;

(2)可以使会计核算数据的处理过程顺利进行,保证会计记录完整,会计信息真实可靠;

(3)有利于会计核算工作的分工协作,有序组织,明确相关人员的经济责任,充分发挥会计监督的职能;

(4)可以减少会计核算过程中不必要的环节和步骤,有利于提高会计工作效率,节约核算费用。

2. 账务处理程序的要求有哪些?

在会计核算中,会计凭证、账簿和报表之间有着紧密关联,形成了不同的账务处理程序,企、事业单位要根据自身情况,制定适合的账务处理程序,一般应符合如下要求:

(1)与企业单位的业务性质相符合,与本单位的生产经营特点、经营规模、交易事项

的繁简情况等相适应,有利于会计核算分工,明确经济责任,从而保证会计核算工作的顺利进行;

(2)所提供的会计核算资料,应系统全面、及时准确地反映本单位的经济活动,以满足企业经营管理者参与决策的需要;

(3)在保证会计信息质量的前提下,应提高会计核算的质量和工作效率,简化核算手续,节省核算费用。

3. 账务处理程序有哪几类?

账务处理程序的分类在于登记总账的依据和方法不同,我国账务处理程序主要有:(1)记账凭证账务处理程序;(2)科目汇总表账务处理程序;(3)汇总记账凭证账务处理程序;(4)多栏式日记账账务处理程序;(5)日记总账账务处理程序。目前我国企、事业单位采用较多的账务处理程序是:记账凭证账务处理程序、科目汇总表账务处理程序和汇总记账凭证账务处理程序,企业可以根据自身实际生产规模、经营管理的特点,选择适合自己的账务处理程序,进行会计核算。

4. 记账凭证账务处理程序的主要特点是什么?记账程序步骤是什么?它具有哪些优缺点?

(1)记账凭证账务处理程序的特点是:记账凭证不需要进行汇总,直接根据每张记账凭证逐笔登记总分类账,它是基本的账务处理程序,是其他账务处理程序的基础,其他账务处理程序是由它逐渐生成的。

(2)记账凭证处理程序一般经过以下几个步骤。

①按照经济业务属性的不同,根据原始凭证或原始凭证汇总表编制收款凭证、付款凭证、转账凭证;

②按照经济业务发生时间的先后顺序,根据收款凭证、付款凭证逐笔登记现金日记账和银行存款日记账;

③根据原始凭证或原始凭证汇总表和记账凭证逐笔登记各明细分类账;

④根据记账凭证逐笔登记总分类账;

⑤会计期末时,将总分类账中有关账户的余额与现金日记账、银行存款日记账和明细分类账的余额进行核对,进行试算平衡;

⑥会计期末时,根据总分类账和明细分类账,按照一定要求,编制会计财务报表。

(3)记账凭证账务处理程序,是最基本的账务处理程序,优点在于:①它根据记账凭证登记总账,简单易懂,层次清晰;②手续简化,因为是根据记账凭证登记总分类账,不用进行中间汇总,省去了不必要的环节;③总分类账内容详尽,便于查账,对一些不经常发生的经济业务,可不用设置明细分类账,在总分类账的摘要栏中对经济业务进行说明,从而使总分类账中的一些会计科目能够起到明细分类账的效果。缺点在于:当记账凭证较多时,登记总分类账加大了工作量,不利于组织分工和工作效率的提高。

5. 汇总记账凭证账务处理程序的主要特点是什么?记账程序步骤是什么?它具有哪些优缺点?

(1)汇总记账凭证的特点:先定期将记账凭证汇总编制成各种汇总记账凭证,然后根据各种汇总记账凭证登记总分类账。

(2)在进行汇总记账凭证账务处理时,主要经过以下七个步骤:

①根据原始凭证或原始凭证汇总表编制收款、付款和转账凭证;

②根据现金、银行存款的收款凭证和付款凭证逐笔登记现金日记账和银行存款日记账;

③根据原始凭证或原始凭证汇总表登记各种明细分类账;

④根据收款凭证、付款凭证、转账凭证三种凭证定期编制汇总收款凭证、汇总付款凭证和汇总转账凭证;

⑤根据汇总收款凭证、汇总付款凭证、汇总转账凭证登记总分类账;

⑥月末,现金日记账和银行存款日记账的余额及各种明细分类账的余额合计数应与总分类账有关账户的余额核对相符;

⑦月末,根据总分类账与明细分类账资料编制会计报表。

(3)汇总记账凭证账务处理程序的的优点是:

①根据汇总记账凭证月终一次登记总分类账,可以克服记账凭证账务处理程序登记总分类账工作量过大的缺点,大大减少了登记总分类账的工作量;

②由于汇总记账凭证是按照会计科目的对应关系进行归类、汇总编制的,在总分类账中也注明了对方科目,因此在汇总记账凭证和总分类账中,可以清晰地反映账户之间的对应关系,便于查对和分析账目。

其缺点是:

①汇总记账凭证账务处理程序按账户的借方或贷方汇总编制,不考虑交易或事项的经济性质,不利于会计核算工作的分工;

②当转账凭证较多时,编制汇总转账凭证的工作量较大。

6. 科目汇总表账务处理程序的主要特点是什么?记账程序步骤是什么?它具有哪些优缺点?

(1)科目汇总表账务处理程序的特点:可简化总分类账的登记手续,先定期把全部记账凭证按科目汇总,编制科目汇总表,然后根据科目汇总表登记总分类账。

(2)科目汇总表账务处理程序的一般步骤是:

①根据原始凭证或汇总原始凭证编制记账凭证;

②根据收款凭证、付款凭证逐笔登记现金日记账和银行存款日记账;

③根据原始凭证、汇总原始凭证和记账凭证登记各种明细分类账;

④根据各种记账凭证编制科目汇总表;

⑤根据科目汇总表登记总分类账;

⑥期末,现金日记账、银行存款日记账和明细分类账的余额同有关总分类账的余额核对相符;

⑦期末,根据总分类账和明细分类账的记录,编制会计报表。

(3)科目汇总表账务处理程序的优点是:

①可以大大减轻登记总账的工作量。在科目汇总表账务处理程序下,可根据科目汇

总表上有关账户的汇总发生额,在月中定期或月末一次性地登记总分类账,可以使登记总分类账的工作量大为减轻。

②科目汇总表还起到试算平衡的作用,保证总分类账登记的正确性。科目汇总表上的汇总结果体现了一定会计期间所有账户的借方发生额和贷方发生额之间的相等关系,利用这种发生额的相等关系,可以进行全部账户记录的试算平衡。

科目汇总表账务处理程序的缺点是:不分对应科目进行汇总,不能反映各科目的对应关系,不便于对经济业务进行分析和检查;如果记账凭证较多,根据记账凭证编制科目汇总表本身也是一项很复杂的工作,如果记账凭证较少,运用科目汇总表登记总账又起不到简化登记总账的作用。

7. 汇总记账凭证账务处理程序的适用范围是什么?

汇总记账凭证账务处理程序主要适用于规模较大、交易或事项较多,特别是转账业务少而收、付款业务较多的单位。

第八章 财产清查

一、同步练习

(一)单项选择题

1. B 2. A 3. B 4. A 5. C 6. B 7. D 8. B 9. A 10. D 11. C 12. A 13. D 14. D 15. C 16. D 17. D 18. D 19. C 20. A 21. B 22. B 23. A 24. A 25. B 26. B 27. B 28. B 29. B 30. B 31. C 32. C 33. B 34. B 35. C

(二)多项选择题

1. ABCD 2. ABCD 3. ABCD 4. ABCD 5. AC 6. ABCD 7. ABC 8. ACD 9. BC 10. ABCD 11. AC 12. BCD 13. ABD 14. BC 15. ABC 16. BC 17. ABCD 18. ABCD 19. CD 20. ABCD 21. AB 22. AC 23. ABC 24. BC 25. CD 26. BD 27. ACD 28. ABC 29. CD 30. ABD 31. ABD

(三)判断题

1. √ 2. √ 3. × 4. × 5. × 6. √ 7. × 8. √ 9. × 10. × 11. √ 12. √ 13. √ 14. × 15. × 16. × 17. √ 18. × 19. × 20. √ 21. × 22. √ 23. √ 24. √ 25. × 26. × 27. √ 28. ×

（四）账务处理

1. 账务处理一

资料一：

表 8.1 银行存款余额调节表

编制单位:美华公司　　2014 年 9 月 30 日　　单位:元

项目	金额	项目	金额
企业银行存款日记账余额	168 000	银行对账单余额	202 823
加:银行已收企业未收的款项合计	1 523 10 600	加:企业已收银行未收的款项合计	3 200
减:银行已付企业未付的款项合计	2 900	减:企业已付银行未付的款项合计	4 800 24 000
调节后余额	177 223	调节后余额	177 223

资料二：

美华公司采用补充登记法更正。

更正分录为：

借:应付账款　　10 530

　贷:银行存款　　10 530

更正后银行存款日记账余额 = 66 500 - 10 530 = 55 970 元

表 8.2 银行存款余额调节表

编制单位:美华公司　　2014 年 10 月 31 日　　单位:元

项目	金额	项目	金额
企业银行存款日记账余额	55 970	银行对账单余额	77 850
加:银行已收企业未收的款项合计	25 000	加:企业已收银行未收的款项合计	3 800
减:银行已付企业未付的款项合计	320	减:企业已付银行未付的款项合计	1 000
调节后余额	80 650	调节后余额	80 650

2. 账务处理二

(1) 审批前：

借:原材料——A 材料　　60 000

　贷:待处理财产损溢　　60 000

审批后：

借:待处理财产损溢　　60 000

　贷:管理费用　　60 000

(2) 审批前：

借:待处理财产损溢　　100 000

贷:原材料——B 材料 100 000

审批后:

借:管理费用 100 000

贷:待处理财产损溢 100 000

(3)审批前:

借:待处理财产损溢 30 000

贷:原材料——C 材料 30 000

审批后:

借:其他应收款 20 000

原材料 2 000

管理费用 8 000

贷:待处理财产损溢 30 000

(4)审批前:

借:待处理财产损溢 70 000

贷:库存商品 70 000

审批后:

借:营业外支出 20 000

其他应收款 50 000

贷:待处理财产损溢 70 000

(5)

借:固定资产 30 000

贷:以前年度损溢调整 30 000

借:以前年度损溢调整 7 500

贷:应交税费——应交所得税 7 500

借:以前年度损溢调整 22 500

贷:利润分配——未分配利润 22 500

借:利润分配——未分配利润 2 250

贷:盈余公积 2 250

(6)审批前:

借:待处理财产损溢 3 000

累计折旧 7 000

贷:固定资产 10 000

审批后:

借:营业外支出 3 000

贷:待处理财产损溢 3 000

3.账务处理三

(1) **表8.3 库存现金盘点报告表**

2015年11月30日

实存金额/元	账存金额/元	对比结果(打"√")		备注(处理意见)
		溢余	短缺	
(32 000)	(30 000)	(√)	( )	(计入"其他应付款")

负责人签章:李某　　盘点人签章:(王某)　　出纳人签章:(张某)

(2) **表8.4 银行存款余额调节表**

2015年11月30日　　单位:元

项目	金额	项目	金额
企业银行存款日记账余额	(280 000)	银行对账单余额	(350 000)
(+)银行已收,企业未收 (-)银行已付,企业未付	(130 000) (18 000)	(+)企业已收,银行未收 (-)企业已付,银行未付	(50 000) (8 000)
调节后存款余额	(392 000)	调节后存款余额	(392 000)

(3)报经批准前的会计分录:

借:待处理财产损溢——待处理固定资产损溢　　18 000

　　累计折旧　　10 000

　贷:固定资产——Y设备　　28 000

报经批准后的会计分录:

借:营业外支出　　18 000

　贷:待处理财产损溢—待处理固定资产损溢　　18 000

二、教材第八章习题参考答案

1.导致企业财产清查账实不符的主要原因有哪些?

(1)在运输、保管过程中,由于受到各种自然条件的影响,发生了数量上或质量上的差异;

(2)在财产收发时,由于计量检验不准确而发生了品种、数量或质量上的差错;

(3)在财产增减变动时没有及时填制凭证、登记入账,或者在填制财产收、发凭证,登记财产账目时,发生了计算上或登记上的错误;

(4)由于管理不善或工作失职而发生的财产损坏、变质或短缺;

(5)由于营私舞弊、贪污盗窃而发生的财产数量上或质量上的损失;

(6)自然灾害带来的非常损失;

(7)由于有关凭证未到,形成未达账项,造成结算双方账务不符带来的差异。

2.简述永续盘存制与实地盘存制的主要区别及其各自的适用条件和优缺点。

主要区别:(1)两者对各项财产物资在账簿中登记的方法不同。永续盘存制平时对各项财产物资的增加数和减少数都要根据会计凭证在有关的账簿中进行连续的登记，并随时在账簿中结算出各项财产物资的账面结存数；实地盘存制平时只对各项财产物资的增加数根据会计凭证计入有关账户，而不登记减少数，月末根据实地盘点的各项财产物资的实际结存数，计算出本期减少数，并计入有关账簿。(2)两者财产清查的目的不同。永续盘存制下财产清查的目的是与账簿记录进行核对；实地盘存制下财产清查的目的是计算期末财产的结存数。

适用条件：在实际工作中，除少数特殊情况外，一般都应采用永续盘存制。实地盘存制一般只适用于那些价值较低、品种杂、进出频繁的材料物资。

优缺点：

(1)永续盘存制。

优点：有利于加强对存货的管理与控制；能够准确地核算产品的成本和费用。

缺点：永续盘存制下存货明细账的会计核算工作量较大。

(2)实地盘存制。

优点：平时的核算工作比较简单，工作量较小。

缺点：由于平时没有发出记录，不能通过账簿随时反映和监督各项财产物资的发出和结存情况，不利于存货的管理和控制。同时，仓库管理中物资毁损、盗窃、丢失等情况，全部计入本期的发出数内，高估了当期成本和费用，不利于企业正确核算成本、费用和利润。

3. 简述库存现金和银行存款的清查方法。

库存现金的清查是通过实地盘点法进行的。清点库存现金时，出纳人员必须到场，以明确责任。将库存现金实地清点后，确定现金的实际结存数，并将其与“现金日记账”的账面结存数额进行核对，确定现金长短款的数额。将清查结果填入“库存现金盘点表”，由盘点人员和出纳人员签章。

银行存款的清查是通过与单位开户行核对账目记录的方法进行的。清查之前将本单位所发生的经济业务过入“银行存款日记账”，再对账面记录进行检查复核，确定账簿记录是完整、准确的。然后，将银行提供的“对账单”与“银行存款日记账”账面记录进行逐笔核对。一般情况下，企业的“银行存款日记账”与银行的“对账单”双方记账都正确无误的情况下，也会出现双方余额不等的情况。这是由于“未达账项”导致的，应通过编制“银行存款余额调节表”检验双方结余数额是否一致。

4. 什么是未达账项？它有哪四种表现形式？

未达账项是指由于结算凭证在企业与银行之间传递而导致一方已取得凭证登记入账，另一方由于未取得凭证而尚未登记入账的项目，即是由企业与银行记账时间不一致所导致的。

未达账项的四种表现形式：企业已收款入账，银行尚未收款入账；企业已付款入账，银行尚未付款入账；银行已收款入账，企业尚未收款入账；银行已付款入账，企业尚未付款入账。

5. 财产盘盈、盘亏对当期财务状况的影响体现在哪些方面？

若通过清查发现财产盘盈和盘亏，则为了保证账实相符，企业需要调整账面记录。

相比较其他会计期间,企业发生财产盘盈、盘亏的当期,会使资产及收入、费用等发生波动。财产盘盈会使当期的资产增加、收入增加或者费用减少,使当期盈利增加;财产盘亏则相反,会使当期的资产减少、费用或支出增加,使当期盈利减少。

第九章 财务会计报告

一、同步练习

(一)单项选择题

1. C 2. A 3. D 4. A 5. B 6. A 7. C 8. B 9. D 10. B 11. B 12. C 13. B 14. C 15. C 16. B 17. C 18. D 19. C 20. A 21. C 22. A 23. C 24. B 25. D 26. D 27. A 28. B 29. D 30. C 31. B 32. A 33. A 34. D

(二)多项选择题

1. ABC 2. ABCD 3. ABC 4. ACD 5. ABCD 6. ABCD 7. ABCD 8. ABC 9. AB 10. ABC 11. BCD 12. AD 13. BD 14. ACD 15. AB 16. CD 17. AD 18. BD 19. ABD 20. ABC 21. AD 22. BCD 23. ABD 24. ABCD 25. BCD 26. ABCD

(三)判断题

1. × 2. × 3. √ 4. × 5. √ 6. × 7. √ 8. × 9. × 10. × 11. √ 12. √ 13. × 14. × 15. × 16. √ 17. × 18. √ 19. × 20. × 21. √ 22. × 23. √ 24. × 25. √ 26. × 27. × 28. × 29. × 30. √ 31. × 32. × 33. ×

(四)账务处理

1.

表 9.2 资产负债表(简表)

制表单位:中海公司 2015 年 4 月 30 日 单位:元

资产	期初数	期末数	负债及所有者权益	期初数	期末数
流动资产:	(略)		流动负债:	(略)	
货币资金		(1)169 040	应付账款		(9)98 000
应收账款		(2)93 500	预收款项		(10)24 540
预付款项		(3)5 000	一年内到期的非流动负债		(11)100 000
存货		(4)166 500	流动负债合计		(12)222 540
一年内到期的非流动资产		8 000	非流动负债:		
流动资产合计		(5)442 040	长期借款		150 000
非流动资产:			非流动负债合计		150 000

续表 9.2

资产	期初数	期末数	负债及所有者权益	期初数	期末数
固定资产		(6)465 550	负债合计		(13)372 540
固定资产清理		-5 600	所有者权益:		
长期待摊费用		(7)6 500	实收资本		500 000
非流动资产合计		466 450	盈余公积		4 500
			未分配利润		(14)31 450
			所有者权益合计		(15)535 950
资产合计		(8)908 490	负债及所有者权益合计		908 490

2. 表 9.4 利润表(简表)

编制单位:海阔公司　　2013 年 11 月　　单位:元

项目	本月数	本年累计数
一、营业收入	20 800	
减:营业成本	7 300	
营业税金及附加	3 000	
销售费用	1 200	
管理费用	1 200	
财务费用	800	
资产减值损失		
加:公允价值变动收益(损失以"-"号填列)		
投资收益(损失以"-"号填列)	1 200	
其中:对联营企业和合营企业的投资收益		
二、营业利润(损失以"-"号填列)	8 500	
加:营业外收入	1 000	
减:营业外支出	1 500	
其中:非流动资产处置损失		
三、利润总额(损失以"-"号填列)	8 000	
减:所得税费用	2 000	
四、净利润(损失以"-"号填列)	6 000	

二、教材第九章习题参考答案

1. 什么是财务会计报告?它有哪些基本构成?

财务会计报告,是指企业根据审核后的会计账簿记录和有关资料,编制并对外提供的反映企业某一特定日期的财务状况以及某一会计期间的经营成果、现金流量等财务信息的文件。

《企业会计准则——基本准则》第四十四条规定:企业的财务报告由财务报表、财务报表附注和其他应在财务报表中披露的相关信息和资料组成。财务报表包括资产负债表、利润表、所有者权益变动表、现金流量表。

2. 财务报告的作用是什么?财务报告有哪几种?

财务报告的作用:(1)从投资者和债权人的角度来讲,财务报表能够为他们提供企业内部财务状况、经营成果及现金流量等方面的信息,有利于他们对企业的偿债能力、获利能力等各项财务指标做出分析和评价,并对企业未来的发展状况做出预测,以决定是否进行投资、贷款及投资、贷款的方式。(2)从企业内部管理者的角度来讲,他们需要对企业的整体经营情况进行了解并对企业经营活动的各项指标及财务状况的各项指标进行考核。这就需要管理当局提供足够的财务信息,以有利于他们对过去一个阶段的经营状况进行总结,对企业未来管理做出进一步改善,同时做出相应的决策。(3)从有关政府部门的角度来讲,提供财务报告有利于政府部门对企业经营活动的合法性、资金筹集和运用的合理性等方面进行综合检查。因此,政府部门通过对企业的财务报告的汇总,有利于及时发现各行业、各企业中存在的问题,并在税收政策、行政法规等方面采取有效的措施,从而促进市场经济的高效运作。

财务报告按反映经济内容的不同,可以分为资产负债表、利润表(损益表)和现金流量表;按照报时间的不同,可以分为年报和中期报告;按编制主体的不同,可以分为个别报表、汇总报表及合并报表;按服务对象的不同,可以分为对外提供的财务报表和内部财务报表。

3. 编制财务报告的基本要求有哪些?

(1)遵循各项会计准则进行确认和计量。

(2)以持续经营作为编报基础。

(3)报表项目的列报要具有一致性。

(4)依据重要性原则列报。

(5)报表项目金额不能随意抵消。

(6)要列报所有金额的比较信息。

(7)披露要求。财务报表的显著位置应当披露以下信息:①编报企业的名称;②资产负债表日及其他报表所涵盖的会计期间;③货币名称及单位;④若财务报表是合并报表,则要进行标明。

(8)报告期间。企业至少应当按年对财务报表进行编制,若由于企业在年中设立等原因导致年度财务报表涵盖的会计期间短于一年的,要在附注中对报表实际涵盖期间及短于一年的原因进行披露。

4. 阐述资产负债表的结构、内容和编制方法。

结构:完整的资产负债表通常由正表与表外部分组成。其中,表外部分又包含表首与附注两部分。表首部分是对报表名称、编制单位、编制日期及金额计量单位的列示。附注部分是对资产负债表主体内容的必要说明。正表作为报表的主体,分别列示企业在期末所拥有和控制的资产、所承担的负债及所有者权益。其中,资产按流动性由强到弱依次排列,负债按债务偿还期由短到长依次排列,所有者权益按永久性由强到弱依次排列。

内容:资产负债表按照一定的标准和顺序对资产、负债及所有者权益中的各项目进行列示。资产按照流动性强弱可以分为流动资产和非流动资产两类。其中,流动资产包括货币资金、短期投资、应收票据、应收及预付款项、其他应收款及存货等。非流动资产包括持有至到期投资、长期股权投资、固定资产、无形资产及其他非流动资产等。负债按照流动性可分为流动负债和非流动负债。其中,流动负债包括短期借款、应付票据、应付及预收款项、应付职工薪酬、应付利息及其他应付款等。非流动负债包括长期借款、应付债券、长期应付款、递延所得税负债等。所有者权益按永久性可分为实收资本(或股本)、资本公积、盈余公积和未分配利润。

编制方法:(1)编制准备工作。在编制资产负债表前,企业应当根据总账的期末金额编制账户余额试算平衡表,如若试算平衡,再据此表及有关明细账户对资产负债表进行编制。(2)"年初余额"填列方法。资产负债表中的"年初余额"栏,在通常情况下,要根据上年末对应项目的期末余额数填列。如若存在本年度规定的资产负债表项目名称和内容与上年度不一致,则要对上年度资产负债表中相关项目的名称和数字按照本年度的规定予以调整,再填列到本年"年初余额"栏内。同时,如果企业在会计政策方面发生了变更或出现前期差错更正,要对"年初余额"栏对应项目进行相应调整后再进行填列。(3)"期末余额"填列方法:期末余额的填列要根据会计期末的数字,即月末、季末、半年末或年末的数字进行填列。具体填列时,有的可以直接根据相关科目的期末余额填列,有的则要按科目合并或调整后的金额进行填列。

5. 阐述利润表的结构、内容和编制方法。

结构:利润表由表头、主体和补充材料组成,表头包括报表名称、编制单位、编制日期、报表编号、货币计量单位等。利润表的主体列示了形成经营指标的各个项目和项目的计算过程及结果。补充材料主要列示了当期企业发生的特殊事项对当期的各个项目的影响。

利润表主要反映以下几方面内容:(1)营业收入。它由主营业务收入和其他业务收入组成。(2)营业利润。营业收入减去营业成本(主营业务成本、其他业务成本)、税金及附加、销售费用、管理费用、财务费用、资产减值损失,加上公允价值变动收益、投资收益,即为营业利润。

编制方法:利润表分设了"本年金额"与"上年金额"两项填列栏,其中"上年金额"反映各个项目上年的实际发生数额,如果上年度利润表与本年度利润表在内容上有差异,则应该对上年度的利润表按照本年度利润表进行调整后填入本表的"上年金额"一栏。

利润表"本年金额"是自年初起至期末止实际发生的累计数。利润表的各项目的填列金额主要是按照发生额直接填列,个别项目需要根据损益类账户发生额计算分析填列。

6. 现金流量表的现金及现金等价物的内涵是什么?

现金是指企业库存现金及可以随时用于支付的存款。

现金等价物是指企业持有的期限短、流动性强、易于转换为已知金额现金、价值变动风险很小的投资。

7. 阐述现金流量表的结构、内容和编制方法。

结构：现金流量表主要由表体和补充资料构成。表体包括以下六个部分：(1)经营活动产生的现金流量；(2)投资活动产生的现金流量；(3)筹资活动产生的现金流量；(4)汇率变动对现金的影响；(5)现金及现金等价物净增加额；(6)期末现金及现金等价物余额。补充资料包括以下三项：(1)将净利润调节为经营活动的现金流量；(2)不涉及现金收支的重大投资和筹资活动；(3)现金及现金等价物净变动情况。

内容：现金流量表从内容上分为经营活动产生的现金流量、投资活动产生的现金流量和筹资活动产生的现金流量。

编制方法：经营活动产生的现金流量的编制方法分为两种，即直接法和间接法。直接法是指通过现金收入和支出的主要类别直接反映经营现金流量。间接法的基础是本期净利润，调整收入、费用和营业外收支等不涉及现金的项目的变动来计算经营活动产生的现金流量。其中现金流量表的补充资料采用的就是间接法编制的报表。

第十章　会计法规体系和会计工作组织

一、同步练习

(一)单项选择题

1. B　2. A　3. C　4. B　5. B　6. B　7. C　8. B　9. A　10. B　11. B　12. A　13. D　14. D　15. A　16. C　17. A　18. A　19. C　20. C　21. C　22. D　23. D　24. A　25. B

(二)多项选择题

1. ABCD　2. ABCD　3. AB　4. BCD　5. BD　6. ABCD　7. ABCD　8. ACD　9. BD　10. ABC　11. ABC　12. ABCD　13. BCD　14. ABC　15. ABD　16. BC　17. ABCD　18. ABCD　19. CD　20. ABCD　21. ABCD　22. ACD　23. ABCD　24. ABCD　25. ABC　26. AC　27. ABCD

(三)判断题

1. √　2. √　3. √　4. ×　5. √　6. ×　7. ×　8. ×　9. √　10. √　11. ×　12. ×　13. ×　14. √　15. ×　16. ×　17. ×　18. ×　19. √　20. ×　21. ×　22. √　23. ×　24. √　25. √

二、教材第十章习题参考答案

1. 我国会计法律规范体系分为哪几个层次？其主要组成部分是什么？

我国的会计法规体系共分为三个层次，分别为会计法律、会计行政法规及会计部门规章。其中，会计法、会计准则及会计制度是我国会计法规体系中最重要的组成部分。

2. 会计法、会计准则和会计制度的基本内容是什么？

(1)《会计法》共七章、五十二条，分别为总则、会计核算、公司企业会计核算的特别规定、会计监督、会计机构和会计人员、法律责任及附则。其中，总则部分对《会计法》的立法目的、适用范围及会计管理权限等方面做了相应具体规定。在会计核算部分，《会计法》对会计核算的经济业务事项、会计年度、记账本位币、会计资料及会计核算程序等方面提出了具体要求。针对公司、企业会计核算的复杂性，在公司、企业会计核算的特别规定部分，《会计法》详细规定了除第二章外企业还应当遵守的规定。如不得随意变更会计要素的确认标准和计量方法，不得虚列或隐瞒收入等。在会计监督部分，要求各单位应当建立健全本单位内部会计监督制度，并明确在会计监督过程中各有关部门应负担的责任。在会计机构和会计人员部分，《会计法》规定了各单位在相应会计机构及相应会计人员的设置方面的要求，同时就会计人员的任职条件、稽核制度及会计工作交接等问题做出了相应规定。

在法律责任部分，《会计法》就违反会计法律的行为做出了界定，同时规定了会计人员及单位负责人等相关人员违法情况下在行政及刑事方面的惩罚措施，并指出相关行政部门工作人员违反会计法律应当承担的后果。附则部分是对"单位负责人""国家统一的会计制度"等用语的详述，并规定了会计法的实施日期。

(2)《企业会计准则——基本准则》共分为十一章、五十条，包括总则、会计信息质量要求、资产、负债、所有者权益、收入、费用、利润、会计计量、财务会计报告及附则。主要规范了会计目标、会计基本假设、会计信息质量要求、会计要素的确认与计量以及财务报告内容方面的问题。

(3)《企业会计制度》共十四章、一百六十条。其中，第一章为总则部分，阐明了会计制度的制定目的、适用范围、会计核算的前提及原则等内容。第二章到第七章，分别对各项会计要素的确认、计量及记录做了相关规定。第八章到第十二章，分别对非货币性交易、外币业务等特种业务核算时应注意的问题进行了详述。第十三章为财务会计报告，它强调了企业应提供真实、完整的会计报告，同时在财务报告的组成、编制及报送等方面做了具体规定。第十四章为附则，规定了《企业会计制度》的施行时间为 2001 年 1 月 1 日。

3. 会计机构设置的原则有哪些？

(1)按需设置原则。根据每个单位的工作业务需要，设置会计机构或者有关机构的会计人员，并且设定主管人员；不能设置的应该委托代理记账业务的中介机构代理企业记账。

(2)适应性原则。企业会计机构的设置必须要和本企业的业务类型及经营范围相契合。由于企业的经营类型和业务规模及复杂程度不同，会计内部分工和组织工作的方式也不同，对于业务繁杂、工作量大的企业，设置的会计机构就应该大一些，会计机构内部分工就要细一些；如果企业业务较少，规模较小，会计机构设置就应该小一些，会计机构内部分工就要粗略一些。

(3)效益性原则。会计机构的设置应该要让企业工作更有效率,收益更好。所以,会计机构设置应该更合理,更实际,防止过于精细浪费人力物力,也要防止过于简单不能准确管理,要做到保证最佳效益,繁简适当。

(4)分工协作原则。会计机构在进行会计工作的时候要分设专门的岗位,要进行仔细的分工,要做到明确每个岗位的责任和权限,要设计任务说明书,各个岗位之间要分工协作。

(5)内部控制原则。设置会计机构的时候,必须根据内部控制的要求,使各个岗位相辅相成又相互制约,并且相互监督,从根本上避免失误造成的损失。

4.简述各类企业会计核算模式及其特点、要求。

由于不同企业的生产规模有差别,业务性质不同,企业会计核算也要采用不同的模式。其中广泛被采用的有独立核算和非独立核算,集中核算和非集中核算。

(1)独立核算与非独立核算。

独立核算是指企业对其本身的生产经营活动的过程和结果进行全面系统且独立的记账、算账,定期编制报表,并对经营情况进行分析检查等工作。企业实行独立核算应该拥有完整的凭证、账簿,独立编制,独立核算。如果企业的规模小、业务少,也可以不单独设置会计机构,只设置会计人员。

非独立核算是指企业向上一级管理部门领取一定的物资和现金以便从事经营活动,平时只填制、整理、汇总原始凭证,不单独编制报表,企业定期向上级汇报发生的收入和支出,并且将有关的会计资料报送上级,再由上级汇总记账编制报表。实行非独立核算的企业一般不设置会计机构,只设置会计人员。

(2)集中核算与非集中核算。

集中核算是指企业的会计核算集中在财务部门。企业各部门对本身所发生的业务不进行完整的核算,只对原始凭证进行记录和汇总,定期将凭证移交给会计相关部门,然后填制记账凭证,编制明细账总账,编制会计报表。集中核算会计部门可以集中掌握整体资料,有助于对企业整体的把握。对于规模小、业务少,生产组织方式简单并且地域集中的企业,会计工作可选择集中核算。集中核算的企业单独设置会计机构,企业内部部门不再设置会计机构,不办理会计业务,定期将凭证移交给会计机构相关部门,然后填制记账凭证,编制明细账、总账,编制会计报表。采用集中方式有利于企业会计人员分工,提高会计工作速度,减少核算费用。但是由于企业部门不能直接处理会计信息,容易造成业务和会计相脱节,不利于企业会计信息检查工作。

非集中核算又称分散核算,是企业内部车间和职能部门发生的经济业务的全面核算,一般的部门和车间要填制凭证,登记账簿。实行非集中核算的企业可以使各个车间和部门随时了解自身问题,及时进行分析和解决。对于规模大、业务广泛复杂,生产经营组织方式复杂,并且地域分布分散的企业,会计工作应采用非集中核算。会计机构也要分级管理,不仅要在企业一级设置会计机构,还要在企业各部门设置会计机构,办理本部门的相关会计工作。通常来讲,各个部门取得和填制凭证,登记相关明细账,一级部门登记部分明细账和汇总填制全部总账。

5. 什么是会计档案？它包括哪些内容？

会计档案是指会计凭证、会计账簿和财务报告等会计核算专业资料，是记录和反映单位经济业务的重要史料和证据。

会计档案具体包括以下内容：(1)会计凭证类，包括原始凭证、记账凭证、汇总凭证及其他会计凭证；(2)会计账簿类，包括日记账、明细分类账、总分类账、固定资产卡片、辅助账簿及其他会计账簿；(3)财务报告类，分为月度、季度、半年度及年度财务报告，包括会计报表、附表、附注、财务情况说明书及其他财务报告；(4)其他会计资料，包括银行存款余额调节表和银行对账单、应当保存的会计核算专业资料、会计档案移交清册、保管清册及销毁清册。

6. 简述各类会计档案的保管期限。

根据2016年《会计档案管理办法》，各类会计档案的保管期限如前文表10.1所示。

7. 会计档案的调阅和销毁有哪些规定？

会计档案的借阅：

(1)会计档案在财会单位管理的，除填写“会计档案案卷目录”以外，还应分别建立会计档案清册和借阅登记清册。会计档案清册应将历年的会计档案的内容、保管期限、存放地点等情况登记清楚；会计档案借阅登记清册应将借阅人姓名、单位、日期、数量、内容、归期等情况登记清楚。

(2)外单位借阅会计档案时，应持有单位正式介绍信，经会计主管人员或单位领导人批准后，方可办理借阅手续。

(3)单位内部人员借阅会计档案，应经会计主管人员或单位领导人批准后，方可办理借阅手续。

(4)借阅会计档案人员，不得在案卷中标画，不得拆散原卷册，更不得抽换。

(5)借阅会计档案人员，不得将会计档案携带出外，特殊情况，须经单位领导批准。需要复制会计档案的，也应经单位领导人批准后才能进行复制。

(6)经批准借阅会计档案，应限定期限，并由会计档案管理人员按期收回。

会计档案的销毁：

(1)会计档案保管期满，需要销毁时，由本单位档案部门提出销毁意见，会同财会部门共同鉴定，严格审查，编制会计档案销毁清册。经单位领导审查，以书面形式报经主管单位批准后销毁。对其中未了结的债权债务的原始凭证，应单独抽出，另行立卷，由档案部门保管到结清债权债务时为止。

(2)各单位按规定销毁会计档案时，应由档案部门和同级审计部门共同派员监销。

(3)监销人在销毁会计档案之前，应当按会计档案销毁清册所列项目逐一清查核对；销毁后，要在“销毁清册”上签章，并将监销情况以书面形式报告本单位领导。

(4)会计档案销毁后，经办人也要在“销毁清册”上签章，归入档案备查。

参 考 文 献

[1] 肖振红,李瑛玫. 会计学原理[M]. 哈尔滨:哈尔滨工业大学出版社,2016.

[2] 李海波. 新编会计学原理——基础会计[M]. 15 版. 上海:立信会计出版社,2011.

[3] 吴良海. 基础会计教程[M]. 北京:清华大学出版社,北京交通大学出版社,2011.

[4] 李甫斌. 会计综合实训[M]. 北京:经济科学出版社,2012.

[5] 石启辉,刘爱香. 会计学原理习题与实验[M]. 3 版. 北京:北京大学出版社,2015.

[6] 甘娅丽. 会计学基础项目化教程习题与实训[M]. 北京:北京理工大学出版社,2015.

[7] 李长青,戴悦. 初级会计习题集[M]. 北京:清华大学出版社,北京交通大学出版社,2013.

[8] 王保忠. 会计学原理习题与实验[M]. 2 版. 北京:北京大学出版社,2011.